Ana Cristina Vargas

Ana Cristina Vargas é natural de Pelotas/RS, formada em Direito pela Universidade Federal de Pelotas, exercendo a advocacia.

Sua experiência com a mediunidade remonta a infância, desde quando apresenta a faculdade de vidência.

Durante a adolescência, os fenômenos e a convivência com a espiritualidade se intensificaram, provocando a busca por respostas e autoconhecimento. Busca incessante que se desenvolve e aprimora a cada dia.

É apaixonada por livros e pela leitura, embora nunca tenha pensado em tornar-se escritora ou psicografar romances.

Aos 17 anos iniciou o estudo da doutrina espírita e educação das faculdades mediúnicas, e, desde essa época, a psicografia faz parte de seu cotidiano. Mas foi no ano de 2000 que o espírito José Antônio se apresentou iniciando a parceria no ditado de romances mediúnicos.

A autora também é orientada pelos mentores espirituais no estudo dos assuntos ligados ao comportamento humano.

Em 1998, juntamente com um grupo de amigos e o apoio da espiritualidade, fundou a Sociedade de Estudos Espíritas Vida, uma instituição que tem como lema: "Educação para a vida com liberdade e responsabilidade".

José Antônio

José Antônio incentiva Ana na busca do conhecimento e pesquisa de todos os temas abordados em suas obras, especialmente os filosóficos, psicológicos e históricos. Este estudo metódico tem o objetivo de facilitar a sintonia mediúnica. Esse amigo espiritual pouco fala de si mesmo, seu nome é um pseudônimo, e tudo o que disse foi que era escritor em suas últimas três encarnações, duas na Inglaterra e a última na França, em meados do século XIX.

Em sua companhia, a autora tem aprendido que ser humilde é reconhecer o próprio valor, que as posições de sucesso ou fracasso em que nos colocamos na vida decorrem diretamente do nosso modo de ser, pensar e agir, que devem ser autênticos sempre atendendo a consciência. A marca mais profunda que a obra de José Antônio deixa é o questionamento dos preconceitos.

Direção de Arte: Luiz A. Gasparetto
Projeto Gráfico e Diagramação: Priscila Noberto
Revisão: Fernanda Rizzo Sanchez
Nóris Eunice Wiener Pureza Duarte

2ª edição — Maio 2010
3.000 exemplares

Dados Internacionais de Catalogação na Publicação (CIP)
(Câmara Brasileira do Livro, SP, Brasil)

José Antônio (Espírito).

A morte é uma farsa / pelo espírito José Antônio; [psicografado por] Ana Cristina Vargas. -- São Paulo : Centro de Estudos Vida & Consciência Editora.
ISBN 978-85-7722-061-8

1. Espiritismo 2. Psicografia 3. Romance espírita I. Vargas, Ana Cristina. II. Título.

09-05808 CDD-133.9

Índices para catálogo sistemático:
1. Romances espíritas psicografados: Espiritismo 133.9

Publicação, distribuição, impressão e acabamento
Centro de Estudos Vida & Consciência Editora Ltda.
Rua Agostinho Gomes, 2312
Ipiranga — CEP 04206-001
São Paulo — SP — Brasil
Fone/Fax: (11) 3577-3200 / 3577-3201
E-mail: grafica@vidaeconsciencia.com.br

Site: www.vidaeconsciencia.com.br

a Morte é uma Farsa

Ana Cristina Vargas

pelo espírito José Antônio

sumário

Intensa Agitação 10

Reformas Necessárias 20

Difícil Decisão 34

Remexendo o Passado 56

Novas Experiências 72

Pessoas Estranhas 94

Refazendo Caminhos 106

A Eternidade e o Passado 128

Reabrindo Portas 152

Esclarecimentos 180

Fotografias Antigas 194

Gabriele 200

Ermínio 212

Época de Amores 226

Novas Relações 244

Fazendo Sofrer... 254

Ignorar é Sempre Tortura 262

O Nascimento 284

Perigo! É Preciso Conhecer... 306

Outro Olhar Sobre o Passado 332

Velhas Lembranças 350

A Assistência 368

Criança 388

Entendimento Espiritual 406

Amigos 416

Intensa Agitação

De todas as provas, as mais penosas são as que afetam o coração; alguém suporta com coragem a miséria e as privações materiais, mas sucumbe ao peso dos desgostos domésticos, esmagado pela ingratidão dos seus.

Kardec, Allan.
O Evangelho Segundo o Espiritismo.
Capítulo XIV, item 9.

28 de dezembro de 2000.

O som da buzina de um automóvel fez Carolina soltar a tigela de merengue, usada para confeitar a torta, apressadamente sobre a mesa. Chamou também a atenção de Marcela, que se afastou do balcão da cozinha, voltando-se à procura da filha, indagando:

– Será Pedro Manoel?

Carolina não estava mais na ampla cozinha. Com um sorriso aberto e franco, olhar brilhando de ansiedade, tinha corrido à porta da frente.

– Jovens! – resmungou Marcela, fingidamente contrariada. No fundo também esperava pelas notícias que o genro trazia. – Deus queira que tenha dado tudo certo. Vai ser ótimo para os meninos; apartamentos não são lugares para crianças pequenas. Elas têm muita energia, precisam correr, senão fazem da vida da gente um inferno.

O jorro de luz que invadiu o estreito e comprido corredor, quando Carolina abriu a porta, fez com que Marcela, alguns passos atrás, levasse a mão aos olhos para fugir da claridade forte que vinha da rua.

– Ó cidadezinha essa! Que umidade! No inverno um horror de frio; no verão, quente, abafada, sufocante. Se não são os ventiladores... nem sei... – resmungava Marcela.

No carro, Pedro Manoel tentava acalmar os filhos, Bianca e Yago, muito alvoroçados com as novidades, ansiosos por contarem-nas à mãe. Atrapalhavam-se com a liberação dos cintos de segurança.

– Esperem, deixa que eu solto vocês. Calma!

Ninguém vai fugir – pedia aos filhos, contente por ver os rostinhos iluminados. – Pronto. Podem sair.

Carolina, ainda sob o batente da porta, abaixou-se para abraçar e beijar os filhos, que corriam ao seu encontro, ambos falando ao mesmo tempo, cada qual mais rápido que o outro, o que a fez trocar um olhar com o marido que seguia os meninos de perto. Bastou ver os olhos cinzentos iluminados e brilhantes para que soubesse que os planos haviam dado certo. Mesmo assim, perguntou:

– Então, será que vamos passar o fim do ano em um lugar diferente?

– Mãe, dá pra ir pescar de barco. É bem pertinho do canal – contou Yago depois de beijar a face da mãe.

Era um menino de oito anos, inteligente e comunicativo. Uma réplica, em tamanho menor do pai.

– Hum... Isso me parece muito divertido, mas vamos ter que olhar, pode ser perigoso – comentou Carolina, voltando-se para Bianca, dois anos mais nova que o irmão.

– Não é – apressou-se a pequena a responder. – Tem um montão de flor, tem uma que dá na parede. E a casa tem um montão de quarto. O pai disse que eu posso fazer dois quartos pras minhas bonecas e a gente vai ter outro só pro computador e pro videogame. Daí não vamos mais incomodar vocês.

– Pelo que vejo vocês já se mudaram. Ainda bem que se lembraram de vir me buscar – disse Carolina aos filhos. – A vovó fez papo-de-anjo novinho.

– Oba! – comemoraram as crianças, fãs incondicionais dos doces da avó.

– Venham, seus pestinhas! – chamou Marcela carinhosamente. – Apesar de vocês não terem me levado para conhecer a casa nova, eu deixei os primeiros doces esfriando para poderem comer. Estão na cozinha.

– Vó, eu quero *refri*. Senão fico enjoado – pediu

Yago, afastando com a mão os rebeldes cachos de cabelos loiros que lhe caíam sobre a testa suada.

– Eu quero suco de laranja – declarou Bianca.

– Que mistura, menina! Olha, não podem comer muito porque o doce ainda está morno e, além de ser muito forte, leva muito ovo. É bom, mas é melhor comer todos os dias um pouco.

Pedro Manoel balançou a cabeça observando como os filhos manipulavam sua sogra com perfeição. Não resistiu a provocar a mulher e disse maroto:

– Preciso aprender com eles. Ela faz tudo que eles querem e não reclama nunca. Se é comigo... ih, muda toda conversa.

– Ah é? Eu não sabia que um homem do teu tamanho precisa de uma avó doceira que faça papos de anjo e...

– Hum, tá bom. Mas se ela fizesse pudim de leite mais vezes ou ambrosia, quem sabe a nossa relação não melhorava? Eu pelo menos seria mais feliz – brincou Pedro Manoel.

– Ok, você venceu. Batata frita! – retrucou Carolina, imitando uma música que fora sucesso anos atrás.

De volta ao interior da casa, abraçada ao marido, pediu:

– Agora conta-me tudo. Fechaste o negócio? Compraste a fazenda da Marambaia? O lugar é mesmo tão bonito quanto às fotos que o corretor nos mostrou?

– Consideres-te a nova e feliz proprietária. Assinaremos o contrato segunda-feira. O lugar é ótimo, fizemos um bom investimento. A casa é antiga, precisa de uma senhora reforma. Está fechada há anos, muita coisa apodreceu. Construção antiga sabe como é, usavam muita madeira, que, mesmo sendo de boa qualidade, não resiste sem conservação. O telhado e o assoalho parecem estar em pior estado que o restante.

– Vou adorar. Mal posso esperar para começar a projetar a reforma. Adorei o estilo da construção. Vou tentar preservá-lo ao máximo. Talvez a gente possa descobrir as cores originais, não acredito que aquele tom de "rosa cheguei", que agora está mais desmaiado que outra coisa, seja original. Podíamos descolorir as madeiras das aberturas, deixá-las só com o aspecto envelhecido. Tenho tantas ideias na minha cabeça!

– Ai! Quanto vai custar isso? Vê se faz um projeto econômico. Não estamos pagando nenhuma pechincha pelas terras.

– Também não pode ter ficado nenhuma fortuna. O preço inicial não era alto. Tu não choraste nem um pouquinho, não tentaste baixar o preço? Não acredito...

Pedro Manoel riu da fingida expressão de espanto no rosto da esposa.

– Tudo bem, o negócio foi bom. Pagaremos um preço justo, até poderia ser mais, não entendi a razão... Acho que o pessoal que herdou essas terras está numa pindaíba federal. Dá pra acreditares que nem me fizeram contraproposta?

– O quê? Tu compraste as terras pelo valor mínimo, aquele que combinamos para começar a negociar? Santo Deus! Foi um negócio fantástico.

– Pois é, não entendi. A única explicação é que eles devem estar precisando desesperadamente de dinheiro. O que não é de se estranhar, é o comum.

– Mas a fazenda não estava à venda há anos?

– Muitos. Arrendavam as terras, mas há mais de 5 ou 6 anos, nem isso eles conseguiam. Parece que existe uma rixa com um pessoal lindeiro. É um arranca-rabo de família pelo que me disse o corretor. Ele não ficou sabendo muito bem qual era o parentesco entre o pessoal que está nos vendendo a fazenda e um dos vizinhos, um velho, meio ermitão, um tipo esquisito; mas, dizem que muito bem de vida. Realmente, os campos dele estão povoados do melhor gado e há uma boa fração das terras dele que são cultivadas com arroz irrigado. Uma beleza! Mas, os que estão nos vendendo, sei não. O cara que vai assinar a papelada é bem arrumado, parece que não é um pelado, mas pode ser só aparência. Pela pressa de vender e por terem aceitado a baixa que propus no valor da compra, sem nem perceberem que eu queria as terras e pagaria mais para ficar com elas, posso deduzir que precisam de dinheiro.

– Deve ser – respondeu Carolina despreocupada, satisfeita com a concretização do negócio. – Ou então, é o contrário. Foram embora para o Mato Grosso, estão bem por lá, e essas terras aqui, tão longe, acabaram sendo um estorvo. Venderam para se verem livres delas mesmo.

– É, pode ser. O corretor, que não gostou muito, pois a comissão dele caiu, acha que foi pelo tempo que levaram para encontrar comprador. Não queriam esperar mais cinco anos. Seja como for, está feito: a fazenda da Marambaia é nossa.

Rindo e conversando, ambos foram ao encontro dos demais na cozinha. Entre um doce e outro, Pedro Manoel repetiu, detalhadamente, e com a ajuda das crianças, a visita e a história da compra das terras à sogra.

..*

A manhã de domingo, em suas primeiras horas, foi marcada por intenso nevoeiro que encobria a luz e o calor do sol. Em meio ao pomar abandonado da fazenda da Marambaia, João Raul Vilela caminhava absorto. Aparentava ser um sexagenário. Tinha cabelos grisalhos e usava um farto bigode, em que se viam manchas amareladas deixadas pela nicotina dos cigarros. Era alto, esbelto, de estrutura óssea proeminente. Trajava um terno marrom fora de moda e amassava nas mãos, nervosamente, um chapéu de feltro de abas curtas.

Andava a esmo, com o semblante fechado. A testa enrugada permitia deduzir que ruminava preocupações. Parecia não ver ou não dar importância ao capim alto que tomava conta do local. Sob seus pés algumas laranjas valência[1] bicadas pelos pardais e cocotas[2], comuns na localidade, eram ignoradas.

O que ruminava a preocupada criatura?, questionei-me observando-o. Tinha gestos comedidos e expressão facial dominada pela preocupação. Nenhum outro sinal de emoção ou sentimento que me permitisse teorizar sobre o que lhe consumia com tamanha intensidade o pensamento, era perceptível. Deduzi que o pobre ser, com certeza, voltava-se para dentro de si mesmo a contemplar algo que o incomodava. Mas o quê? Eis minha indagação a se repetir, sem solução.

Paciente, sem ser visto, sequer pressentido por João Raul Vilela, sentei-me no rústico banco de um caramanchão florido, coberto de alamandas amarelas. Um lindo lugar. Ciente de que fora vendido, desejei que os novos donos percebessem o seu encanto e o restaurassem. Muito aprazível, ele permitia por um de seus vãos, em forma de arco, avistar-se ao longe, em meio a algumas árvores, as águas azuis da Lagoa dos Patos.

Eu o sabia por outras visitas, pois naquela manhã, a neblina – que prenunciava um dia muito quente – encobria a bela vista.

Fiquei um bom tempo observando-o.

O ruído do motor de um carro quebrou o silêncio matinal. Curioso, fui à frente da casa. Eram os novos

---

1 Espécie de laranja que frutifica em dezembro. Nome científico: *Citrus sinensis*. (L.) Osbeck (Nota da Autora).

2 Cocota, Papo-branco, Periquito-barroso, Caturrita. Nome científico: *Myiopsitta monachus* (NA).

proprietários vindo apreciar a aquisição. Tinham os semblantes sorridentes, abertos. É tão interessante ver como o interior da alma se transfere para a face! Somente a pouca atenção ao momento presente e ao próximo são explicações aceitáveis para algumas ocorrências da mais pura falta de sensibilidade e mesmo de gentileza.

A alegria torna a face luminosa, radiante; a serenidade dá um aspecto claro, agradável; enquanto a tristeza a escurece, chega a parecer cinzenta; literalmente as feições despencam e a expressão fica distante, quase ausente. Os recém-chegados eram pura alegria.

O casal desceu do carro, seguido pelas crianças. De mãos dadas, Pedro Manoel e Carolina passearam em torno da casa, comentando as reformas urgentes a serem feitas a fim de preservarem-na.

– É linda! Uma joia, sem dúvida. Será que há registros de quem a projetou e construiu? É antiga – disse Carolina, passando prazerosamente a mão pelas paredes, como se tocasse em um veludo.

Podemos ver. Talvez no Registro de Imóveis tenha alguma coisa – respondeu Pedro Manoel.

– Não, acho que não. É muito antiga. Essa construção tem características típicas do século XIX. Observa as telhas como são irregulares. A fachada parece ter sofrido algumas reformas. Vê as aberturas, por exemplo. São venezianas, não correspondem à época, são bem mais recentes, devem ter sido trocadas. Mas notes o tamanho dos tijolos – e apontou para uma parte da parede onde o reboco havia caído.

– Carol, eu não sou arquiteto. Meu negócio são as vacas, os cavalos, sou formado em medicina veterinária, esqueceste?

– E nesses dez anos de casamento não consegui te ensinar nada? – retrucou Carolina, examinando detalhes da parede.

– Aprendi a enrolar as plantas, sei identificar papel-manteiga, consigo diferenciar caneta nanquim de grafite comum, e uma vez por ano, há mais de dez, tu me dás o dinheiro para pagar o CREA[3], sei qual é o boleto e o guardo na pasta dos teus documentos. Sou um bom aluno, não achas?

Ela balançou a cabeça, fazendo cair sobre o rosto mechas do pesado cabelo castanho-escuro, cortado na altura dos ombros.

– Bem que podias ser mais esforçado. Eu, por exemplo, conheço todas as raças que criamos, sei a época das vacinas, tipo de alimentação, acompanho a cotação...

– Eu também sei o endereço das tuas obras.

– De vez em quando te atrapalhas. – Lembrou-se Carolina. – Mas deixa pra lá. Vamos conhecer a casa por dentro? Bianca e Yago estão impacientes para me mostrarem os quartos que querem ocupar.

Pedro Manoel meteu a mão no bolso traseiro da calça jeans desbotada, sacando um molho de chaves velhas, grandes, desgastadas, algumas enferrujadas.

– Cruzes! Como estão malconservadas. Tem certeza de que ainda abrem a fechadura?

– Ontem funcionaram direitinho.

O alarido das crianças encheu de vida o lugar. A neblina se dissipou e com ela perdi de vista João Vilela. Entretido na observação dos novos proprietários, esqueci-me do pobre ser que perambulava pelo pomar. Conformei-me. Voltei minha atenção à Carolina que naquele instante fazia um levantamento fotográfico da construção. Nada, ou melhor, quase nada, escapava às lentes da máquina.

---

3 Conselho Regional de Engenharia e Arquitetura (NA).

Reformas Necessárias

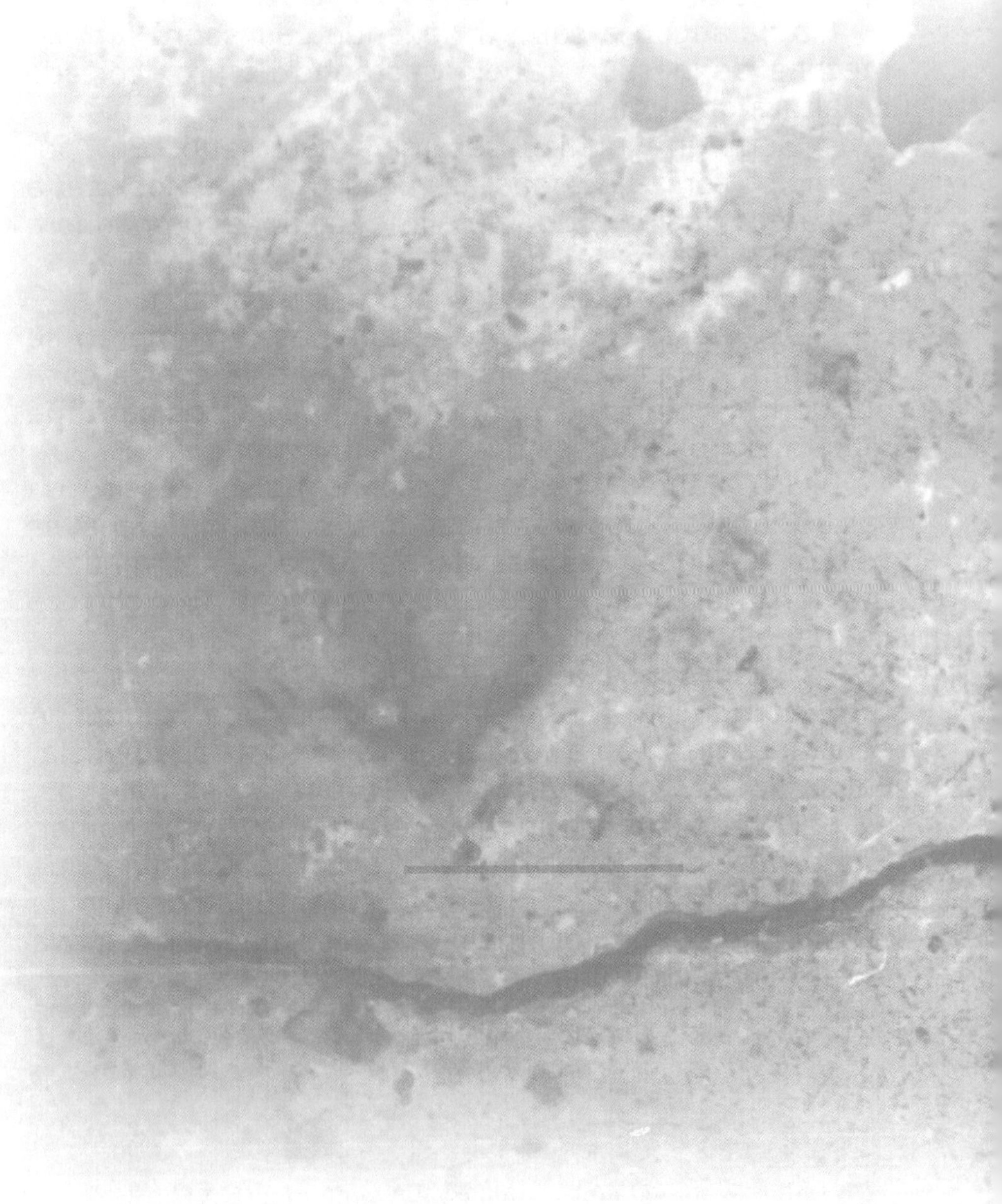

Enfim, mesmo para as melhores coisas, é preciso ainda considerar a oportunidade e as circunstâncias acessórias, porque uma coisa boa em si mesma pode ter maus resultados em mãos inábeis, se não é conduzida com prudência e circunspeção.

Kardec, Allan.
O Evangelho Segundo o Espiritismo.
Capítulo XXVIII, item 21.

Uma barraca de lona preta servia como alojamento dos pedreiros. Localizava-se em uma clareira que ficava próxima ao casarão. O jardim e o extenso pomar que o rodeavam estavam tomados de capim alto, apenas a copa das laranjeiras, algumas com teimosas frutas, permitia entrever o que fora, no passado, uma antiga morada.

Instalados a pouco mais de um dia, os trabalhadores contratados por Pedro Manoel descansavam à sombra do improvisado abrigo, que lhes serviria de lar até a conclusão das obras de reforma e limpeza.

– Lugar bem isolado, não acha? – indagou Rodrigo, jovem auxiliar de pedreiro, denominação que usava para designar sua função, mas que não era verdadeira; era, sim, um faz tudo. Alguém interessado e trabalhador, sem possuir habilitação profissional específica.

– Muito. Dá pra *ouvi* o zunido das moscas. Também se *óia* pra direita é campo a *perdê* de vista, pra esquerda dá na lagoa. A outra fazenda fica longe, muito longe. A estrada principal é a mais de um quilômetro daqui; o lugar tá vazio; queria o quê? Só podia ser isolado, *né* – respondeu Ernesto, o chefe do grupo de cinco homens.

– O patrão tá contente com o negócio, mas sei não... – comentou Roberto. – Eu é que não queria ficar por aqui. É quieto demais. Chega a *dá* medo. Já pensou se acontece alguma coisa? Se um de *nóis* fica doente?

– E o celular, pra que serve? *Seu* Manoel deixou um com a gente pra isso mesmo – retrucou Alex, filho mais velho de Ernesto. – *A gente chama ele*. Até parece que a cidade é muito longe; fica a menos de uma hora de carro.

– É, até que esses modernismos têm serventia.

– Vamos *começá* o serviço – falou Ernesto decidido a não incentivar lamúrias sobre o lugar onde teriam que trabalhar e residir por alguns meses.

Também não havia gostado; sentia-se inquieto, não dormira muito bem à noite. Pensou que fora cansaço e, claro, um pouco de temor, pois estavam acampados em local desconhecido e ele tinha horror a cobras, mas não admitiria o fato para os colegas por nada do mundo.

– Valdinho, você pega a roçadeira e começa a limpar em torno da casa. Rodrigo, você pega a outra roçadeira e acompanha o Valdinho. Eu, o Roberto e o Alex, *vamo* procurar uma vertente de água – determinou Ernesto, olhando os companheiros.

– Procurar vertente, prá quê? O poço velho tá seco? – questionou Roberto apontando para o antigo poço d'água, cujo arco de ferro torneado que sustentava a roldana, enxergava-se por entre o matagal a alguns metros da casa, bem próximo ao pomar.

– Prefiro *abri* uma nascente nova. Sei lá há quanto tempo esse poço tá largado... *Vamo furá* uma nova e cuidar pra ferver bem a água – respondeu Ernesto.

Roberto e Alex trocaram olhares, como que dizendo:
– Abrir outro poço não faz sentido, tendo um pronto.

Mas, em silêncio, ergueram-se e foram apanhar as pás de corte e a guia de madeira, dois pedaços de um metro ou pouco mais, em forma de forquilha, que servia para localizar vertentes de água. Seguravam-na à altura da cintura levemente apoiada nos quadris com o vértice na linha horizontal. Esse rústico instrumento abaixa o vértice quando passa sobre uma vertente.

Pai e filho colocaram chapéus de palha sobre a cabeça – apesar de cedo da manhã, o sol era forte; seria mais um dia muito quente.

Os dois mais jovens atrelavam aos corpos as roçadeiras, olhando de má vontade para o equipamento de proteção que acompanhava as máquinas.

– Ninguém merece – reclamou Valdinho ao colocar o capacete, abaixando a viseira; porém se resignou e completou: – É ruim. Mas deve estar cheio de coisa pelo chão, *vá* que numa hora de azar, salta alguma lasca nos olhos da gente. É melhor obedecer ao *seu* Manoel. Ele quer que a gente use isso direito.

E puxando três ou quatro vezes o cordão que aciona o motor à gasolina, o ruído forte e a vibração da máquina impediram Rodrigo de responder. Valdinho tocou-lhe o ombro, virando-se para que o amigo fizesse o mesmo procedimento, ligando a máquina que tinha atrelada ao próprio corpo.

Ao meio-dia, a casa da fazenda já era perfeitamente visível do acampamento, e um poço d'água estava em construção.

À noite, o luar iluminava o casarão abandonado, com o telhado semidestruído. As velhas paredes, em muitas partes, haviam perdido o reboco. Os grandes tijolos de argila expostos pareciam feridas abertas, com sua cor avermelhada, contrastando com a palidez dos resquícios de tinta ainda perceptíveis. O vento constante que soprava da lagoa amenizava o calor e movimentava algumas janelas provocando ruídos estranhos e o ranger das enferrujadas dobradiças de ferro.

– Que lugar! De noite é pior que de dia – queixou-se Rodrigo para Alex e Valdinho. – Puxa! Recém é segunda-feira, ainda falta muito até a sexta de noite. Mas, juro, sábado e domingo ninguém vai me *achá* em casa. Quero gente na minha volta; quero barulho de música, de conversa; quero luz e quero *vê* carros passando; quero *vê* televisão; quero tudo que tenho direito. Senão vai ser dureza *aguentá* esse serviço, mano.

– Parece até pior agora que a gente limpou a volta da casa – concordou Valdinho, estendendo a cuia de chimarrão para Rodrigo, que olhando a casa balançou a cabeça afirmativamente.

– Eu *tô* com as costas moídas, nem consigo *pensá* no que quero fazer quando *voltá* pra cidade. Só consigo *pensá* em me estender e dormir. Cavar o bendito poço me matou.

– Não entendi o que deu no teu pai, Alex.

– Nem eu, Valdinho, nem eu. Mas o velho tem dessas implicâncias. Quando põe uma coisa na cabeça, ninguém tira. Já não perco mais meu tempo discutindo com ele. Faço e pronto. Trabalhar incomodado é ainda pior.

– A gente sabe que ele é assim. Não é a primeira vez que ele arranja essa encrenca pra nós, não é mesmo? – disse Rodrigo devolvendo o chimarrão a Valdinho que encheu a cuia novamente e a passou a Alex.

– Isso é. – falou Alex. E entre um gole e outro na bebida morna comentou: – O bom é que esses serviços "abacaxi" dão um dinheirinho legal. Mas esse lugar dava pra *fazê* um daqueles filmes de terror. A casa até é bonita, mas passa uma desolação, uma tristeza, que, cruz credo, até me arrepia a espinha.

– Eu não sinto isso.

Valdinho, ao declarar seu modo de sentir, olhava a velha casa com uma expressão concentrada.

– Ela não lembra pra vocês aquela casa da novela O Casarão? Eu acho muito parecida.

– Xi! Vai desenterrar defunto agora. Eu era criança quando deu essa novela.

– Era bonita. Eu vi. Gostava das músicas. E eu sou bem mais velho que vocês, *né*. Essa casa me lembra o casarão da novela, ainda mais agora iluminado pela lua.

– E na novela era assim: uma casa com as paredes estragadas?

– Não, claro que não era. Era tudo direitinho. Mas essa também vai ficar bonita. *Tô* doido pra começar a recuperar *ela*. A d. Carol mandou as plantas, vai ficar linda, vocês vão ver. Aí quero ouvir essas bobagens de vocês. Vão mudar de ideia, são muito novinhos, ainda não enxergam uma coisa bonita, que só precisa ser reformada.

– Não enxergo mesmo, Valdinho. Talvez quando ficar pronto eu mude de ideia, mas isso não vai mudar o lugar, vai? Continuará essa solidão de doer.

– Eu concordo com o Rodrigo. Pensa um pouco, Valdinho, a casa pode ser bonita, mas o lugar onde ela tá é o problema. Parece morto, mesmo sendo tão perto da cidade. Olha que lá nos grotões das fazendas do Taim tem mais movimento, mais vida.

– Pra quem tem dinheiro não existe solidão, nem falta de vida, nem falta de luz, de movimento. O *seu* Manoel põe aí na casa uma antena parabólica, vai *puxá* a rede de luz, já me disse, mas tem que *fazê* a instalação, a casa é velha, não tem. Traz pra cá todo conforto que quiser – insistiu Valdinho com o olhar no casarão.

– Tem razão, nesse ponto – concedeu Rodrigo. – Eles vão morar uns dias por aqui, fim de semana, férias, coisas assim. Quando vierem pra cá vai ter mais empregados, e eles têm filhos pequenos. São uma família, não vão se sentir sozinhos, nem terão as mesmas impressões que a gente. Nós pegamos o pior.

– É o nosso serviço – resignou-se Alex. – Vou dormir, não aguento mais. Tchau.

Despedindo-se, levantou-se e andou até um improvisado banheiro, iluminando o caminho com uma lanterna.

– Ué, o que é que deu no Alex? – questionou Valdinho apontando a trilha por onde o rapaz retornava, apressando o passo, quase correndo.

– Só porque tá com pressa tem que haver alguma coisa errada? Bateu medo no guri, nada de mais – respondeu Ernesto, aproximando-se do grupo.

Seu olhar sério, desconfiado, desmentia as palavras. Cruzou os braços sobre o peito e viu com certa aflição o rapaz correr em direção à barraca e lançar-se apressado sobre o colchão, tapando a cabeça com um velho travesseiro.

– Tá cansado, cavar num calorão desses é de morte. Amanhã, depois de dormir bastante, ele vai tá novo em folha, pronto pra outra. Eu também vou me deitar, é tarde.

Valdinho contemplou o céu estrelado, encantando-se com o brilho do Cruzeiro do Sul. Enlevado, declarou:

– A noite é mais bonita longe da cidade.

– Só pra ti – respondeu Rodrigo. – Eu prefiro o barulho da cidade, farol, música, gente falando. Gosto até do cheiro do esgoto e da gasolina.

– Tu ainda és um moleque; é normal gostar disso nessa fase. Quando tu tiveres a minha idade vais entender.

– Até parece que tu és um velho. Quantos anos tens? Não é muito mais do que eu.

Valdinho riu encarando o adolescente de dezoito anos à sua frente e informou:

– Trinta, Rodrigo. Eu tenho trinta anos, semana que vem faço trinta e um.

– Cara, não parece, juro que pensava que tinhas uns vinte e quatro, vinte e cinco, no máximo. Tá velho, hein. Tá na hora de se casar.

Valdinho sorriu, mas algo na brincadeira inocente do jovem tirou o brilho alegre de seus olhos. Ele ergueu-se, estendeu a mão ao rapaz e convidou:

– Que tal um banho na lagoa? É perto.

– Agora?

– Não, moleque, daqui uns dois meses. Claro que é agora.

– Não tenho calção...

A risada de Valdinho serviu como resposta, mas ainda assim o adolescente teve que ouvir as gozações do amigo pelo caminho que levava às margens da imensa lagoa de água doce. À distância, pela orla da lagoa, viam-se alguns lampiões iluminando redes de pesca de camarão[4] e, nas margens, casebres de pescadores denunciados pelas luzes bruxuleantes.

– O lugar é bom. O Ernesto e o Alex tão vendo chifre em cabeça de cavalo. É lindo aqui. Olha que coisa maravilhosa essa lua cheia refletida nas águas. É lindo! Escuta.

– Grilos, sapos, corujas, água e vento – resumiu Rodrigo. – Mas a água tá bonita mesmo. Parece um espelho gigante. Fica cor de prata, *né*?

– Quando tu tiveres uma namorada não te esqueças de levar *ela* pra ver a lua cheia na lagoa, viu moleque – debochou Valdinho, fitando encantado a beleza do reflexo do luar sobre as águas.

– Parece uma estrada prateada aberta no meio da água.

Tirando as roupas, Valdinho convidou:

– Vamos entrar. De noite a água fica quente, sabias?

– Eu sei, já pesquei camarão, mas o vento é frio.

– Ah, meu Deus, como vocês reclamam! Tá ficando igual ao teu pai. Não sabe aproveitar uma coisa boa, só reclamar, assim não serão felizes nunca. Nem dão chance, poxa.

Abandonando as roupas sobre a areia ainda aquecida do sol, correu e jogou-se contente nas águas da lagoa. Apressado, seduzido pelo ar de aventura que o banho noturno carregava, Rodrigo arrancou as roupas, largando-as sobre as outras deixadas por Valdinho e imitou-lhe os atos.

Descontraídos, nadaram e brincaram longo tempo. Quando sentiram a pele dos dedos enrugada,

---

4 O ingresso de água do mar salgando as águas doces da lagoa é um fenômeno sazonal, com ele se desenvolvem os camarões e a pesca (NA).

lembraram-se que era hora de voltar ao acampamento e descansar.

..*

Uma semana depois...

– Tu não achas que o Rodrigo anda muito esquisito? – indagou Alex, olhando atento a forma como Valdinho removia uma tábua do forro do cômodo, onde julgavam ter sido uma sala de jantar do velho casarão. – Valdinho, cuidado, ela é grande. Puxando desse jeito pode vir tudo abaixo.

– Deixa de ser bobo, guri. Já desmanchei mais forros de casa velha do que consigo me lembrar. A madeira é forte, não vem abaixo por qualquer coisa. Mas por que tu tá achando ele estranho?

– Não sei, anda quieto, fica olhando de um jeito desconfiado pra todo lado. Parece estar sempre atento, antenado. Tu não notaste?

– Não... Quer dizer, vi que ele anda meio quieto, assusta-se por qualquer coisinha. Mas ele nunca foi muito falante, não é mesmo?

– Olha, com o pai dele e comigo ele até conversa bastante. Contigo e com o meu pai ele é mais tímido. Mas, de ontem pra hoje não sei que bicho mordeu ele, tá muito estranho – comentou Alex.

– Ah, bom! Bicho pra *mordê* ele por aqui é o que não falta, pode ter sido mosquito, aranha, camatim, abelha, e aqueles mosquitinhos chatos do fim da tarde, aquelas praga que eu esqueci o nome.

– Maruim. Nem é bom falar, que negócio que arde, a picada daquela praga – concordou Alex, aparando com a mão a ponta da tábua despregada que Valdinho forçava a descer.

– Agora falta pouco. Até a hora do café da tarde vamos terminar essa peça.

– Também, tu não perdoas, vai arrancando de qualquer jeito esse forro.

– De qualquer jeito não, nenhuma tábua foi estragada. Não vem falar do meu serviço, tá direito.

Valdinho deu alguns passos no andaime que lhe permitia acesso ao forro e, olhando para cima, em um vão de onde despregara várias tábuas, sobre as remanescentes viu uma velha maleta coberta de pó e teias de aranha.

– Garoto, é o fim da pobreza – anunciou Valdinho alegremente. – Estamos ricos!

– Tá louco, cara? Endoidaste com esse pó de sujeira velha? Não confunde, mano, o pó de endoidar é aquele branquinho, não é esse troço cor de burro quando foge. Cara, não *alopra*, isso é sujeira.

– Estamos ricos, guri! Achei um tesouro nesse forro. Sobe e olha aqui em cima – disse apontando para a maleta de couro, estragada pelo tempo.

– Ah, tá bom! Só faltava essa. Até parece que tu não sabes... Não! Agora eu sei, tenho certeza, que tu tavas mentindo quando disse que já desmanchou muito forro de casarão velho. História! Fosse verdade tu *ia sabê* que se acha um monte de bugiganga.

– Ih! Caramba! Por que não acreditar que, um dia desses, se pode achar um tesouro? Eu nunca perco a esperança.

– Trouxa! Tu vais é achar uma fonte de rinite da boa. Aposto que essa droga tá mofada e deve ter uns dois dedos de pó de cobertura. Vai, tira isso daí! Tapa a gente logo de poeira – resmungou Alex prevendo a sujeira que cairia do teto.

– Aí vai – gritou Valdinho jogando a maleta ao chão.

A previsão de Alex foi mais que acertada; uma grande nuvem de pó se desprendeu com a queda da pequena mala. Em meio ao pó, os rapazes tossiam, espirravam e riam como crianças. Ao assentar a poeira,

Alex percebeu que ela havia se aberto ao cair e seu conteúdo rolava em meio aos destroços da obra.

– Santo Cristo, que *poeirama*! *Tô* tapado de pó – declarou Valdinho que, do alto do andaime, não olhara para baixo nem para trás onde lançara a maleta próximo do amigo.

Por isso não viu que Alex, desesperado, fazia gestos para chamar-lhe a atenção, pois sua boca estava seca e emudecera de espanto. Abria e fechava a boca, repetidas vezes, como se fosse um ventríloquo, sem emitir nenhum som. Com muito esforço, conseguiu gaguejar algumas palavras, em tom baixo, quando queria gritar.

– Va... Val... o... ooo... lha... aqui.

– Olha o quê? – indagou Valdinho de costas sacudindo o pó dos cabelos.

– O... oolha a... aqui.

Percebendo que o rapaz falava com dificuldade, Valdinho voltou-se, sentindo-se culpado. Imaginou que o rapaz pudesse estar ferido ou ameaçado por alguma cobra. Havia matado várias naqueles dias de serviço na fazenda. Mas não. Alex estava parado de pé, ao lado do andaime, coberto de pó. Os cabelos escuros, amarrados num rabo de cavalo preso à nuca, estavam cinzentos. O rosto completamente sujo, assim como a gasta camiseta sem mangas e a calça jeans cortada na altura dos joelhos. Parecia uma estátua de pó; apenas os olhos tinham um brilho inusitado e estavam fixos no material que saíra da maleta e se esparramava pela sala.

– Caramba! – exclamou Valdinho, vendo cédulas de dinheiro, voando em meio aos resquícios da nuvem de pó. – Não é que tinha um tesouro mesmo?

Pulou do andaime e foi para junto de Alex. Colocando o braço sobre os ombros do adolescente, comentou alegre:

– Alarme falso. Pode voltar ao normal, essa dinheirama toda não vale mais que alguns reais.

Abaixou-se, pegando uma nota que analisou detidamente.

– Mil réis. Coisa antiga, acho que é dos tempos do Getúlio Vargas. Meu avô era getulista doente. Coitado, morreu esperando ver o Brizola ser presidente do Brasil. Ele sempre falava em mil réis, pra ele não existiu cruzeiros, cruzados, cruzados novos. Quando veio o real ele já havia morrido. Vamos ajuntar isso e botar na maleta.

– Não é só dinheiro, Valdinho – murmurou Alex. Recuperando-se do susto, afastou-se do colega, deu alguns passos e, em meio às notas, apanhou várias joias femininas, ergueu-as e disse: – Também tem isso aqui.

– Putz!

Valdinho olhava pálido, sob a sujeira, para as joias que pendiam entre os dedos do rapaz. Sua mente parecia entorpecida; o corpo chumbado ao piso de lajotas portuguesas do velho casarão.

– E agora?

Difícil Decisão

O subordinado, por sua vez, compreende os deveres da sua posição e tem o escrúpulo de cumpri-los conscienciosamente.

Kardec, Allan.
O Evangelho Segundo o Espiritismo.
Capítulo XVII, item 3.

– Agora? Bom, agora vamos ver o que são essas coisas, *né*? – disse Valdinho sério.

Decidido, ele foi até onde se encontrava uma delicada gargantilha dourada, tomou-a nas mãos, reparou na aparência, obviamente, maltratada da joia, suja pelo contato com o pó.

– É bem brilhosa – declarou examinando-a. – Deve ser do mesmo tempo do dinheiro ou mais velha ainda.

Caminhando desengonçado no meio das tábuas retiradas, andaimes e do material de trabalho, Alex demonstrava sua pressa nos movimentos e na expressão do rosto. Ao contemplar a delicada corrente dourada, comentou:

– Eu vi umas datas nesse dinheiro, tens uns que são de 1925, 1930 e 1931. Acho que tem um pouco de cada.

– É, deve ser por aí sim. É o tempo do Getúlio, se eu não me engano.

– Pensei que esse cara tivesse sido mais novo, ainda falam tanto...

– Acho que foi quando ele começou. Meu avô contava que ele governou muitos anos; dizia qualquer coisa como na "era do Getúlio". Mas não me lembro até quando foi. Tu devias se lembrar; saiu do colégio faz pouco, e quer fazer vestibular!

– Eu matava todas as aulas de história que podia. E quando ia, não dava a menor bola. Não me interesso muito pelo que já passou, além do mais tinha a decoreba pras provas. Cara! Era de doer. Nunca imaginei que eu ia um dia tocar em coisas dessa época. Será que é de ouro? Se for deve dar uma grana legal.

– Deve ser, acho que naquele tempo não existia bijuteria.

– Beleza! Vamos juntar as outras?

Valdinho aquiesceu com um gesto de cabeça, no entanto, sentia-se estranhamente imobilizado com aquela gargantilha entre os dedos. A mente dividia-se entre o desejo de se apossar daqueles objetos e a sensação desagradável de estar invadindo a privacidade de alguém, e isso o paralisava.

– Vem, Valdinho. Olha aqui! Caramba! Até que é um trocinho bem bonito. Olha só, cara.

Alex ergueu nas mãos um pingente de formato oval, contornado por uma delicada renda dourada feita em metal; tinha alguns detalhes amassados. O jovem soprou o pó do pingente e o esfregou no tecido da calça, admirando-se ao vê-lo tornar-se mais brilhante.

– É bem bonito, é diferente. A Simone ia *gostá* desse negócio.

– Deixa eu ver isso, guri! – ralhou Valdinho, saindo do torpor que não conseguia identificar e estendendo a mão. – Nem sabemos ainda se isso vai ser nosso, se vale alguma coisa, e tu já tá querendo dar pra namorada. Não é assim, calma! *Me* dá aqui.

Com o pingente nas mãos foi até a janela procurando claridade. Encantou-se com o brilho do sol refletido no dourado.

– Deve ser ouro. É muito brilhoso pra ser coisa velha – murmurou sorrindo. Sentindo uma aproximação a suas costas e ouvindo a respiração acelerada, julgou tratar-se do amigo, por isso brincou.

– Não bufa, guri. O trocinho é bonito, antes de dar pra tua namoradinha temos que saber o que é e quanto vale. Fomos nós que ralamos nessa sujeira, e a guria vai ficar com ele de graça? Nem pensar.

Ouvindo a respiração ainda mais acelerada, ele

descobria que a joia guardava um segredo, pois tinha um finíssimo fecho. Curioso, meteu a unha e abriu o pingente – uma mecha de cabelos loiros caiu ao chão. Encantado com a fotografia, em preto e branco, levemente amarelada, ele assobiou e, percebendo os movimentos às suas costas, riu alto e disse:

– Tinha mulher bonita nesse tempo. Vai-te..., que rosto, que corpão, botava muita modelo de hoje no chinelo e saía passeando. Com essa ou uma parecida eu até me casava. Deixa de *mexê* nessa tralha e vem aqui olhar que mulherão devia viver nesse casarão antigamente.

Como continuava a notar a movimentação do outro a sua volta, ralhou com ele novamente.

– Olha aqui, Alex, larga de fungar nas minhas costas. Admira uma coisa bonita de verdade.

O rapaz parou ao lado de Valdinho, encostando-se no batente da janela. Observou a joia e defendeu-se:

– Eu não estava bufando em ti, estava do outro lado da sala juntando mais joias. Tu estás ouvindo coisa, é? Disse que o pó não era do bom – gracejou Alex. – Esse pingente deveria ficar preso na gargantilha, deve ter se soltado quando jogaste a maleta no chão e ela se abriu de qualquer jeito. Tem uma argolinha bem em cima.

Ignorando as explicações do companheiro, Valdinho passou-lhe a fotografia e indagou:

– A Simone é bonita como essa dona?

Alex tomou a foto nas mãos, admirando a imagem da mulher retratada. Estava retratada da cintura para cima. Chamava a atenção os cabelos loiros, cortados acompanhando a linha do maxilar, com uma ponta acentuada próxima do queixo. Eram lisos e pareciam pesados. As maçãs do rosto proeminentes, altas, olhos contornados por longos cílios e sobrancelhas bem delineadas. O nariz e a boca, em perfeita harmonia; a testa alta. Viam-se seios bem definidos; o colo e o pescoço expostos pelo decote da roupa de mangas curtas, mostrava braços muito bonitos. Dava a impressão de que era uma mulher magra e pequena, de estatura baixa. Aparentava prováveis trinta anos.

– Devia ter os olhos claros – comentou Alex. – Muito bonita. Eu cantava a moça na boa, valia a pena.

– Eu também.

Valdinho parecia hipnotizado pela mulher da foto. Não ouvia, nem via o que Alex lhe mostrava. Apagara-se a sensação de invasão da intimidade de alguém; sua mente fixara-se no rosto da desconhecida. Em pensamento, formulava uma série de questões: Quem teria sido ela? Fora a dona daquele casarão? Qual era seu nome? Como fora sua vida?

Sentiu uma forte tristeza, a ponto de lhe arderem os olhos, e precisar disfarçar uma lágrima, quando pensou onde ela estaria sepultada. A ideia da morte daquela bela mulher, repentinamente, foi intolerável. Faltou-lhe o ar, desapareceu a vontade de investigar mais, de querer saber qualquer coisa. Ela estava morta, e isso era intolerável.

A sensação foi tão forte, tão intensa, que ele obrigou-se a abandonar a sala. Sem uma palavra, deixou Alex entretido juntando o que estava espalhado e recolocando na maleta, falando sem parar e sem que ele entendesse o que dizia. Irritou-se ao ver o adolescente catando as notas de dinheiro; conteve ímpetos de bater no colega de trabalho. Assustado, saiu do casarão.

Meia hora depois Alex, preocupado com a demora dele, largou a maleta sobre o andaime e espiou pela janela. Valdo caminhava em meio ao pomar com outro homem que à distância, não conseguiu reconhecer.

– Vou aproveitar que ele tá ocupado e dar uma paradinha. Preciso de água.

Quando Valdinho retornou ao local de trabalho o jovem descansava sorvendo uma garrafa de água em goles longos, demorados. Olhou-o com paciência, verificando que nada mais fora feito desde a súbita crise emocional. A maleta estava mal fechada e jazia ao lado de Alex. Apontando para ela, Valdinho, indagou:

– Olhaste dentro? Tem mais alguma coisa?

– Só maços de mil réis. Devia ser um valor bem bom que esqueceram aí em cima desse forro. Ah! As joias são meia dúzia de correntes douradas, dois anéis, um par de alianças e brincos. Encontrei um relógio daqueles pendurados em corrente, que usavam no pescoço como se vê nas novelas antigas e aquela gargantilha com pingente. Só.

Sentando-se ao lado do rapaz, Valdinho pediu estendendo a mão:

– *Me* deixa ver?

Prontamente, Alex abriu a maleta e apanhou as joias que depositara num cantinho colocando-as na mão do amigo em silêncio. Voltou a beber a água no gargalo da garrafa de plástico.

Valdinho apanhou as joias monitorando seus sentimentos. A crise de minutos antes o deixara preocupado, nunca fora dado a esses "ataques", como chamava. Enquanto caminhava, por instantes, deu asas às emoções tempestuosas que o invadiam, mas, logo depois, começou a questionar-se sobre o porquê daquela reação. A racionalidade se impôs, controlando a desordem emocional instalada e, devagar, retomou a direção, embora restasse em aberto entender os motivos de tão imprevistos e fortes sentimentos. Lembrou-se de uma amiga que adorava falar sobre o que teria sido em outras vidas e para tudo buscava uma resposta no que poderia ter sido no passado. Chegou a pensar que talvez tivesse tido algum contato com aquela mulher em outra vida – assunto no qual não pensava seriamente, apenas possuía vagas informações.

Fosse como fosse, a ideia o acalmou e lhe deu tempo

de recobrar o domínio. Mas tremeu ao sentir o metal frio contra a palma da mão. Temia aqueles sentimentos que foram de forma tão estranha descobertos.

Tomou as alianças e examinou-as; viu que havia uma inscrição gravada: "*amor vincit omnia*"[5]. Ele leu as palavras e comentou:

– Deve ser inglês, sabe o que significa?

– Só sei dizer: *I love you*. Não tem nenhum nome? As pessoas costumam gravar o nome nas alianças ou em outras joias.

Valdinho retornou à análise das alianças e, decepcionado, declarou:

– Nada.

– Também, isso não nos interessa; elas não vão valer mais ou menos por causa disso, vão?

– Não, tu tens razão. Era só curiosidade – respondeu Valdinho erguendo as correntes ante os olhos. – Serão mesmo de ouro?

– Não sei, mas estava pensando: nós não vamos contar para os outros?

– Vamos, é claro. Mas agora não. Eles tão roçando quase no fim do pomar, lá perto das cercas velhas. De noite, quando para o serviço, a gente conta.

– Vamos dividir com eles ou não?

– Não sei, acho que não vão querer, afinal *foi* nós que achamos.

– Então tá, é só nosso, meu e teu, meio a meio – comentou enfático o jovem Alex. – Agora vamos voltar ao serviço. Deixa que eu subo e arranco as *tábua*, tu fica aqui embaixo, aparando, tá bom?

– Ok, negócio fechado – disse Valdinho largando as joias na maleta e erguendo-se. – Meu pescoço tá doendo, é bom trocar.

Bem-disposto o adolescente subiu no andaime e começou a remover a próxima tábua. Ao puxá-la, algumas peças de porcelana escorregaram espatifando-se sobre as lajotas.

---

5 *O amor tudo vence*. Latim (NA).

– Ei, Ei, devagar, guri – recomendou Valdinho subindo no andaime. – Acho que tem mais coisas aí em cima. Vamos subir e ver. Tens a tua lanterna?

Ante o gesto afirmativo, Valdo tirou sua pequena lanterna do bolso traseiro da calça, dependurou-se no madeiramento, erguendo-se até conseguir ficar sobre as tábuas do forro. Alex fez o mesmo, e, de cócoras, sobre as tábuas, iluminaram o interior, descobrindo algumas caixas, duas maletas, um pequeno baú e alguns objetos esparramados.

– A coisa mudou de figura. Acho melhor a gente chamar os outros.

O rapaz concordou e, com agilidade, desceu ao andaime e, dali, de um salto ganhou o chão. Em minutos, os outros trabalhadores chegavam eufóricos e assustados ao mesmo tempo.

– Não fiquem aí olhando – ralhou Valdinho, encarando-os. – Alguém vem me ajudar, tem um bocado de tralha aqui em cima.

Mas os companheiros pareciam hipnotizados pela velha maleta cheia de notas de dinheiro sem valor. Roberto apanhava os maços que ainda tinham as fitas do Banco.

– Banco Pelotense! Eu nem sabia que tinha existido Banco com esse nome.

– Meu pai falava dele. Era ali na volta da praça, no largo da prefeitura – informou Ernesto.

– Tu tá confundindo tudo, ali era o Banco do Brasil.

– Ah, é verdade, tens razão – concordou Ernesto. – Não sei onde era esse daí. Engraçado, *né*, tem o nome da cidade.

– Olha, gente, se soubesse que ficariam de conversa em volta dessa maleta, eu não tinha chamado ninguém. Vou dizer de novo: tem uma mudança aqui em cima. Depois que eu arredei umas coisas deu pra ver que tem mais malas, acho que é onde ficam os quartos de dormir – comentou Valdinho irritado. Com esforço conteve-se para não descer e agredir os amigos, ao vê-los fascinados com o achado.

"Tudo bem. Preciso ter calma. É dinheiro, é normal o alvoroço deles. Mesmo não valendo nada, dá uma sensação diferente encontrar maletas cheias de dinheiro em cima do forro. Parece lorota, um desses 'causos' que o povo conta", pensava Valdinho ouvindo as conversas dos outros, enquanto continuava removendo o baú.

– Um de vocês, faça o favor de me ajudar – insistiu Valdinho. – Acho que se eu falasse com as paredes elas iam entender e me atender mais rápido. Ficaram surdos, foi? Esse negócio aqui pesa uma barbaridade.

Ernesto afastou-se da maleta e foi auxiliar a remover o baú.

– Caramba, isso pesa! O que será que tem dentro?

– É de madeira, Ernesto. Madeira boa, deve ser de lei – respondeu Valdinho ansioso por abrir o baú. – Achei uma argola no lado. Vê se do teu lado não tem outra.

– Tem. Vamos segurar nelas pra descer.

– Pra descer é preciso que os guris voltem a trabalhar ao invés de ficarem fazendo piadinha em volta dessas coisas – disse Valdinho e, sem mais nem menos, vencido por uma onda de irritação pôs-se a xingar os adolescentes. – Vocês não têm respeito? Então, tá na hora de aprender. Essas coisas todas foram muito importantes para os donos. Tem uma história, uma vida por trás, não estão aí para vocês fazerem troça.

– Ei, qual é, Valdinho, dá um tempo; a gente só tava se divertindo um pouco. Não é crime, é? – revidou Alex, estranhando a expressão fechada e severa do amigo.

– É, cara, qual é a tua? A gente tá trabalhando tanto quanto vocês – complementou Rodrigo.

– Chega de bate-boca. Não vai levar a nada –

interveio Roberto afastando-se da maleta. – Vamos guris, vamos ajudar *eles* a descerem o que tiver aí em cima, depois olhamos tudo junto.

..*

O toque da campainha do celular incomodou Pedro Manoel, que, deitado no sofá, assistia a um seriado da televisão. A brisa fresca da noite era uma bênção depois do calor úmido, asfixiante, que fizera durante todo o dia, e se acentuara à tarde. Ele descansava merecidamente; não havia como receber com alegria uma chamada telefônica naquele momento de relaxamento e diversão.

– Lá vem chateação – murmurou ele.

Inclinou-se para baixo a fim de apanhar o celular que jazia sobre o tapete junto com revistas e o jornal que ainda não havia lido. Apertou a tecla do aparelho, displicentemente, recostou-se nas almofadas ajeitando uma atrás da cabeça.

– Pedro Manoel – falou ao encostar o telefone no ouvido.

– *Seu* Pedro, é o Alex, filho do Ernesto.

– Oi, rapaz! Como vai o serviço? Pretendo ir na sexta-feira fazer o pagamento e trazê-los à cidade.

– Olha, acho que era bom o senhor vir antes, a gente precisa falar com o senhor.

– Mas amanhã é quarta-feira, ainda falta muito para o fim de semana. Não podemos falar por telefone?

– Não dá pra contar tudo. Mas aconteceu o seguinte: eu e o Valdinho estávamos desmanchando o forro da casa, daquela peça mais estragada, e achamos um montão de coisas. Não sabemos o que fazer com essa tralha, e pode ser que valham algum dinheiro. Aqui não tem onde guardar. Seria bom o senhor vir com a camionete, deve encher a traseira e talvez tenha que fazer mais de uma viagem pra levar tudo o que a gente desceu lá de cima.

Ao ouvir a notícia dada pelo rapaz, Pedro Manoel começou a rir. Ouvia as palavras do empregado e a elas se misturavam várias informações, histórias semelhantes. Tinha uma sensação de irrealidade tão intensa que não percebeu quando Alex parou de falar. Não registrou a última frase dele em que questionava se ele poderia ir ao local no dia seguinte.

– *Seu* Pedro, *seu* Pedro, o senhor tá me ouvindo? – insistiu Alex.

No acampamento improvisado em volta de uma roda de chimarrão os outros observavam atentos as expressões de Alex. Fora o escolhido por ser o que estava mais calmo naquela tarde surrealista que tinham vivido.

– *Seu* Pedro, não é de rir, é sério. Oh, tem várias malas velhas cheias de dinheiro que não vale mais, um monte. Eu tive foi vontade de chorar; bem que podia ser dólar, *né*, daí teria valor. O pessoal aqui tá assustado, tem uns lances meio estranhos por aqui, e o pai quer falar com o senhor. O senhor vem amanhã?

Carolina, atraída pela risada do marido deixou as crianças no banho e, curiosa, foi até a sala onde ele estava.

– O que houve? – indagou encarando-o, encostada ao marco da porta.

– Tu não vais acreditar, meu amor. Já te conto, espera um pouquinho – respondeu Pedro Manoel.

Ouvindo pelo telefone as advertências respeitosas do rapaz, respondeu:

– Desculpe, não me leve a mal. Mas é tão estranho! Já ouvi muitas histórias desse tipo, nunca imaginei que, um dia, iria viver uma delas. Pode dizer ao Ernesto que amanhã de manhã, por volta das 10 horas estarei na fazenda.

– Ótimo. Será que dá tempo de o senhor trazer um material que tá faltando?

Pedro Manoel ergueu-se do sofá dirigindo-se ao pequeno escritório que funcionava numa sala ao lado. Sobre a escrivaninha encontrou a agenda e uma caneta. Sentou-se, tomou a caneta na mão direita e, pressionando o telefone com o ombro contra o ouvido, disse:

– Pode dizer, Alex, o que está faltando?

O rapaz passou uma lista de cinco ou seis itens de material de construção, confirmou o encontro do dia seguinte e despediu-se. Pedro Manoel largou o telefone celular sobre o tampo da mesa de trabalho e, pressentindo a presença da esposa, voltou a cabeça em direção à entrada da sala e sorriu.

– Carol, meu amor, é a história mais estapafúrdia que tu possas imaginar. Vamos voltar à sala, é mais confortável.

Acomodados no sofá, lado a lado, Pedro Manoel narrou à esposa a conversa que tivera instantes atrás.

– Um tesouro sem valor – resumiu ela, rindo irônica. – Somente nós temos tamanha sorte.

– Compramos a fazenda por uma pechincha, imagina ainda encontrar um tesouro valioso, seria demais. O santo iria desconfiar, sabe como é muita esmola...

Carol riu, acariciou os fartos cabelos do marido e comentou:

– Estou brincando. Na verdade, pode não valer uma fortuna, mas são objetos antigos, têm um valor histórico agregado. Podemos vender para colecionadores ou doar para algum museu o que não quisermos ou não for comercializado. Se forem bonitos e gostarmos deles até podemos deixar por lá mesmo, usar para decorar a casa, ficará bem, de acordo com o...

– Pensei que tínhamos concordado em fazer um ambiente interior moderno.

– Não invalida, podemos mesclar alguns objetos antigos com os modernos. Imagino que seja pouca coisa que eles encontraram.

– O Alex sugeriu que vá com a camionete e disse que talvez seja preciso duas viagens para trazer todas as peças.

Pedro Manoel pensou um pouco e depois comentou:

– Se forem objetos pessoais, sem grande valor, mandarei para os herdeiros.

– Despesa inútil. Eles estão no Rio de Janeiro, na região da serra, o frete vai custar caro. Além do mais, não deve haver nenhum valor sentimental. Estavam sobre o forro, não é? Ninguém conhece, nunca moraram ali, pelo que entendi.

– Não tinha pensado nisso, tens razão. É melhor doar para um museu.

Carol, ouvindo a algazarra das crianças no banho, levantou-se xingando os meninos em alto e bom som, avançando célere pelo corredor até o banheiro onde deixara os filhos brincando na banheira.

..*

Vencidas pela curiosidade, Marcela e Carol acompanharam Pedro Manoel na visita da manhã seguinte.

– Bom Deus, como é longe da BR! Imaginei que fosse bem pertinho – comentou Marcela ao notar que seguiam pela estrada que margeava o canal e dele se afastavam seguindo em direção sul. – Yago falava em pescar e andar de barco, juro que pensei que ficava perto da BR e próximo do canal. Mas, pelo que vejo, enganei-me feio. Tu achas mesmo perto esse lugar, meu filho?

– Claro que é, mãe. E a senhora verá que é lindo. Eu amei! – respondeu Carol antecipando-se ao marido, que dirigia concentrado na estrada de terra batida, bastante esburacada.

– A estrada é ruim – retrucou Marcela, com expressão assustada. – É perigoso meter-se tão longe com crianças pequenas, Carol. Se acontecer alguma coisa ruim quanto tempo levará até conseguirem socorro?

– Sogra, a senhora é o otimismo em pessoa. Nem viu o local e não gosta.

– Pedro, eu estou sendo realista. É longe. Quantos quilômetros da BR?

– Não marquei. Demora, mais ou menos, uns quarenta e cinco minutos até lá.

– Dependendo dos buracos, do clima, do carro...

– É, mãe, dependendo de tudo isso. Mas é um casarão lindíssimo. Espere para ver depois da reforma.

– Eu sei, filha, você tem um talento incrível para transformar esses casarões antigos em preciosidades. Mas, quem vai ver? Nesse fim de mundo onde foi construído não vejo casas, vilarejo, nada, somente campo e gado.

– Eis a razão de minha compra, d. Marcela. É da pecuária que eu vivo e sustento seus netos.

– Claro, Pedro. É ideal para seu negócio. Só não estou entendendo por que não faz como nas outras propriedades e constrói apenas o necessário à criação de gado – insistiu a sogra.

– Precisamos de um lugar para deixar as crianças brincarem, mãe. Criar duas pestinhas em um apartamento não é fácil. Eles têm muita energia, precisam de espaço para correr e brincar. Aqui será ótimo. Eu tenho grande responsabilidade nessa decisão, insisti para reformarmos o casarão e usarmos como casa de campo nos fins de semana.

Pedro Manoel avistou a entrada. O muro que abrigava o alto portão de ferro torneado, fechado por um cadeado novo, em visível contraste, dava sinal de novos donos. Ostentava em letras *art déco*, em ferro, o nome da propriedade. Logo abaixo havia sinais de letras que, com o passar dos anos, haviam sido arrancadas, sobrando apenas um "V" maiúsculo e um "e", do que deveria ter sido o nome dos antigos proprietários.

– Linda essa entrada – comentou Carol. – Não vejo a hora de recuperá-la.

– Ainda vai demorar, meu amor. Pelo que entendi as obras estão lentas.

– Só vou acreditar nessa história de tesouro sem valor quando eu vir as coisas encontradas – resmungou Marcela.

– A senhora não só vai ver como vai ajudar a carregar – disse Pedro Manoel rindo. – Afinal, para que trazer a sogra, se não for para vê-la trabalhar nesse janeiro quente pra cachorro?

– Humm... sei. Não era um passeio, *né*? É serviço, tá bom, quando eu precisar de ajuda para abrir as massas dos pastéis de Santa Clara, lembrarei do meu querido genro – retrucou Marcela, aderindo ao tom irônico e brincalhão de Pedro Manoel.

– Ah não, depois de mais de dez anos trabalhando no controle de qualidade dos seus doces não posso mudar de função, lamento muito. A senhora não pode me rebaixar.

– Controle de qualidade, pois sim! Comilão, essa é a tua função.

– Olhem lá! – apontou Pedro Manoel a construção cuja cumeeira do telhado era visível. – Estamos chegando.

Marcela avançou para a frente, como se pudesse transpor os limites do para-brisa da camionete em que viajavam, franzindo o nariz ao apertar os olhos para apurar a visão.

O veículo fez uma curva, e o velho casarão mostrou-se imponente em meio à vegetação maltratada que o cercava e que ainda guardava os traçados do jardim com seus caminhos e canteiros, agora semi-destruídos pela ação do tempo.

– Realmente, é lindo. Enorme! O que farão com uma casa tão grande?

– Faço remates de gado, posso usar a casa para coquetéis e jantares, por exemplo. O que acha, Carol?

– Uma boa ideia.

Os trabalhadores, ao avistarem a poeira levantada pelo veículo, pararam as atividades. Começaram a bater nas roupas, sacudir os cabelos, secar os rostos suados em rotos pedaços de toalha que carregavam nos bolsos das bermudas, tentando retirar a camada mais grossa de pó que tinham sobre si, tornando-se mais apresentáveis.

– Ih! Vamos vestir as camisetas, gente. Dona Carol veio junto e tem uma senhora também – gritou Alex que despejava um carrinho com entulhos do lado de fora do casarão, onde um pequeno monte se formava, pouco antes de Pedro Manoel estacionar a camionete na entrada do maltratado jardim.

– Isso tu não tinhas visto, Carol. Olha, que achado bonito! – falou Pedro Manoel apontando os contornos do antigo jardim. – Não precisaremos fazer projeto de paisagismo. É só refazer os canteiros e escolher outras plantas.

– Ótimo! Parece que a primeira etapa da obra já nos enche de surpresas. Imagine o que não desenterraremos com o avanço da reforma.

– É mesmo. Eu adoro azulejos portugueses; será que encontraremos algum?

– Como havia mato em muitas peças não entrei. É possível. O estilo da construção é colonial portuguesa, sem dúvida. Ainda não consegui localizar registros da construção, talvez no bispado de Rio Grande tenha alguma coisa, mas acho improvável. Os tijolos que aparecem nas fendas do reboco são daqueles grandes, feitos pelos escravos, as telhas também. Acho que ele deve ter sido construído no século XIX, mas não sei precisar o período exato. Usavam muito azulejo nessa época. Mas aqui é zona rural, seria caro e muito trabalhoso transportá-los. Acredito que tenhamos bonitas paredes com escariolas.

– A senhora tem razão, d. Carol – falou Ernesto, que os aguardava sob o batente da porta aberta. – A sala onde estamos trabalhando é toda com escariola, e tá em bom estado.

Vendo-os se aproximar, o trabalhador esfregou as mãos no jeans desbotado e estendeu a mão direita para cumprimentar o patrão:

– Bom dia, *seu* Pedro.

– Bom dia, Ernesto. Então acharam algumas coisas no forro. Teu filho telefonou ontem.

– Pois é, patrão. E não são umas coisas não, é um montão de coisas. Venham ver, a gente deixou dentro da casa com medo que chovesse. Podem entrar, não tem perigo. Já escoramos tudo. Tem umas janelas que não dão pra abrir, viu? As dobradiças de tão podres caem no chão.

– Eu trouxe as novas – respondeu Pedro. – O Alex pediu ontem.

– Bom, vai ficar mais claro podendo abrir tudo e é bom pra secar a parede. Lugar fechado fica úmido. O senhor sabe que até que pros anos que ficou fechado, tá muito bom, a casa tá inteira. A ossada dela, o senhor me entende, *né*?

– Entendo, Ernesto.

Carol olhava, encantada, as grossas paredes. Tinha fascínio em recuperar prédios antigos e era apaixonada pela arquitetura colonial. Recuperar um prédio que era seu dava-lhe mais prazer, pois poderia preservá-lo, cuidá-lo. Sua mente fervia com ideias para o interior da construção e os jardins em torno da casa.

– Mãe, lembre-me de fotografar o jardim.

– Lembro, sim. Até que vocês têm razão: o lugar é bonito. E a vista da lagoa que vocês tanto falam?

– É nos fundos.

Um coro de tímidos cumprimentos os saudou na chegada da sala onde estavam os demais trabalhadores.

Pedro Manoel e Carol olharam o teto sem forro onde se enxergavam as madeiras do telhado e a cobertura de telhas cerâmicas. Depois, baixaram a vista notando caixas e maletas sujas de pó depositadas no piso.

– São essas coisas? Foi nessa sala que as encontraram? – perguntou Carol atraída pelas caixas, ansiosa por ver seu conteúdo. – Pensei que fossem mais.

– E são, d. Carol – respondeu Valdinho. – Fui eu e o Alex que encontramos as primeiras ontem à tarde. Essas que estão aqui são as últimas; tirei daí de cima. Vasculhei, por onde deu, não vi mais nada.

– Onde está o restante? – indagou Carolina com os olhos fixos nas caixas.

– Na peça aqui do lado, que tá mais limpa. Vamos ver – convidou Valdinho apressando-se em abrir a porta que ligava os cômodos.

Ao verem a quantidade de objetos resgatados pelos pedreiros as exclamações de espanto dos três soaram engraçadas e eles riram orgulhosos do feito.

– Eu falei que era um monte – disse Alex. – O senhor não acreditou?

– Onde vamos colocar isso? – indagou Pedro Manoel encarando a esposa.

– Mãe? – falou Carol.

– Quer colocar lá em casa? – indagou Marcela surpreendentemente conciliadora. – Pode ser, o porão é grande e ventilado; poderemos trabalhar bem lá. Acho que deve acomodar tudo.

Voltando-se para Ernesto, Marcela perguntou:

– Olharam o que tem dentro das caixas?

– Sim, senhora. Valdinho, Roberto, vocês que mexeram aí, digam o que viram.

– Roupa, louça, papel, dinheiro, um montão de fotografia e quadros. O que tem mais mesmo é dinheiro que não vale – os tais dos contos de réis. De certo, eles guardavam dinheiro embaixo do colchão. O pessoal que morava pra fora antigamente fazia muito isso, guardar dinheiro assim, tinham medo de Banco. Meu pai contava que o pai dele não podia nem ouvir falar de Banco, morria de medo, não confiava de jeito nenhum – esclareceu Roberto.

– Tem um troço bem engraçado, uma bacia e um penico com tampa de louça, todo decorado com umas florzinhas – declarou Valdinho, destampando a caixa onde os colocara. – Tem esse daqui também com um furo no meio.

– É uma escarradeira, Valdinho – informou Carol, olhando a peça de louça suja, porém em perfeito estado de conservação. – Usavam nos cantos das salas para as pessoas cuspirem.

– Que gente porca! Cuspiam dentro de casa, é?

– É. Pode deixar o resto aí dentro. Eu verei em casa.

– Naqueles lá – e apontou três baús – tem roupa de mulher. As pequenas são fotografias, os quadros tão ali em pé contra a parede, são retratos. O resto é dinheiro e papelada.

Pedro Manoel abriu uma que continha o que Valdinho designara por "papelada"– eram documentos, livros, cartas. Fechou-a e abriu a que estava ao lado.

– Todas, daí em diante, são de dinheiro – informou Roberto.

Incrédulo com a quantidade, Pedro Manoel levantou

a tampa de todas e assobiou ao ver as cédulas ainda enfeixadas com o lacre bancário, sem dar atenção ao carimbo da instituição.

– Quanto isso devia valer, d. Marcela?

A sogra aproximou-se também assombrada com a quantidade de dinheiro exposta e não pôde conter uma lamentação:

– Que pena! Não vale mais. Devia ser uma fortuna considerável, não faço ideia.

– Mas era do seu tempo.

– Eu era criança, Pedro, quando esse dinheiro saiu de circulação – ralhou a sogra fingindo-se irada com a alusão a que seria da década de trinta. – Tu bem sabes a minha idade.

– O que o senhor vai fazer com essas coisas? – indagou Valdinho.

– Não sei – respondeu Pedro Manoel. – Por quê?

– Eu queria lhe pedir uma coisa de presente.

Alex e Rodrigo se olharam e começaram a rir.

– Não acho graça, gurizada – xingou Valdinho se voltando para os adolescentes.

– O que tu queres? – perguntou Pedro Manoel.

– Um retrato grande e um vestido. Achei tão bonito, queria guardar de lembrança. Sabe Deus quando é que vou achar outro tesouro de novo – brincou o trabalhador querendo descontrair o ambiente.

O semblante de Ernesto fechou-se revelando preocupação e Roberto baixou a cabeça. Seguira-se um silêncio pesado.

– Mostre qual é o retrato e o vestido – pediu Pedro Manoel.

– Deixei separado pra lhe pedir, vou buscar.

Segundos depois retornou trazendo um retrato a óleo de quase um metro de altura e prováveis 60 cm de largura, com uma moldura larga e alta em madeira escura entalhada.

– Bela mulher. Vai pôr no seu quarto? – perguntou

Pedro Manoel rindo malicioso. – É sua. O vestido é o mesmo do retrato, não é?

– Parece que sim – confirmou Valdinho encabulado.

– São seus – disse Pedro Manoel arrependido da brincadeira que fizera com Valdinho. Gostava dele, por isso olhou os demais e decidiu debochar deles também propondo: – Alguém vai querer o penico ou a cuspideira de lembrança? Eu dou, na minha casa não quero essas coisas.

Os trabalhadores riram e recusaram a oferta, declarando não gostar de velharias.

– Sendo assim, vamos carregar o que couber na camionete. O restante fica, levarei na sexta-feira – determinou Pedro Manoel.

Remexendo o Passado

Só é verdadeiramente grande aquele que, considerando a vida como uma viagem que deve conduzi-lo a um objetivo, faz pouco caso das asperezas do caminho e não se deixa jamais desviar um instante do caminho reto(...).

Kardec, Allan.
O Evangelho Segundo o Espiritismo.
Capítulo XII, item 11.

O domingo foi abençoado na rotina calma da vida de Valdinho. Morador de um bairro pobre, vivia sozinho. Era dono de uma pequena casa de alvenaria com sala, cozinha e quarto. Tudo muito simples, limpo, poucos móveis, porém de boa qualidade. A casa, uma construção de moradia popular, era branca, por dentro e por fora, sobressaindo apenas as janelas envernizadas. Bem cuidada, a propriedade tinha um muro que cercava o terreno, e um canteiro com algumas roseiras, uma de suas paixões, pouco compreendida por seus amigos.

Ocupou o dia com a limpeza do quadro da "senhora da fazenda", como o chamava. Colocara-o na área de serviço, próximo do pátio, encostado no tanque de lavar roupa. Olhava-o embevecido. Parecia que quanto mais admirava a modelo mais bela ela se tornava.

Limpando a pintura, com um pincel seco, descobriu e analisou detalhes do rosto que o fascinava. Dera-lhe uma trilha sonora: Fascinação, de F.D. Marchetti e M. de Feraudy, na versão de Armando Louzada, interpretada por Elis Regina. Os acordes e a voz da cantora enchiam o ar. Fora tema da novela O Casarão, e ele logo associou a música à mulher retratada.

A tarde ia a meio quando deu a pintura por limpa. O ideal seria restaurá-la, mas imaginava que esse serviço deveria ser muito caro, e não tinha recursos. Conformou-se constatando que eram poucos, quase imperceptíveis, os pontos que mereceriam reparo na pintura. Lustrou e poliu a moldura de madeira. Restou diante de seus olhos a clara representação do que fora o encanto e fascínio daquela mulher do passado, sem nome e morta, com certeza.

– Vou chamar a Déia pra ver. Talvez ela saiba de que época são essas roupas –, pensou alto, falando sozinho. – Mas, antes, vou colocar minha visita na sala.

Sorrindo, feliz com seu trabalho, tomou o retrato nas mãos e entrou na casa conversando como se falasse com a mulher na tela.

– Tu não vais ficar triste de ficar sozinha durante a semana? Passará rápido, eu volto logo, nem vai dar tempo de notar a minha falta – e, chegando à sala, parou escolhendo a parede onde a colocaria. – Um luxo sobre outro. Vai ficar bom, sempre quis colocar um quadro sobre a lareira. Não precisava ser tão grande, mas... Nada é perfeito.

Minutos depois, o retrato da "senhora da fazenda" estava suspenso sobre a lareira, na residência do pedreiro, em um bairro pobre, depois de anos encerrado no sótão do casarão abandonado.

Contente e satisfeito com sua obra, Valdinho sentou-se no sofá inclinando-se na direção de uma mesinha auxiliar onde ficava o telefone. Rapidamente, digitou o número de Déia e convidou-a a vir visitá-lo, pois tinha uma surpresa para mostrar-lhe e algumas horas livres até que o patrão viesse buscá-lo.

O aroma de café e pão fresco recendia na sala quando soou a campainha anunciando a chegada da visitante.

Apressado, Valdo correu à porta e a abriu recepcionando a moça com um amplo sorriso, que se alargou ainda mais com a surpresa de ver a amiga mudada.

– Déia! – exclamou Valdinho – O que tu fizeste nestes dias que não te vi? Tá bonita, tá diferente.

– Ah, novidades, muitas novidades, meu caro.

Entrando na sala, literalmente, lançou-se no sofá,

jogando para o lado uma almofada grande, com estampa de tigre. Déia gozava da intimidade de muitos anos de amizade.

– Vai contando, guria.

– Primeiro quero água; vim andando desde lá de casa, e está um verão infernal de quente.

Segundos depois ele lhe entregava um copo com água gelada e deixava a garrafa sobre a mesinha de centro.

– E então? Que história é essa? E esse corte de cabelo, quase não te conheci. Parece um molequezinho. Tá mais magra, mais alegre. Andaste vendo passarinho verde, é?

– Quase, Valdinho. Ufa! Alguma coisa tinha que mudar. Três anos de formada e nada de trabalho... e a situação lá em casa é difícil, tudo dependendo da pensão da mãe, não dava. Além do mais, ela gasta muito com remédios. Pois, enfim, fui chamada e estou trabalhando em uma escola particular. O salário é razoável, bem melhor do que o que eu tinha antes – brincou Déia referindo-se a sua condição de desempregada. – Bem, daí resolvi mudar o visual. Emagreci, fechei a boca e vou e volto do trabalho a pé todos os dias. Estou me sentindo superbem, tenho outra disposição. Tu tinhas razão, mexer o corpo ajuda a melhorar a disposição emocional da gente.

– Que bom! Fico muito contente de saber das novas, já era hora. Agora, pode apostar, logo em seguida, sai a nomeação do concurso de professora do Estado que tu estás esperando. Ainda bem que não estás fazendo nenhuma dieta daquelas de morrer de fome e se matar comendo depois, e comer ainda mais no outro dia porque ficou com sentimento de culpa por quebrar as regras. Esse tempo é passado, então?

– Graças a Deus, e não voltarei pra ele, nunca mais! Pode acreditar, aprendi a lição. Nunca mais esqueci o que tu me disseste: cara de torturada nunca foi nem será bonita. Beleza vem de dentro do corpo e da mente, é o reflexo de um conjunto ou nada. Também parei com aquela *nóia* de achar que tinha de ser parecida com a atriz x, com a modelo y, com sei lá quem, que eu via na mídia. Chega! Meu negócio agora é: ninguém tem a beleza de Déia Araújo, sou única, exclusiva. Sabe do que mais, agora que me convenci disso, depois de anos de tortura, frequentemente ouço elogios. Acho que os outros estão me achando mais bonita mesmo.

– Boba, sempre foste bonita, tu é que não via. Dentro dessa cabecinha só tinha imagens de mulheres famosas da televisão, assim não dá. Sempre te disse que homem nenhum quer aquele tipo. A gente sabe que o lugar delas é um e o nosso é outro. A gente quer é realidade, Déia. Mas que bom te ouvir dizer essas coisas. Até que enfim, já estava perdendo as esperanças. Eu, como sou atrevido, até fiz um café e comprei um pão novinho pra gente.

– Ótimo – disse Déia. Erguendo os olhos, reparou no quadro sobre a lareira; curiosa indagou: – Quem é? Alguma parenta?

Valdinho andou até o retrato, examinou-o, pela milionésima vez naquela tarde, voltou-se para Déia e respondeu:

– Pensei que a senhorita, que é uma estudiosa historiadora, pudesse me dar algumas informações sobre a "senhora da fazenda", é assim que eu a chamo. Também tenho algumas novidades pra te contar, por isso te chamei. Lá na tua casa, teria a d. Mila, coitada. Ela gosta de atenção, mas eu queria era falar contigo.

Déia sorriu compreensiva, sabia que a mãe não era a pessoa mais discreta do mundo, muito menos a que melhor entende a necessidade de privacidade dos outros. Mas como seus amigos sempre souberam lidar com a situação, ela acabava não sendo um transtorno dos mais graves.

– Achei um monte de coisa velha em cima do forro da casa que estamos reformando. Esse retrato era uma delas. É linda, não achas?

A jovem levantou-se e parou em frente ao retrato, examinando a imagem da loira de rosto enigmático e belo. Observou a moldura antiga, as vestes, os móveis – a mulher aparecia com a mão sobre uma cadeira Luís XV, dourada e com forro de veludo vermelho, cor idêntica ao vestido que usava.

– Linda.

– Pode me dizer alguma coisa sobre o retrato, talvez a época em que foi pintado?

– Está bem conservada. Mas eu não entendo de arte. O que posso dizer? Os móveis, a cadeira e o que tem mais ao fundo na sala servindo de cenário, são bem mais antigos do que a roupa que ela veste. São de 1700 ou 1800, por aí. Mas a saia do vestido dela é logo abaixo do joelho, e isso se passou a usar depois da 1ª Guerra Mundial. Precisavam economizar tecido por causa da crise financeira; subir a bainha barateava o vestuário; o povo não tinha dinheiro. Assim, acabaram lançando a moda de fazer as bainhas das saias das roupas femininas subirem e ajustaram os trajes masculinos. Essa roupa pode ser de 1920, 1930, talvez um pouco mais.

– 1930? Era a época dos mil réis? – indagou Valdinho.

– Dos contos de réis – corrigiu Déia. – Era sim. Por quê?

– Espera um pouco, senta. Vou buscar mais umas coisas pra te mostrar; depois te conto a história da semana. Teu amigo achou um tesouro num casarão velho e abandonado, mas sorte de pobre, não valia nada.

– Como? – indagou a moça incrédula.

Ignorando a ordem de sentar-se e aguardar, ela fez exatamente o contrário, seguiu Valdinho ao quarto.

Aguardou que ele retirasse do fundo do armário uma caixa de papelão, que colocou sobre a cama de casal. Sentaram-se um de cada lado. Ele a abriu e começou a mostrar os objetos, que ia deixando espalhados sobre o leito, enquanto contava detalhadamente a história de como localizara aqueles bens.

Déia tomou um maço de notas de contos de réis nas mãos, olhou-o incrédula, assim como estava com o que ouvira, mas ao mesmo tempo, sem poder contestar, pois estava, frente a frente, com a prova da veracidade dos fatos.

– Que loucura, Valdinho! Já ouvi histórias assim, quem não ouviu? Mas ver essas coisas... Puxa vida, é muito estranho.

– Sei o que está sentindo, eu experimentei algo parecido. Mas, Déia, diz algo sobre a história dessas tralhas. Eu preciso, quero muito, saber.

A súplica estampava-se na íris castanha do dono da casa. Ali estavam também os rasgos da louca paixão que aquilo tudo fizera brotar em seu ser, em geral, apático, morno ou indiferente – como o definiam seus amigos. Na vida de Valdinho não se conhecia nem vício nem extremadas virtudes. Ele era uma pessoa agradável, cordato, raramente o viam tomado de irritação. Em se comparando seu temperamento ao clima, poder-se-ia dizer que ele era uma pessoa amena. Pouco interesse tivera pelos estudos; abandonou-os antes da metade do segundo ano do ensino médio. Ainda não aprendera o gosto, o sabor, da leitura; preferia filmes e televisão à companhia dos livros. Diferente da maioria dos homens, não era apaixonado por nenhum clube de esporte, aliás, apreciava os exercícios ao ar livre, como andar de bicicleta ou caminhar com amigos. Eventualmente, assistia a uma partida de futebol, mas, em geral, esse programa o chateava.

Por conhecer o amigo, Déia estranhou aquela luz de paixão que brilhava em seu olhar. "Será que no fundo ele não imagina que esses objetos tenham valor? Que possam valer algum dinheiro?", pensou ela, encarando-o séria.

Não sabia a resposta. Graduara-se em história, fazia especialização em história do Brasil, mas não estava habilitada a avaliar aqueles objetos. Aparentemente eram apenas peças antigas, julgava ela; melhor seria avaliá-las em um antiquário. Escolhia as palavras para explicar a Valdinho suas dúvidas, sem apagar aquela vivacidade que via pela primeira vez em mais de dez anos de convivência.

– Fico feliz que tu esteja tão interessado em descobrir a história por trás desses objetos. Eles falam e contam fatos de um tempo distante, não é a toa que sou apaixonada pelo que faço. Adoro conhecer os laços, os caminhos que unem os fatos do presente aos que viveram gerações passadas. Há uma solidariedade tão grande, um diálogo tão intenso entre o passado e o presente que ecoa no nosso futuro. Veja essas notas, por exemplo, elas falam da evolução econômica do nosso país, de como nosso povo trabalha, gera riquezas e o que faz com elas, como são investidas...

– Hum, como é *gatunhada* tu quer dizer – interrompeu Valdo.

– Isso é outro caminho, é a história política do país. Não nego que a nossa história política é triste, cheia de corrupção e fatos lamentáveis. Aliás, uma história que compartilhamos com os demais países da América do Sul e, de resto, com quase todos os outros países do mundo. Penso que isso é mais um reflexo da condição moral da humanidade do que uma ilha de corrupção, como muita gente diz. Ouço algumas pessoas falarem como se somente no meio político houvesse corruptos, não concordo. Vejo muita gente se gabar de conseguir, por exemplo, se livrar de multas de trânsito, de conseguir favores aqui e ali, com base no tão decantado jeitinho brasileiro, ou seja, corrompendo. Sinceramente, a única diferença está no valor e na quantidade. Uns envolvem-se com somas astronômicas; outros, com migalhas, mas com a oportunidade e igualdade de condições ambos fariam a mesma coisa. Também não aguento a conversa de que porque todo mundo faz, trouxa é o que não faz. Esse pensamento é de um povo sem individualidade, somos massa mesmo, não seres humanos que compõem uma sociedade. Infelizmente, ainda não... – lembrando-se que o propósito da visita não era um debate de ideias ou ideologias sociopolíticas, menos ainda um sermão moral, afinal a atitude do amigo não era um primor de correção, calou-se, sorriu envergonhada do acesso de irritação e pediu: – Desculpe o discurso, mas o tema incomoda-me. Vamos voltar a ver o que temos dentro dessa caixa.

– Fotografias e uma bijuteria, eu acho. Olhe.

Valdinho retirou algumas fotografias amareladas pelo tempo, e o cordão com o pingente contendo a fotografia da mesma mulher retratada na tela a óleo. Déia largou as notas sem deter-se nelas, admirando as fotografias e depois a correntinha.

– Valdinho, desconfio de que ela seja de ouro. Bijuterias são antigas, imitações de joias existiam e até eram moda em 1930, mas não creio que seja o caso. Por que tu não levas a peça a uma joalheria e pede para te dizerem se é ouro ou não? Eu acho que é, parece muita fina, muito delicada, muito trabalhada para ser uma peça sem valor, e essas pedras incrustadas devem ser preciosas, mas não sei identificar. Devia ter algum valor sentimental para quem a guardou. É a mesma mulher do retrato da sala. As coisas eram dela?

– Não sei. Ninguém sabe. Como te disse, o casarão está abandonado há décadas. O que sabe sobre elas? – questionou Valdinho.

– Sobre elas, muito pouco ou nada – respondeu francamente Déia. – Conheço, estudo e pesquiso fatos do período histórico, é diferente. Tudo o que posso te dizer é que são objetos do início do século XX. As roupas, os cortes de cabelo e estilo de penteados, principalmente, levam-me a concluir que pertençam a esse período. O aspecto das fotografias também é bem antigo; esse picotadinho nas bordas, o papel mais grosso, a assinatura do fotógrafo, também são típicos da época. Naquele tempo ser fotógrafo era uma arte, hoje ainda é, mas a fotografia se popularizou. Posso te dizer o óbvio – isso tudo pertencia a uma família rica, provavelmente daquelas antigas e tradicionais. Observe as mobílias que aparecem nas fotos, são antigas, muito rebuscadas, ouso afirmar que são mesmo do século XVIII, portanto já eram antiguidades no tempo em que foram tiradas essas fotografias. Olha, se tu queres saber o valor delas, pega e as leva a um antiquário, eles sabem avaliar melhor.

– Não, Déia, eu não quero vender – respondeu Valdinho assustado com a intenção da amiga. – Tu entendeste errado, eu as quero pra mim. Apenas quero saber a história delas, mais nada.

Tomada de surpresa com o inusitado da resposta, ela insistiu:

– Colecionadores pagam bem por objetos desse tipo, Valdinho.

– Não preciso de dinheiro. Eu trabalho para ganhar meu sustento, não preciso vender essas coisas. Eu as quero pra mim. Tu não notaste que todas elas são da mesma mulher? Ela é linda.

O espanto de Déia chegava a ser engraçado; assustava-se com a intensidade da reação das atitudes de Valdinho.

– Ei, espera aí, tu estás querendo dizer que é por causa da mulher do retrato que desejas saber a história desses objetos? – muito surpresa com o móvel das ações do amigo, pediu confirmação: – É essa a razão? Somente essa? Jura?

Sorrindo da expressão de Déia, de suas pupilas muito dilatadas, e do leve rubor que lhe coloria as faces, Valdo cruzou os dedos indicadores sobre a boca e disse com ar solene:

– Juro pelo que há de mais sagrado. É por causa dela.

– Mas... mas Valdinho, não faz sentido, é loucura. Não estou te reconhecendo. Nunca foste dado a arroubos de paixão por nenhuma mulher viva, de repente, sem mais nem menos, te enches de amores pelo retrato de uma morta!

– Eu nunca vi uma mulher viva tão bonita – retrucou ele.

– Sem essa, vai – resmungou Déia incrédula e levemente irritada. – Tá cheio de mulher bonita na rua e dando sopa. Ninguém precisa se apaixonar por um retrato. Ah, e se é porque ela é morta, é fácil, vamos ao cemitério; é bem antigo, tem túmulo do século XIX, tu vais encontrar uma ainda mais bonita que essa daí.

– Não fala assim, sinto-me muito mal quando ouço ou penso que ela é morta. Eu sei que deve estar morta, mas... Não sei explicar, dá-me uma aflição, uma dor no peito, até medo eu já senti.

Cada vez mais assustada com as reações do amigo, Déia o encarou preocupada. A incredulidade, a irritação cediam espaço a um olhar atento, a uma observação minuciosa das falas e atitudes de Valdinho.

"O que eu faço com ele? Ele não está nada bem. Essa história é, por demais, esquisita. Deus ajuda-me, ilumina-me", pedia ela.

O olhar da moça vagou pelos objetos esparramados sobre a cama; ecoava em sua mente a declaração do amigo: "Tu não notaste que todas elas são da mesma mulher?".

"O vestido de festa sem dúvida pertenceu à dita cuja, é o que ela usava no retrato", constatou Déia, em pensamento. "Mas de onde ele tirou a ideia de que o resto pertenceu a ela? Dinheiro não tem marcas de quem é seu dono, não se pode afirmar nada. O próprio retrato poderia ser de outra pessoa, um marido, talvez."

– Por que tu achas que tudo isso era da "senhora da fazenda"? Assim a chamas, não é? – questionou Déia de forma conciliadora.

– Eu sei que era dela, eu sinto – respondeu Valdinho com o olhar cravado no rosto de Déia.

– Valdinho, tu estás sendo passional. Sei que é chato ficar repetindo a mesma ideia, mas, convenhamos: não te parece exagero essa fascinação toda? Olha bem, tu estás fantasiando, criando uma história para uma mulher que as minhocas já comeram e que não há meios de saber se tem algum fundamento. Enxerga, homem! Como é que podes afirmar que esse dinheiro, essas louças eram dela? Não tem nenhum nome gravado.

– Mas, se não foram dela, por que estariam guardadas juntas? Tinham baús cheios de roupa, muita roupa de mulher – argumentou ele sério. – Deviam ser da mesma pessoa.

– Tudo bem, poderia ser, mas poderiam não ser também. Muitas vezes, famílias reúnem roupas de diversas pessoas num mesmo armário, guardam de uma estação para outra em uma mesma caixa ou até nos baús. Ainda existem, sabia?

– Ok, pode ser tudo fantasia minha – concedeu Valdinho.

Essas palavras arrancaram um suspiro de satisfação de Déia, cuja expressão facial e corporal retraída, por instantes relaxou. Porém, sorrindo ele prosseguiu:

– É um direito que eu tenho. Posso dar uma vida para ela como as meninas fazem com as bonecas. Crio uma personagem. Preciso saber quando e como ela viveu o que fazia, do que gostava. Não sei que nome ela poderia ter, já pensei em vários, mas nenhum me agrada.

– Eu não te entendo – declarou Déia, retornando ao estado de espanto. – Por que fazer isso, por que criar uma personagem? Tu estás te sentindo sozinho? Arranja uma namorada.

Valdo sentiu-se desolado, não esperava questionamentos de Déia. Chamara-a imbuído da certeza de que ela conheceria a história daquelas coisas, ou, ao menos, que lhe daria informações, contaria o que sabia da época. Mas não fora como havia imaginado. A tarde chegava ao fim; logo Pedro Manoel estaria buzinando na frente de sua casa e na camionete estariam os companheiros de trabalho com cara de gado a caminho do abate.

Desanimado, desistiu da conversa. Percebera que Déia irritara-se em alguns momentos; não queria perder a amiga e, no íntimo, às vezes, pegava-se fazendo as mesmas indagações e não sabia respondê-las. Fato é que sentia uma necessidade imperiosa de envolver-se com a mulher do retrato; ela lhe inspirava uma paixão cega, desconhecida e que não compreendia, apenas sentia.

Ergueu-se da cama, estendeu a mão a Déia convidando-a:

– Vamos fazer um lanche na cozinha e mudar o assunto, está bem? Daqui a pouco será noite e vou ter que voltar pro casarão. Vamos falar do seu trabalho novo, tá legal, conta como está sendo.

– Ok – Déia estendeu-lhe a mão, levantando-se. – Vou ao banheiro e já te encontro.

Confabulando sobre a conduta estranha de Valdinho, ela demorou mais do que pretendia. Seu olhar refletido no espelho estava tomado de preocupação e incredulidade ante o diálogo que travara com o amigo. Fixando a própria imagem lhe parecia encarar uma estranha.

Ao cabo de alguns minutos, regressou à companhia do dono da casa.

Os ruídos vindos da cozinha lhe informaram que Valdinho tinha mais um visitante e a fim de não causar constrangimentos, falou alto sob o batente da porta do banheiro, saindo para o minúsculo corredor que dava acesso a sala de visitas.

– Valdinho, não vou atrapalhar. Posso aguardar aqui na sala.

Com um pano de prato colorido sobre o ombro e a testa franzida, ele surgiu no vão entre a cozinha e a sala, dividido apenas por uma cortina de bambu.

– Atrapalhar o quê?

– Ué, juro que ouvi alguém falando contigo. Não tinha alguém aqui?

– Não que eu tenha visto. Deves ter ouvido o som da televisão do vizinho. O filho dele assiste a todos os programas de domingo. Não sei como aguenta.

– Tem gente que gosta. Mas que estranho, foi tão nítido.

– Tu estavas distraída, confundiu-se. Acontece. Venha, vamos sentar e sou todo ouvido, quero saber, tim-tim por tim-tim, o que andas fazendo. E os colegas, são gente boa?

Daquele momento em diante, Déia reencontrou o bom e velho amigo. Conversaram, riram, e o fim da tarde escoou rápido.

A moça partiu esquecida da mulher do retrato. Valdinho, apressado, com a urgência de arrumar o que era preciso para a semana de trabalho, também se esqueceu da sua fascinação.

Desinteressado, guardou os objetos de volta ao lugar, pensando que ocupavam muito espaço em sua pequena residência e que a ideia de Déia fazia sentido – o melhor seria avaliar e vender a um antiquário.

Novas Experiências

Nesse julgamento supremo, quais são os considerandos da sentença? Sobre o que se dirige o inquérito? O juiz pergunta se se cumpriu esta ou aquela formalidade, observou, mais ou menos, tal ou tal prática exterior? Não ele não inquire senão de uma coisa: a prática da caridade, e sentencia dizendo: Vós que assistes vossos irmãos, passai à direita; vós que fostes duros para com eles, passai à esquerda. Ele se informa da ortodoxia da fé? Faz uma distinção entre aquele que crê de um modo e o que crê de outro? Não; porque Jesus coloca o Samaritano, considerado herético, mas que tem amor ao próximo, acima do ortodoxo que falta com a caridade.

Kardec, Allan.
O Evangelho Segundo o Espiritismo.
Capítulo 15, item 3, BN Editora.

Marcela olhava desolada as maletas de dinheiro sem valor enfileiradas sobre o piso de cimento do porão de sua residência.

Carolina ao lado da mãe balançava a cabeça, ainda incrédula com o achado dos pedreiros.

– Por onde acha que devemos começar, mãe?

– Sinceramente, não sei. Acho que tanto faz. Que tal primeiro arrumarmos essas malas de dinheiro, depois veremos o restante. Elas são o que mais me causa dor. É uma lástima toda essa riqueza desperdiçada.

– Concordo – respondeu Carolina, aproximando-se das maletas.

Abaixou-se e começou a abri-las. O interior delas era uma fantástica repetição.

– Sabe, mãe, a sensação que tenho é de uma volta no tempo. Olha, estão intactas. Eu poderia jurar que assim como os funcionários do Banco as colocaram, elas ficaram. Agora, passados setenta anos, nós mexemos. Será que é dessa forma que se sentem os arqueólogos quando abrem um sarcófago ou desenrolam uma múmia?

– Como eu vou saber, Carolina? Que comparação! Não tinha algo menos tétrico para dizer? Já basta mexer nisso tudo. Pode ser impressão, mas elas me causam certo embaraço, um mal-estar. Vamos arrumar-lhes logo um destino. Não gosto de coisas velhas, passado é passado.

– Mãe! Que absurdo o que estás dizendo. Esta casa, onde tu moras, é centenária; tens móveis e louças que pertenceram a tua bisavó. Nunca antes te ouvi reclamar, ao contrário, sempre vi um zelo enorme para que nada se quebrasse. Ainda me lembro do castigo que me deram quando eu quebrei um copinho do jogo de licor da vovó.

– É diferente, Carolina. Não te faças de desentendida, sabes do que estou falando. Os meus objetos, os meus retratos, a minha casa, contam a minha história e a da nossa família. São povoadas de boas lembranças, de afetos. Essas aí, eu não faço a menor ideia do que representam ou a quem pertenceram. Suponho que devam ter pertencido ao falecido proprietário das terras que vós compraram. Além do mais, veja o que são: dinheiro, essencialmente, dinheiro.

Carolina correu o olhar pelas maletas abertas; relembrou-se rapidamente do conteúdo das outras caixas; refletiu sobre as palavras da mãe e dobrou-se às evidências: Marcela tinha razão.

– Está bem, eu concordo. De fato é estranho, e esse achado nada tem a ver conosco. São apenas velharias, na melhor das hipóteses, antiguidades. Vou examiná-las e decidir o que fazer. Ruim será a maleta de documentos; acho melhor lê-los antes de queimar ou devolver para a família.

– Sim. Documentos são documentos, não se joga fora sem cuidado. E esse dinheiro, o que farás com ele? Não vale nada.

– É uma grande quantidade de cédulas. Tenho curiosidade de saber quanto valia na época, devia ser uma fortuna. Mas não é completamente sem valor, colecionadores pagam bem, o problema é que não vão querer todas. Terei que vender para vários e ainda sobrará muito para dar.

Marcela apanhou um maço de notas, observou o carimbo e sorriu. Carol estranhou a atitude da mãe, que tinha o olhar saudoso; parecia que as notas a transportavam para um tempo distante.

– Por que essa cara, mãe?

– O dinheiro, filha. Ele veio de um velho escândalo. Meu Deus, põe coisa antiga nisso! Veja – mostrou a Carolina as cintas de papel identificadas em torno dos maços. – São do Banco Pelotense. Eu era criança quando meu pai falava na história desse Banco. Foi um horror, causou prejuízo a milhares de pessoas. A cidade e a região sofreram muitíssimo. E ele sempre dizia que havia acontecido alguma coisa muita séria, acreditava que tinha políticos influentes envolvidos na quebra do Banco. É, naquele tempo também tínhamos histórias de falcatruas e roubos empobrecendo a nação. Os antigos diziam que muita gente tinha deitado rica e amanhecido pobre e envergonhada. Até suicídios aconteceram.

– Eu não sabia, nunca tinha ouvido falar. Esse Banco era daqui?

– Era sim, filha. Teu avô tinha dinheiro e algumas ações, perdeu como todo mundo. Até morrer ele ainda falava no assunto, tinha esperança de que um dia iriam reabilitar a história do Banco e devolver o dinheiro. Ainda não aconteceu nem acredito que venha a acontecer. É deboche do destino essas maletas virem parar justo aqui, na casa em que teu avô morou. Acredita que ele guardou e me entregou como herança as ações do Banco e os documentos que provavam as transações que tinha com o Pelotense em investimentos. Tive vontade de jogar tudo fora quando a tua avó morreu, queimar para dizer a verdade. Mas, acabei guardando. No entanto, não tenho o mesmo romantismo que eles. Vi tantos escândalos financeiros e nunca ninguém recebeu nada de volta.

– Eu nem imaginava que houvesse um Banco municipal, cresci conhecendo os Bancos estaduais, federais ou então particulares, mas grandes.

– Pelo que me lembro das histórias do teu avô, ele dizia que o Pelotense era grande. A matriz, claro, era aqui, mas ele falava que tinha filiais em vários Estados e até na França.

– E o que aconteceu?

– Falavam em vingança política, em roubo, não sei muita coisa. Quando aconteceram esses fatos eu era um bebê. Tua avó contava que foi muito difícil, porque eles ficaram sem nada, de uma hora para outra, foi então que ela começou a fazer doces para festas e confeitarias para aumentar a renda. Os negócios do meu pai quase foram à falência. Imagina o que é comércio sem capital e numa cidade em que quase toda a população foi atingida.

– É estranho que não se fale desse assunto.

– O trauma foi muito grande. As pessoas queriam esquecer para poder recomeçar, eu acho.

– Bom, quer dizer, então, que temos velhos achados de um grande escândalo. O que terá havido com o dono daquela fazenda? Será que estava envolvido no rolo?

– Quase certo, Carolina. Aquela fazenda é própria para pecuária, aliás, a área toda onde ela se situa. No passado, até alguns anos atrás, essa era a grande marca econômica da cidade. E diziam que o Banco pertencia aos pecuaristas e fomentava a agropecuária na zona. Que ele tinha alguma coisa a ver com o Banco não tenho dúvida, senão ele não teria tanto dinheiro armazenado no forro da sala de jantar, não é mesmo?

– Talvez fosse daqueles privilegiados que ficam sabendo das coisas antes de elas acontecerem. Sempre tem esses tipos, mãe.

– Como era o nome dele?

– Dele quem? – indagou Carolina que voltara a remexer nas maletas.

– Do antigo dono? O que deixou a herança para os cariocas.

– Não sei. Vou perguntar ao Pedro – comentou Carolina e, investigando a última maleta, declarou:

– Só dinheiro, em todas. Vou deixá-las fechadas e empilhadas no canto. São muitas notas de dinheiro e não faço a menor ideia de como vamos vendê-las. Examinemos as louças, pelo menos são mais bonitas.

– Teremos que lavá-las – constatou Marcela, e, olhando para o pátio, sugeriu: – Acho melhor carregá-las para a lavanderia, colocamos todas no tanque e as lavamos.

– Boa ideia.

..*

O entardecer lançava longas e delgadas sombras contra as paredes maltratadas pelo tempo no velho casarão. Apesar do ar lúgubre que envolvia a propriedade, a paisagem desolada transmitia um encanto nostálgico.

O silêncio era quebrado apenas pelo som dos colhereiros, aves semelhantes às garças, porém menores e com lindas asas cor-de-rosa que àquela hora aproximavam-se da lagoa em busca do alimento. Cansados, pousavam sobre as árvores e alambrados. Enfileirados sobre os fios de arame farpado pareciam exibir-se numa exposição, esticando os longos pescoços e sacudindo as asas.

Sentado em frente à barraca, com o chimarrão na mão, Valdinho observava a cena, apaixonado pelo lugar.

– Deve ser muito bom ter o dom de desenhar – falou para si mesmo, como era seu hábito. – Poder colocar essa beleza em um quadro, pintar as cores que vejo. Acho que ficaria horas e horas, bem entretido, sem ver o tempo passar. Deve ser muito bom. Eu gosto de mexer com tinta, pintar parede, adoro fazer detalhes e misturas. Ainda bem que a d. Carolina tem bom gosto. É bom trabalhar pra ela, faz uns projetos bonitos e eu aprendo bastante. Mas desenhar deve ser muito bom...

– Que é isso, homem? Deu pra falar sozinho de novo, é? – indagou Ernesto se aproximando e puxando um banquinho rústico e baixo de madeira onde se sentou em frente ao companheiro.

Desanimado, pois o amigo o arrancava de um momento de gostoso devaneio e, ainda, tirava-lhe a vista do entardecer sobre o velho casarão, Valdinho apenas sorriu.

– Serve um chimarrão pra mim – ordenou Ernesto despachado. – Tá indo devagar a obra, pensei que já ia tá bem mais adiantada.

– É o calor. A tarde rende pouco, a gente tem que fugir do sol e arrumando o telhado fica difícil.

– Não gosto de *ouvi* reclamação, sou pavio curto. *Inda* bem que *seu* Pedro Manoel me conhece, não reclamou nada, mas tô pensando num jeito de *fazê* isso *andá* mais depressa.

– Qual é? – perguntou Valdinho pouco interessado.

– *Trabalhá* de noite, lá dentro da casa.

– Tá doido, homem? Com que luz? De lampião?

– Ué, e por que não? A gente já fez isso quando construiu o banheiro pro gado na outra fazenda.

– Não tem comparação, Ernesto. Essa casa é projeto da d. Carolina, tu viste as plantas da reforma. A gente tem que recuperar as paredes, ela não quer destruir a escariola, é um serviço delicado, é uma restauração. Ela quer acompanhar tudo, disse até que ia ensinar a gente a fazer as molduras de gesso que enfeitam as paredes, lembra? Ela falou também que essas coisas foram colocadas na casa, numa outra reforma porque não são do mesmo tempo da construção. Como é que tu queres comparar esse serviço com a construção de banheiro pra vaca? Não dá.

– Eu acho que com mais dois *lampião* bom a gente

tem luz suficiente e pode trabalhar, sim. Pensa bem, de noite é mais fresco, vai render mais o serviço. Aí podemos fazer uma parada maior ao meio-dia, quando é mais calor – insistiu Ernesto.

Sabendo como o outro era teimoso, Valdinho desistiu da discussão, aceitando como fato consumado que iriam trabalhar à noite, mas sua consciência aliada à paixão que o lugar lhe despertara o obrigaram a protestar:

– Tudo bem, mas amanhã, com dia claro, vamos escolher os serviços a fazer de noite. A gente só vai fazer aqueles que não precisarem de cuidado, de ter boa visão, certo? Porque se tu não gostas de receber reclamação do patrão por causa de demora no serviço, eu não gosto de receber reclamação dizendo que meu serviço tá malfeito.

– É, tens razão, eu também não gosto. É preferível demorar um pouco mais e fazer direito. Depois, se faz uma porcaria, todo mundo pergunta quem foi que fez e a gente acaba pegando má fama.

Ernesto bebeu os últimos goles do chimarrão e devolveu a cuia a Valdinho. Encarando-o, perguntou:

– Não tem achado o Alex meio estranho essa semana?

– Por quê?

– Não notaste que anda ele meio assustado; pula e grita por qualquer coisa; tá sempre com medo, ansioso.

Valdinho procurou o rapaz com o olhar, mas não o encontrou nas proximidades.

– Onde ele está?

– Foi pescar com o Rodrigo e o Roberto.

– Ah, é mesmo, tinha me esquecido. Não foste junto? Achei que tu gostavas de pescaria.

– Sou alérgico a maruim, e lá tem como praga. O campo fica muito perto. *Tchê*, uma picada daquele bicho e eu me coço por uma semana. E ele não dorme direito, grita, tem pesadelo muito seguido.

– O Alex?

– É, não ouviste ele gritando essa madrugada?

– Eu durmo feito uma pedra – declarou Valdinho. – Não ouvi nada. Ele não disse o que foi?

– Diz que não se lembra. Só tem a sensação de alguém perseguindo *ele*, com raiva. Foi tão feio, essa madrugada, que até eu fiquei com medo, não consegui *dormi* depois.

– *Te* assustaste. Será que ele não ficou impressionado porque a gente achou aquelas coisas num casarão velho, pegamos algumas sem pedir, e ele tá criando fantasia?

– O Alex não é disso – respondeu Ernesto, preocupado com o filho. – É novinho, mas tem cabeça boa. A gente já trabalhou em casa velha antes e ele não teve nada. Agora tá estranho, viu. Eu resolvi falar contigo porque sei que o guri é teu amigo e tu és mais novo, quem sabe pra ti ele fala alguma coisa mais. Eu queria te pedir pra conversar com ele.

Valdinho ficou consternado ao ver o ar de aflição no rosto de Ernesto. Tocou-lhe o ombro com a mão, sacudindo-o de leve e respondeu:

– Pode deixar, assim que der uma brecha, eu converso com ele. A gente tem trabalhado todos os dias nas mesmas salas, vou falar com o Alex. Mas não te preocupa, vai ver ele comeu muito ontem à noite. Comida pesada, estômago muito cheio, dá pesadelo.

..*

Déia voltava do trabalho. Caminhava por uma das mais antigas ruas do centro da cidade. De ambos os lados enfileiravam-se casarões do século XIX; alguns bem conservados; outros, nem tanto. Cotidianamente passava por eles, sem, contudo, deter-se em buscar-lhes a história. Seu interesse como estudiosa do passado voltava-se a lugares distantes, a culturas extintas, a fatos e sociedades das quais apenas recebia notícias por meio de livros, ilustrados com fotografias de museus.

Naquele fim de tarde, sem mais nem porque, pegou-se analisando as velhas fachadas e inquirindo-se sobre que sociedade criara, em meio ao nada, uma cidade com tão imponente arquitetura, reflexo inegável de seus moradores.

Antes não havia visto, apenas enxergado, e a beleza das fachadas a encantou, fazendo-a avançar a passos lentos no retorno ao lar. Da sedução do exterior ao interesse pelo interior - em tudo e em todos - a regra é a mesma, o espaço é curto e facilmente transposto. É a lei de atração conduzindo ao amor para o qual é imprescindível um conhecimento mais profundo.

O exterior atrai; o interior cativa. Existe na mente humana a inata concepção da transitoriedade das coisas materiais, mas é sufocada pela ilusão da onipotência e da perpetuidade, frequentemente utilizada por aqueles que ainda não vislumbraram os caminhos perenes da espiritualidade. Nestes há a consciência de que o interior é tudo e o exterior, mero reflexo da vida maior, ainda velada.

Em Déia cumpria-se a lei. O encantamento pelas fachadas despertava a curiosidade de saber como elas seriam por dentro, quais disposições teriam suas salas. Ao longo de sua jovem existência, visitara poucos casarões. Conhecia aqueles onde funcionavam repartições públicas, aos quais comparecera motivada por outros interesses, não prestando atenção às características do imóvel, muito menos, questionando o local como monumento de um passado distante.

"Por que será que não nos damos conta de que escrevemos a história com nossas mãos?", questionou-se ela, em frente a um desses velhos casarões que estava sendo pintado. Dois trabalhadores, suspensos em andaimes, coloriam as paredes e, em alto e bom som, discutiam sobre o campeonato de futebol do Estado, alheios ao que suas mãos faziam.

"Acho que nos parecemos com esses pintores, vivemos maquinalmente. As mãos e a cabeça ocupam-se de coisas diferentes. Um estranho divórcio operado em nós e por nós. É como se quiséssemos que as horas e os dias passassem céleres, sem atentarmos para o que foi feito. A mente, os interesses, sempre distantes da ação concreta que realizamos. Não creio que essa seja uma atitude muito saudável. Observo essa conduta em muitos alunos. Por que ficam para fazer aulas de recuperação ou em regime de dependência? Falta de atenção. Quando estão em grupos maiores dispersam a mente do propósito do momento atraídos por qualquer bobagem, depois, arrependidos e em sofrimento por terem de repetir a disciplina, envergonhados e com sentimento de culpa, num meio menor, alijados da turma, eles aprendem, pura e simplesmente porque dão atenção ao momento que vivem.

"É tão simples! Por que temos tanta dificuldade com isso? Será cultural? Falha na nossa educação? E o engraçado é que hoje exigem que estejamos ligados e fazendo funcionar várias coisas ao mesmo tempo. Às vezes me sinto como se fosse um 'benjamim', daqueles que se conecta em tomadas e onde ligamos televisão, ventilador, ferro de passar, o diabo, tudo que se tem em casa e o pobre comportar. Um dia dá um curto circuito, pega fogo e acabou. Mas, ainda assim, não aprendemos ou não enxergamos os limites da natureza. É até ridículo, pois falamos tanto em limites: limite pra cá, limite pra lá, limite pra esse, limite pra aquele, e, para nós mesmos, esses não os enxergamos. Somos até capazes de ligar um 'benjamim' no outro. Pior é notar quando falamos para alguém que o problema é atenção; isso é encarado como algo banal e de fácil solução. Meu Deus, não é assim. Essa ausência – que é em última análise a falta de atenção – é grave. Impossível recuperar as nossas ausências, os espaços vazios que deixamos nas horas passadas. Não há como preencher esse vazio histórico. Não há como refazer atitudes e escolhas onde nossas mãos trabalharam e nossa mente voou, divagou, não refletiu. 'Está feito, igual à pintura que esses homens realizam, passada à tinta, está feito. Se bem ou mal, só o tempo vai dizer'."

Com esses pensamentos observou o serviço que os homens realizavam; enquanto tomados de paixão discutiam a arbitragem de um clássico esportivo ocorrido no fim de semana. "Menos mal que eles parecem habilidosos, mas bem que podiam prestar mais atenção, ser mais cuidadosos; estão lidando com um legado do passado". Não conteve o riso ao dar-se conta do que dizia a si mesma. Segundos antes ela própria não tivera a consciência do que representavam aquelas construções, que enxergara a vida toda, sem nunca ter visto e entendido o que significavam.

O processo de tomada de consciência é interessantíssimo, constante como as rodas de um moinho, que a cada instante recebem a energia das águas em suas pás, movendo a roda e colocando em funcionamento uma intrincada engrenagem. O nosso processo de tomada de consciência intelectual nem sempre acompanha a tomada de consciência moral. Ocorrendo frequentemente uma acirrada cobrança – razão de divergências no nosso convívio social –, queremos que todos tenham compreensão idêntica a nossa, o que é impossível. É provável que a pá onde está nosso companheiro de jornada – de quem cobramos essa ou aquela atitude – esteja ou abaixo ou acima da nossa, portanto a roda da vida oportuniza a ele uma compreensão maior ou menor. E, lógico, existem aqueles que, ao receberem a força das águas, giram, e giram infinitas vezes, sem lograr tomar consciência do que vivenciam. Agem mecanicamente; em geral, ausentes da própria existência; entretidos com o que se passa num mundo distante ou na vida alheia, vivendo e intrometendo-se nas experiências de terceiros; com frequência, na dos seus familiares.

As leis da vida são simples, a questão é que nem todos as veem, apenas as enxergam. Estão ausentes e não sabem. Tais quais crianças em sala de aula, riem ou choram dos fatos que elas mesmas produzem, mas insistem na ausência no processo de viver. Retardam a tomada de consciência, dispersos em jogos sociais e psicológicos que não levam a bom termo. Crescem lentamente, repetindo inúmeras vezes a mesma conduta.

Déia naquele momento tomava consciência de que andava em um espaço entre o passado e o presente, onde uma história estava escrita nos tijolos, no gesso, na madeira, nas pedras, e ela nunca a lera. A conversa com Valdinho lhe veio à mente. Dias depois ela julgava entender os sentimentos expressos pelo amigo. Envergonhou-se da atitude e das ideias que concebera a seu respeito.

"Sábado irei visitá-lo", decidiu retomando a caminhada. "Vou ver onde ficava o Banco", resolveu de repente e mudou o trajeto, dirigindo-se ao centro comercial. Um colega da faculdade fizera uma pesquisa sobre o assunto e ela recordava imprecisamente que ele mencionara o prédio que fora a sede.

..*

Bianca e a mãe arrumavam a mesa para o jantar. Atenta, a menina observava a mãe dobrar os guardanapos de papel.

– Posso fazer, mãe?

– Experimente – concordou Carol entregando à filha o pacote com os guardanapos. – Dobra e coloca um ao lado de cada prato.

– Tá bem. Mãe, o que vais fazer com aquelas coisas todas que tão lá na vó? A gente vai usar aquelas louças velhas? Eu não gostei. Essas aqui são mais bonitas, mais coloridas. Aquelas, não se usam mais, a vó me disse.

Carolina riu da preocupação da filha. A menina era uma versão menor da mãe, das suas atividades e preocupações. Essa constatação em alguns momentos – como o que vivia naquele instante – a divertia; em outros, a preocupava. Pensava na enorme responsabilidade que era educar uma criança, conduzir um caráter, pois, ao mesmo tempo em que via as características próprias da personalidade da filha, percebia também a sua influência na formação da menina.

Bianca estava na fase de desejar usar os sapatos da mãe, de pentear-se com suas escovas e brincar com a sua maquiagem. Havia dias em que ela lembrava uma boneca mal pintada, com sua pele e boca rosadas cobertas por cores de tom terra, as preferidas de Carolina.

O interesse por decoração e o uso de termos referentes à moda eram nítidas influências suas, decorrência do trabalho como arquiteta e decoradora, imitadas inconscientemente pela criança.

– Não se usa mais para comer – explicou Carolina – como nós usamos esse aparelho de jantar, por exemplo. Mas são louças bonitas, finas, e podem sim ser usadas, porém não convém. Se quebrar alguma não teremos como recompor o aparelho. Por isso, são mais usadas para enfeitar um armário, do tipo cristaleira. Estou pensando em mandar fazer alguns e usá-las para decorar a sala. Vai ficar bonito.

– Hum. Pena que não tinha nenhuma boneca. Ia ser muito legal ter uma boneca antiga pra mostrar pras minhas amigas e contar que a gente tinha achado na fazenda.

– As bonecas antigamente eram de louça, Bianca. Quebravam com facilidade.

– Todinhas de louça? Perna, cabeça, barriga, tudinho?

– Algumas sim, outras só a cabeça, as mãos e os pés. O corpo feito de pano, com material que também não era muito resistente. Além do mais, acho que na fazenda não havia crianças.

– Por quê? Eles não gostavam de criança?

– Não sei, Bianca. Mas, as pessoas que nos venderam a fazenda eram sobrinhos-netos do antigo dono, parentes muito distantes.

– O que é um sobrinho-neto?

– Eu disse, Bianca, são parentes afastados. São filhos do sobrinho de alguém, no caso, eram filhos de um sobrinho do antigo dono.

– Não entendi.

– Ainda és muito pequena, mais tarde tu vai entender. Agora vai chamar teu pai e o teu irmão para o jantar – determinou Carolina aproximando-se da filha, beijando-lhe o alto da cabeça. – Tu dobraste direitinho, muito bom. Gostei.

Feliz com o incentivo materno ao seu trabalho, a pequena desceu da cadeira e correu apressada pelo corredor até a sala onde o pai e o irmão jogavam uma partida de videogame no computador.

– O jantar tá pronto – informou Bianca na soleira da porta do escritório do pai.

– Já vamos, filhinha – respondeu Pedro Manoel, erguendo-se sob os protestos de Yago que queria prosseguir o jogo. – Estou com fome, Yago, depois do jantar ou amanhã continuamos.

– Ah, pai, por que não agora? Só mais um pouquinho, tá no fim, falta...

A reclamação do menino foi de pronto interrompida pelo pai que saindo da sala reafirmou:

– Amanhã, Yago, não insista. Vem jantar e nada de teimosia para não irritar sua mãe. Vamos.

Sem alternativa, Yago largou os controles do videogame sobre a mesa do computador e seguiu o pai com cara amarrada.

Carol sorriu ao ver o marido escoltado por Bianca, falante como sempre, e seguido pelo menino amuado. Mantinham um cotidiano harmonioso; dosavam com equilíbrio a vida familiar e a vida profissional. As crianças eram o complemento do relacionamento amoroso e feliz do casal e refletiam em seu comportamento a afetividade vivenciada no lar.

Após a refeição, seguiu-se uma sessão de desenho animado escolhido pelos pais. Ao término do filme, Bianca dormia deitada no tapete, e Yago esforçava-se por manter os olhos abertos. Sorrindo, Carolina tomou a filha nos braços e a levou ao quarto, deixando que Pedro Manoel se encarregasse do menino.

De volta à sala, encontrou o marido a sua espera e um copo de vinho branco gelado servido sobre a mesa de centro. Pedro Manoel tentava escolher um programa de televisão, por isso passava por vários canais.

– Nenhum do teu agrado?

– Vou deixar nesse de música, o que acha?

– Está bom – concordou Carolina, apanhando a taça de vinho e deliciando-se com o frescor da bebida. – Bianca está impressionada com as louças encontradas na fazenda, queria uma boneca antiga.

– Criança fantasia tudo. Alguns dias e terá esquecido a história – argumentou Pedro Manoel, sentando-se ao lado da esposa no sofá.

– Não sei, acredito que perderá a intensidade, quero dizer, ela vai se interessar por outras coisas, mas não creio que nenhum de nós venha a se esquecer desses achados. É inusitado demais. Ninguém espera encontrar esse tipo de guardado de alguém décadas depois. Convenhamos, é muito difícil não ter a mesma curiosidade de Bianca.

– Então tu também ficas devaneando sobre eles, é? *Te* entregaste, agora não adianta desmentir – brincou Pedro Manoel, acariciando os cabelos escuros da mulher.

– Nem teria por que desmentir; é natural. Vais me dizer que tu não pensas um minutinho sequer, no por que alguém guardou aquilo no forro da casa? Não me venha com essa história, eu não acredito. Não é humano – retrucou Carolina.

– Esquisitice a parte, qualquer um tem o direito de ter suas manias, penso eu, deve ter havido alguma falcatrua detrás dessas coisas. Eu vi que o dinheiro está todo cintado, o que significa que foi retirado de um Banco e nunca mais foi mexido. Sabe o que eu pensei quando vi aquelas maletas? Eu tive vontade de rir. Lembrei-me daqueles filmes de gângsteres nos quais sempre aparecem malas cheias de dólares cintados, empilhados, exatamente iguais àquelas. Achei muito irônico encontrar uma verdadeira fortuna que não vale nada. Só com a gente, duvido de outro caso igual.

Carolina riu da imagem transmitida pela fala do marido; ninguém poderia negar a ironia do destino de quem encontra uma fortuna sem valor.

– É mesmo, *né*, bem que poderiam ter sido barras de ouro, joias, moedas de ouro e prata. Mas não, conosco tinham que ser em contos de réis. Meu Deus, há cinquenta anos ou mais perdeu o valor. Mas não podemos esquecer-nos das escarradeiras, são lindíssimas.

– Outro grande achado. Quem mais iria encontrar lindas cuspideiras em meio a um "tesouro", nem o Indiana Jones – debochou Pedro Manoel. – Vamos doá-las ao museu? Tu não pretendes decorar nada com elas, não é mesmo? Deus me livre! Lembra a cara do rapaz dizendo que aquilo era coisa de gente porca? Imagina se ele soubesse que tinham essas coisinhas lindas porque eram comum tuberculosos que ficavam escarrando secreções e sangue pelas salas.

– Vamos mudar de assunto, hein? Eu concordo em dar as escarradeiras ao museu. Até enxergo a manchete no caderno de cultura do jornal: Fulano e fulana doam antiguidades que enriquecem o acervo do museu local. Vão adorar explorar a notícia de que essas peças foram encontradas escondidas no forro de um casarão do século XIX.

– Será que havia alguém com tuberculose na casa?

– Ah, e tu que disseste que não tinhas curiosidade, que fantasiar era coisa de criança. É possível, foi uma epidemia no país. Achei tão estranho o pedido de Valdinho. Tu reparaste no brilho dos olhos dele? Tinha algo esquisito, parecia paixão.

– Por um retrato? Aquele é mais pacato que nem sei o quê, nunca ouvi falar que tenha mulher ou sequer namorada. E, olha, conheço aquele bando há quase dez anos.

– Fantasia sexual.

– Bom, nessa área quase tudo pode acontecer, e quem sou eu para duvidar de alguma tara. Mas, ainda assim, não me parece fazer o tipo dele, quero dizer, ele é tão pacato, tão tranquilo.

– Diz o povo que águas paradas são profundas – retrucou Carolina. – Mulher não se engana com esse tipo de olhar, acredite em mim: era paixão.

– Então o cara é doente – sentenciou Pedro Manoel. – Por que não é nem o caso de uma fantasia sexual, tu estás falando que ele se apaixonou à primeira vista por um retrato, detalhe: de uma mulher morta. Nunca vi, nem ouvi nada igual.

– É esquisito, mas não te chamou a atenção ele ter pedido para levar o vestido do retrato? Ele não vai vender aquelas coisas, levou para guardar, para cuidar, melhor dizendo.

– Só falta me dizer que ele vai transar com o vestido – ironizou Pedro Manoel, descrente que um retrato despertasse tal paixão.

– Pode ser coisa de outra vida – argumentou Carolina.

– Ah não, Carol, não vem com essa. Eu não acredito, isso é coisa de novela.

– Por que não? Já li muitas reportagens e livros a respeito de pessoas que dizem recordar-se de vidas passadas. Acho que seja bem possível, por que não?

– Fantasia, Carol. Pura fantasia. De repente a pessoa tem um problema, precisa de uma explicação, é fácil, sei lá, a mente cria tantas justificativas. Eu não acredito que o Valdinho tenha se reencontrado com seres de outras vidas pela tela de um retrato empoeirado. Parece drama romântico – do tipo do Ghost –, não vida real, não de gente que recebe salário, que vai ao supermercado e que corre para pagar as contas no fim do mês.

– Não sei, não. Negar simplesmente, dizer que não acredita, pode ser tão simplista como me acusar de estar misturando ficção com realidade. O fato de fazerem filmes e escreverem romances sobre esse tema não implica que ele seja fictício. As histórias podem ser, mas o argumento, o tema não. Vários povos são reencarnacionistas.

– Daí está falando de religião.

– Bem, mas eles creem.

– Sim, da mesma forma que os católicos creem na transmudação do corpo de Cristo na eucaristia. Dogma. Eu sou ateu, concordo com Marx – ao menos nisso – a religião é o ópio do povo.

– Não penso que esse assunto possa ser encarado como dogma, ele se abre à discussão.

– Entre nós, que não participamos de nenhuma

dessas crenças. Experimente discutir o assunto com algum devoto e verá.

– Tenho amigas que são interessadas por esses assuntos e, às vezes, conversamos. Nenhuma delas me pareceu dogmática, ou tentou me converter – respondeu Carolina serena. – Tratamos do tema normalmente, como outro qualquer.

– São pessoas cultas, não poderia ser diferente. Além do mais, elas sabem que somos avessos à religião e misticismo. Ou devo dizer éramos? Por que tu me pareces muito interessada.

– Pedro, o fato de cogitar a possibilidade não faz de mim uma devota, uma crente. Apenas o fato, por ser tão inusitado, chama minha atenção e tento buscar explicações.

A conversa avançou pela noite abafada, de céu encoberto, que ao raiar da madrugada foi entrecortado por raios e o silêncio do amanhecer quebrado pelo som dos trovões.

Pessoas Estranhas

Não é Deus quem retira daquele que havia recebido pouco, é o próprio Espírito, ele mesmo, que, pródigo e negligente, não sabe conservar o que tem, e aumentar, na fecundidade, o óbolo que lhe caiu no coração.

Kardec, Allan.
O Evangelho Segundo o Espiritismo.
Capítulo 18, item 15, BN Editora.

A água da chuva torrencial que despencava na madrugada invadia as barracas dos pedreiros obrigando-os a acordar. Enquanto Ernesto, Roberto e Alex praguejavam irritados, Valdinho e Rodrigo dobravam rapidamente os colchões e lençóis, e alguns objetos próximos envolvendo-os com lonas plásticas e corriam seminus em direção ao casarão.

– Enlouqueceram – comentou Ernesto olhando os amigos correrem de cuecas pelo campo iluminado pelos raios.

– Acho que não, eles estão certos – falou Alex. – A ideia de ficar no casarão não me agrada, mas tem lógica, aqui a chuva vai encharcar tudo rapidinho. É melhor levantar os panos.

– E dormir lá dentro? – perguntou Roberto torcendo a boca em desagrado.

Ernesto coçou a cabeça e depois o queixo; tempestades o deixavam com os nervos a flor da pele. A ideia de correr para dentro do casarão, em meio a raios e trovoadas, na escuridão da noite, era um teste difícil. Ele relutava.

Alex olhava descontente para o casarão, e ainda mais inconformado baixou o olhar para as poças de água que depressa se formavam e cresciam alimentadas pelos grossos pingos de chuva. Não precisava ser um especialista em clima para saber que não se tratava de uma precipitação de verão.

– Pai, vamos pro casarão – disse Alex. – A chuva não vai parar, mas mesmo que pare, se ficarmos por aqui nossas roupas e as camas ficarão totalmente molhadas. A escolha é entre o péssimo e o menos ruim, apenas pra variar, certo? Olha, eu vou pra lá. Se quiserem ficar...

Rapidamente ajuntou seus pertences, enrolou-os no colchão e, seguindo o exemplo dos amigos usou o pedaço de lona preta que forrava o chão para recobrir seus pertences, abraçou-os e lançando-se à chuva, gritando para os mais velhos:

– Fui!

No interior do casarão, Valdinho e Rodrigo improvisavam um quarto na peça que apresentava melhores condições de habitabilidade. Era pequena, sem janelas, somente uma porta a ligava a outro cômodo, cujas portas davam acesso a outro cômodo com janela, e ao corredor. Eles não sabiam, mas tratava-se de uma alcova, antessala de um quarto de dormir.

– É meio sufocante – alegou Rodrigo.

– É – concordou Valdinho. – Mas é a única peça sem goteiras e risco de desabamento. Eu chequei na sexta-feira, tá *inteiraça*. Vai aguentar o temporal, é um bom abrigo. Cara, que chuvarada! Acho que o céu virá abaixo.

– Sempre ouvi falar que temporal na beira da lagoa é violento, agora acredito.

– Valdinho, Rodrigo, onde vocês estão? – gritou Alex escancarando a porta principal do casarão no escuro.

– Estamos naquela peça sem janela – respondeu Valdinho.

– Pode iluminar o caminho com a lanterna, por favor – pediu Alex, tremendo assustado sob o batente da porta.

A suas costas o vento assobiava, furiosamente, orquestrando um fundo musical que lhe intensificava o medo. Uma janela abriu-se e começou a bater contra a parede. O estrondo de um trovão, seguido de raios clareou o ambiente e ele divisou a silhueta de um homem no corredor.

– Valdinho – chamou.

O clarão dos raios apagou-se e com ele a visão dos contornos do homem no corredor, mas impulsionado pela certeza de encontrar o amigo, em um rompante de coragem, o rapaz avançou aos tropeços pelo interior da casa. Moveu-se guiado pela lembrança da disposição dos cômodos e pelo som das vozes dos companheiros.

Valdinho sacava em meio à confusão dos pertences um lampião a querosene.

– Cuidado pra não botar fogo na casa – alertou Rodrigo.

Valdinho riu da ideia, incrédulo, e perguntou:

– Tu achas possível alguma coisa pegar fogo no meio desse aguaceiro?

– Valdinho – chamou novamente Alex. – Ilumina aqui, cara. Não tô enxergando nada. Mal te vi agora a pouco.

– Ah é, me explica isso – resmungou Valdinho para Rodrigo. – Recém acendi o lampião, nem saí daqui. Tá tão assustado que já viu coisa.

– Não ri. Ele tá com medo. Falou até em ir embora, não queria voltar pra cá de jeito nenhum – informou Rodrigo sério. – Dá o lampião, eu vou buscar *ele*.

Tomando o lampião nas mãos gritou para o rapaz:

– Tô indo aí te buscar, espera. Tem muita coisa no chão e tu podes te machucar.

Ao ouvir a voz de Rodrigo, Alex empalideceu, arregalou os olhos, tapou os ouvidos com as mãos. Outra trovoada forte seguia os clarões dos raios e em meio a eles a visão de um homem de costas usando um terno, a passos de distância de onde se encontrava, fez com que seu coração acelerasse. Não sabia o que o ensurdecia mais: os trovões ou os batimentos cardíacos. Molhado até os ossos sentiu calor, depois frio. O sangue escondeu-se no interior de seu corpo, deixando a pele branca, fria, recoberta por gotas de suor gelado misturados à água da chuva que escorria por seu corpo. Agarrava-se aos pertences como se eles fossem sua tábua-de-salvação, uma ponte para a realidade concreta. Inconscientemente sabia que divisara outra dimensão.

"Meu Deus não estou louco, ele existe. É o homem dos pesadelos", pensou Alex assustado. "Mas ele não é real, ou será? Por que eu nunca o vi antes? Não sei quem ele é. Ainda bem que estava de costas e mal pude ver *ele*, não quero ver aquela cabeça. Deus me livre! Cruz credo! Como iria chegar aqui no meio da noite e com esse temporal; não parecia molhado. Eu vou embora assim que parar a chuva. Esse lugar não é legal."

Tão aflito estava que não notou a aproximação de Rodrigo. Tinha o olhar fixo no corredor, e o amigo aproximou-se pela sala lateral. Ao sentir o toque de alguém em seu ombro pulou sobressaltado.

– Calma, Alex, sou eu, o Rodrigo; vim te buscar, cara.

– Ah, ai, que susto! – desabafou Alex, agarrando a mão de Rodrigo. – Cara, eu tenho certeza, agora eu tenho certeza, esse lugar é mal-assombrado. Eu vi o velho que aparece nos pesadelos, bem ali, no corredor, no meio desse aguaceiro. Não é gente, eu te garanto. É assombração, mano.

– *Caraca*, que porcaria hein. Só faltava essa – falou Rodrigo olhando assustado a expressão do rosto do companheiro.

A luz do lampião bruxuleava por causa da forte ventania distorcendo a face do jovem. A janela continuava batendo e novos trovões ecoavam.

– Alex, me dá a mão e vem comigo. A gente conversa onde é seguro, aqui tá cheio de goteiras e meio destelhado. Vem comigo, depois tu contas pra mim e pro Valdinho essa história do tal homem que tens visto.

Dominado pelo medo, Alex não contrariou Rodrigo. Obediente, acompanhou-o à alcova que lhes servia de abrigo.

Valdinho viu que o jovem tremia. Tocou-lhe a face, a testa e os braços; constatando que estava gelado, enrolou-o em um cobertor leve que, por milagre, estava seco.

– Dá um gole de cachaça pra ele – ordenou Valdinho a Rodrigo.

– Se tivesse... Ficou lá na barraca – respondeu Rodrigo. – Vamos fazer que nem os meninos de rua: deitar ele no meio da gente e o aquecer.

– Senão ele vai adoecer – comentou Valdinho. – Que é isso, cara, tu tá mais gelado que defunto.

– Cala a boca, Valdinho – sussurrou Rodrigo no ouvido do amigo enquanto arrumavam uma cama improvisada. – Ele me disse que tem visto assombração aqui, e tu ainda me fala em defunto, cara, *manera*, *pô*.

– Ih, eu não sabia – respondeu Valdinho baixinho.

"Eu nunca fui muito bom em socorrer ninguém", conformou-se, decidido a se manter em silêncio. Porém, seu coração disparara; sentia uma ansiedade indefinida, queria e ao mesmo tempo temia ouvir qualquer relato das 'assombrações'.

"Não tinha noite melhor para isso acontecer", pensou ouvindo o temporal violento.

– Tu deita do lado esquerdo e eu do direito – determinou Rodrigo, verificando se Alex estava confortável. – Não te aflige, Alex. Amanhã tudo vai ter passado. Minha tia mexe com essas coisas de espíritos; ela sempre ri quando eu digo que tenho medo. Ela explica que os espíritos não são nada mais, nada menos, que a alma dos que já viveram sobre a Terra. Quer dizer, um dia a gente vai ser espírito também. É só uma pessoa sem corpo de carne, mas é gente que nem a gente, não precisa ter medo.

Batendo os dentes, Alex concordou. Encolheu-se no cobertor, tomando a posição fetal, cobrindo a cabeça com as mãos, como a dizer: não quero ver nem ouvir nada.

Valdinho, observando a conversa dos jovens, não pôde deixar de notar que os dois estavam tomados pelo medo. A diferença era que Rodrigo mantinha o sentimento sob controle e buscava racionalizar.

– Pois eu cresci ouvindo meu avô contar histórias de assombração – comentou deitando ao encontro do corpo de Alex. – Olha, guri, eu vou te abraçar só porque tu tá gelado, assim que te aquecer esquece isso, tá bom? E sabe do que mais? Esquece essa história de assombração. Como eu te disse, meu avô vivia contando causos assim, e eles eram muito parecidos com as histórias de pescaria, nunca fiquei sabendo qual era a mais exagerada.

– Eu não tô mentindo, Valdinho. O cara existe, mesmo. Não é invenção...

Rodrigo ergueu o tronco e estapeou a cabeça, num gesto que sinalizava a Valdinho que o comentário fora inoportuno.

– Assim que *pará* a chuva eu vou embora, não fico mais aqui. Eu não queria vim, o pai me obrigou. Mas eu não fico mais nenhum dia aqui.

– Calma, Alex – pediu Rodrigo. – Não pensa nisso agora, tenta dormir...

– Eu vou ter pesadelo com esse cara. É horrível, tu não faz ideia. Tenho medo de dormir, porque posso sonhar com aquela criatura. Prefiro ficar de olho arregalado a noite toda. Podem dormir, eu ficarei quieto.

– Antes do temporal, tu não tinha dormido? – perguntou Valdinho impressionado com o tom de sofrimento na voz do adolescente.

– Não. A semana passada, de quinta pra sexta-feira eu não preguei o olho. Dei graças a Deus que o *seu* Pedro Manoel veio buscar a gente no finzinho da tarde de sexta e não no sábado de manhã, assim dormi em casa – esclareceu Alex, que, aquecido pelos amigos, já não tremia tanto.

– E lá tu não tens pesadelo, nem enxerga o tal cara perambulando na tua volta? – indagou Valdinho interessado.

– Não, é só aqui, nesse casarão e, aí, na volta.

– Tu queres falar sobre os pesadelos?

– Não, Valdinho. São muito ruins, estranhos demais. Às vezes, no sonho, tá tudo normal, sabe, eu sonho com alguma coisa que a gente fez ou então daquele tipo nada a ver, entende? Daí, de repente, ele aparece, perambulando, feito fantasma mesmo, nos meus sonhos, perseguindo-me, querendo falar comigo. Ele tem olhar de quem não é bem da bola, meio pirado.

– Esses pesadelos são recentes, não é Alex? – indagou Rodrigo que ouvira atento as explicações do amigo e completou com segurança: – Começaram depois que a gente encontrou as coisas no forro da sala do casarão?

– É, foi dias depois, sim.

– Tu não ficaste impressionado com o "tesouro", *né*? Um monte de quinquilharias... – disse Valdinho.

– Não – retrucou Rodrigo. – A mãe levou as joias para *avaliá* no penhor de um Banco e garantiram que era ouro e tinha até diamante, deu um bom dinheiro. Quando terminarmos esse serviço, com o dinheiro das joias o pai vai reformar a nossa casa.

Valdinho ergueu as sobrancelhas surpreso. Não se interessara pelas joias, ficara apenas com a que tinha o retrato, que, aliás, ele carregava na mochila. Não atinava a razão, mas durante a última hora antes de sair de casa a vontade de carregar o retrato fora irresistível, levando-o a sair do carro e ir buscá-lo.

– A mãe fez a mesma coisa – falou Alex –, acho até que foram juntas. Mas não foi o "tesouro" que me impressionou. Eu já tinha tido uns lances estranhos. O cara já tinha aparecido, mas era tudo muito confuso, eu não dava importância, não estava nem aí. Sabe, parecia que tinha mais alguém, ou então eu via junto com vocês, e quando chegava perto não tinha nenhum estranho. Pensei até que era o sol que tava me castigando e fazendo ver o que não existe.

– Tu não estás vendo o que não existe. O cara existe, sim, só não é do jeito que nós somos, tá numa outra dimensão – comentou Rodrigo sério. – Eu já li alguns livros da minha tia e fui ao Centro que ela trabalha, gostei. Não tive mais tempo para continuar frequentando, pois a gente veio trabalhar aqui, e ela vai às terças-feiras. Engraçado, teve uns livros que li e fiquei pensando: "Será que isso existe mesmo? Será que somos seres espirituais que vivemos muitas vezes na matéria?" – e explicou: – Eles chamam de reencarnação. Ensinam que entre uma vida e outra o ser vive no mundo espiritual, em um lugar que é muito parecido com o nosso e, inclusive, podem se misturar e perambular entre os encarnados – gente como nós, de carne e osso; os outros são gente sem osso – brincou Rodrigo tentando descontrair o amigo que a espaços regulares ainda estremecia.

– Por que tu foste nesse lugar? – questionou Alex interessado na conversa.

– Curiosidade. Eu gosto de ouvir as conversas da minha mãe com a tia. Ela me emprestou alguns livros e eu os achei legais, interessantes, daí um dia pedi pra ir conhecer.

– E tu viste os espíritos falando? Conversaste com eles? – perguntou Valdinho – O que te disseram? Tinha sentido?

– Não é assim, Valdinho. A minha tia trabalha num Centro onde estudam a doutrina espírita. Os trabalhos com os espíritos não são públicos, não é aberto. Eu fui assistir a algumas palestras e noutras vezes fui tomar passes; é muito legal, fez-me bem. Acho até que seria bom o Alex ir e conversar com o pessoal.

– É muito caro? Tô sem grana – informou Alex.

– É de graça, eles não cobram nada.

– Mas eu tenho certeza de que o problema não é comigo, é com esse lugar. É mal-assombrado. Quando eu for embora, amanhã cedo, adeus pesadelos e adeus pra esse fantasma também.

– Tu vais a pé até a BR esperar o ônibus pra cidade? É longe. Por que tu não espera o fim da semana, com essa chuvarada as *ponte* podem ter caído e o lamaçal é grande – alertou Valdinho procurando trazer o assunto para temas mais objetivos e concretos.

A conversa entre os adolescentes o estava enervando. Sentiu ímpetos de agredir Rodrigo e assustou-se com a reação. Não era a primeira vez que ouvia falar de espiritismo, de espíritos e vida depois da morte. Não tinha preconceitos religiosos, aliás, nem religião tinha. Dizia-se católico, porque assim a mãe o ensinara, mas não frequentava a igreja e não tinha a menor ideia da teologia católica. Conhecia a imagem de alguns santos e sabia do que eles eram protetores; conhecia também os feriados e a história da vida de Jesus Cristo – aprendera por meio de filmes.

Acreditava em Deus, mas não sabia defini-lo. Era uma energia criadora da vida e ponto final. Alguém muito distante do seu cotidiano. Aprendera na infância a oração do Pai-Nosso, mas não se recordava de todas as frases. Em casa tinha uma Bíblia e um livrinho de orações que haviam pertencido a sua avó, que nunca abrira para ler. Leitura, diga-se, não era sua ocupação favorita. Lera alguns livros na escola, obrigado pela professora de literatura. Em suma, tinha uma bagagem cultural e de reflexão religiosa-filosófica insignificante.

– Vais fazer uma caminhada à toa – insistiu Valdinho ante o silêncio dos jovens.

– Eu vou embora amanhã – reafirmou Alex decidido.

Refazendo Caminhos

Todo mundo está apto para ver os Espíritos?

No sono sim, mas não no estado de vigília. No sono, a alma vê sem intermediários; na vigília é sempre mais ou menos influenciada pelos órgãos; por isso, as condições não são sempre as mesmas.

Kardec, Allan.
O Livro dos Médiuns. Segunda parte.
Capítulo VI, item 25, IDE.

O céu era um manto escuro cravejado de estrelas brilhantes. À noite, nos campos do pampa, os astros encantam aqueles que se detêm a observá-los. Os desenhos das constelações são mais nítidos, facilitando a identificação.

Rodrigo aprendera a ocupar-se com a beleza das estrelas, mas naquele momento agradeceu a Deus, em pensamento, quando ouviu o ruído do motor da camionete do patrão. Estava preocupado, não conseguira relaxar.

Ergueu-se de um salto com a mochila na mão e chamou os companheiros para se reunirem logo. De preferência, queria que Pedro Manoel não desligasse o motor do veículo. "Ele que venha ver o serviço no fim de semana, com o dia claro", pensava ele enquanto aproximava-se do veículo e abria a porta, dizendo afoito:

– Boa noite, *seu* Pedro. O pessoal tá pronto, já tão vindo. Já desligamos tudo, tá tudo certo.

Pedro Manoel riu da ansiedade do rapaz, desconhecendo as causas reais, julgando tratar-se da pressa natural dos adolescentes.

– Calma, garoto, a cidade não vai fugir. Vou dar uma espiada no serviço da semana. Tá quase pronto, não é?

– É, pode-se dizer que o grosso do serviço tá no fim – concordou o jovem, lembrando-se de que após a manhã de terça-feira o serviço havia sido intensificado. – Estamos tocando até as onze horas da noite e começamos às seis e meia, sete horas. E é sem parar, mal tiramos uma hora pra *almoçá*.

– Por que essa pressa toda? Vou falar com o Ernesto, não pedi que se matassem trabalhando.

– Não, *seu* Pedro, não é isso, ninguém tá reclamando, é que eles têm outro serviço pra *começá* e querem te entregar logo a casa – explicou Rodrigo. – Acho que também estão cansados do campo, afinal, já estamos aqui há quase dois meses. O pessoal enjoou de ir pescar à noite; os maruins são de morte; televisão não tem; a gente passa o dia juntos, não tem mais assunto. Na barraca é muito quente, só dá pra dormir mesmo depois da meia-noite; então, a gente tá aproveitando o tempo e fazendo de noite as obras mais grosseiras. Ontem a gente tirou as tábuas podres do soalho. O pai disse que a madeira é muito boa, vale a pena fazer uns remendos. E o reboco nos quartos tá pronto. Pra semana pegaremos as salas e a cozinha, com escariola pra recuperar.

Ansioso, Rodrigo falava mais do que era seu hábito, e o fazia rapidamente, quase em um só fôlego, enquanto dependurava-se na janela do veículo lançando olhares ora suplicantes, ora irritados às barracas, aguardando a saída lenta dos demais trabalhadores.

– Vamos ligeiro, gente. *Seu* Pedro não tem a noite toda pra esperar – gritou Rodrigo.

Pedro Manoel, calmo, sorriu escorando-se contra a porta do veículo. Penalizado pela incontida ansiedade de Rodrigo em deixar o lugar, decidiu não olhar nada, voltaria com a mulher no dia seguinte e com tranquilidade supervisionaria o serviço feito.

Um coro de: "boa noite, *seu* Pedro" foi proferido pelos empregados ao se acomodarem no veículo. Estranhando que Rodrigo não fosse fazer companhia a Alex na carroceria, e vendo todos acomodados, perguntou:

– E o Alex, onde está?

– O Alex passou mal essa semana e foi embora de ônibus – informou Ernesto.

– Por que não me chamou, Ernesto? A parada do ônibus é longe, além de toda estrada ainda tem um bom pedaço de caminhada na margem da BR. Já sabe o que ele teve?

– Uma virose.

– Meu Deus, Ernesto, pobre garoto! Deve ter sofrido um horror nessa caminhada. Não seja turrão, homem, eu já te falei que se algum de vocês adoecesse era para me chamar. Se eu não pudesse vir, teria mandado alguém – advertiu Pedro Manoel, dando partida na camionete. – É por isso que tu estás tão ansioso para ir embora, Rodrigo?

– É sim, senhor.

Os demais estavam quietos, nem se olhavam. A verdade não era aquela história contada ao chefe. A briga da terça-feira fora grande, mas nenhum deles havia conseguido demover Alex da ideia de abandonar o casarão. Por fim, vendo o sofrimento estampado no rosto do filho, Ernesto cedera, dera-lhe algum dinheiro e o mandara para casa. No íntimo, no entanto, todos guardavam a esperança de que a caminhada sob forte calor o fizesse desistir da ideia e voltar ao trabalho. Mas, ao cair da tarde, uma ligação da esposa, muito assustada, informara a Ernesto que o filho chegara a casa e não estava bem. "Muito esquisito", fora como a mãe o descrevera, cobrando-lhe esclarecimentos que não pôde dar.

– Não te preocupes, *seu* Pedro Manoel – solicitou Ernesto com voz firme. – Ele está bem. A gente não sabia que ele tava doente, todo mundo pensou que era coisa de guri, que tinha se enchido do serviço e do lugar...

– Se Deus quiser ninguém mais adoece por aqui – completou Valdinho. – O serviço tá bem adiantado, o senhor vai ver. Mais um mês e fica pronta essa etapa.

– Foi rápido, tenho que concordar. O Rodrigo disse que vais fazer obras em casa, Ernesto. Isso foi bom até para mim, já que fez com que o serviço andasse ainda mais rápido. – E, dando a partida no motor do veículo, indagou: – O Ernesto vai reformar a casa, mas os outros têm interesse em trabalhar mais um tempo na fazenda? Eu preciso construir banheiros, balança, galpões, essas coisas que estão acostumados a fazer. Como trabalhamos juntos há anos eu preferia contratar vocês, mas já sei que todos não vai ser possível.

– É, *seu* Pedro, desta vez não vai dá pra mim. Mas agradeço muito a confiança e noutra oportunidade é só *chamá*, é um prazer servir ao senhor – ponderou Ernesto amassando, nervoso, o boné que usava no serviço entre as mãos.

– Ó, *seu* Pedro, infelizmente eu também não vou *podê* dessa vez. *Me* comprometi de *ajudá* na reforma do Ernesto – declarou Roberto com o olhar fixo no vidro do para-brisa vendo se afastar lentamente a imagem solitária do velho casarão.

Assaltado por uma inusitada melancolia, Valdinho apreciava a mesma cena. A paisagem da fazenda no anoitecer, vazia, apenas com os animais silvestres, transmitia-lhe uma sensação de perda, de tristeza e de dor. "Não queria deixá-la, não podia deixá-la", pensou de repente, "que importa que os outros não queiram ficar, eu posso. Sou livre, não dependo deles."

Abriu a boca para dizer a Pedro Manoel que ficaria, mas as palavras não saíram, assaltado pela lembrança dos vários anos de trabalho com os amigos; se tinha uma profissão devia agradecer a Ernesto que o ensinara quando era ainda um adolescente rebelde que fugia das salas de aula. Único filho de mãe viúva, Ernesto era a figura masculina mais próxima de um pai que conhecia. Sabia que os amigos esperavam que ele fosse acompanhá-los e sabia também que a reforma era mera desculpa. Eles estavam com medo do lugar e queriam ir embora. Financeiramente não faria diferença; mesmo em tempos de crise, sempre conseguira o suficiente para se manter. "É, mas aqui é garantido, eu não vendi nenhuma joia, não tenho dinheiro de sobra, é melhor continuar. Eu não tenho medo, eles é que acreditam em assombração", voltou a confabular mentalmente. Um pequeno sorriso, misterioso, desenhou-se no rosto de Valdinho, porém na semiescuridão da camionete os demais não viram nem notaram o brilho duro e fixo em seu olhar.

Durante o percurso de retorno à cidade os pensamentos de Valdinho oscilavam. Ao ver as luzes do centro da cidade, suspirou. "Graças a Deus! logo estarei em casa. Chega de pensar nisso. Está me dando dor de cabeça. Com calma decidirei durante o fim de semana. Afinal, nada vai mudar; a fazenda não vai fugir e eu não vou ficar rico; não fiz nenhum jogo", decidiu espantando os pensamentos conflitantes para longe.

A intensa batalha mental o exauriu; sentiu necessidade de experimentar o ar no rosto e abriu o vidro. O ar da noite era morno, mas a velocidade do veículo fazia com que o sentisse mais fresco. Respirou a longos haustos e adorou a sensação de liberdade; teve vontade de pôr a cabeça para fora, mas conteve-se.

..*

Na noite de sábado Valdinho caminhava tranquilo pelas ruas de seu bairro carregando uma pequena bolsa térmica. Parava com frequência para conversar com amigos e conhecidos. Nesse ritmo, chegou à casa de Déia com a luz da lua iluminando os percursos mais escuros, onde faltava a iluminação pública.

Os latidos faceiros de Bali, a pequena cadela sem raça definida, que viera festejá-lo no pátio, anunciaram sua presença. Em questão de segundos Mila abria a porta da frente e o saudava.

– Entre, meu filho. Vamos passando lá pra cozinha. A Déia tá no banho, já vem, e eu inventei de fazer doce de leite, tenho que cuidar da panela, senão derrama.

– Ajudo-te a cuidar, mas quero um pote – ofereceu-se Valdinho.

E, com a intimidade de quem é assíduo frequentador da residência, colocou sobre a mesa a bolsa térmica e dela retirou várias garrafas de cerveja. Pegou uma e estendeu a Mila.

– Essa é para a senhora.

– Hum, uma pretinha. Que delícia! Obrigada.

Ele virou-se e colocou as demais na geladeira, deixando uma sobre a mesa. Apanhando um copo no escorredor de louças, serviu-se e, acomodado em um banquinho, ficou observando a dona da casa mexer o doce.

Conversar com Mila era muito fácil. Pessoa agradável, simpática e simples, falava muito, mas era também uma boa ouvinte. Curiosa, crivou Valdinho de perguntas sobre o lugar onde estava trabalhando.

Músicas do passado distante e recente, levadas ao ar pela emissora de rádio da qual Mila era fã, serviam de fundo à conversa deles. Porém, não prestavam atenção, transportados mentalmente à fazenda da Marambaia. Estavam tão entretidos que não viram Déia parada no vão entre a copa e a cozinha, que eram espaços conjugados.

Ela sorriu observando a cena. Desde o episódio que flagrara os trabalhadores pintando maquinalmente um prédio histórico, as questões relativas à atenção e à denominada "presença" a interessavam mais vivamente, merecendo sua observação em diversos episódios. A cada dia convencia-se mais da verdade do dito popular: "o homem está onde está o seu coração". Ou seja, onde estão seus interesses vitais.

Fazendo eco a suas reflexões, uma velha canção de Lupicínio Rodrigues tocava no rádio: "... E o pensamento parece uma coisa à toa. Mas como é que a gente voa quando começa a pensar."

"Basta se prestar um pouquinho de atenção e esses fatos e comprovações surgem a nossa frente, bem debaixo do nosso nariz", pensou Déia, vendo a materialização do fenômeno. Sua mãe e Valdinho não estavam nos limites estreitos da copa-cozinha, estavam nas amplidões dos campos verdes da fazenda. Não ouviam a canção de Lupicínio, ouviam, sim, o canto dos pássaros, o ruído dos animais silvestres e o barulho do vento nas centenárias figueiras e árvores da mata nativa.

O fenômeno a que ela assistia é comum a todo ser humano – encarnado ou desencarnado – temos uma atenção seletiva, que faz com que nossos sentidos captem apenas dentro das faixas dos nossos interesses. Ali o exemplo era claro: Mila e Valdinho estavam tão atentos ao diálogo, ele pela paixão inusitada que o lugar despertara, ela, tomada de vivo interesse imaginando belas cenas rurais, que não a viram ingressar na sala – portanto, não estavam enxergando, apenas vendo. Ignoraram seus passos e a programação do rádio; por certo não saberiam dizer qual a última música executada.

Na condição de espírito liberto da matéria o fenômeno não se modifica. Mesmo tendo ampliadas suas percepções elas continuam sujeitas à seletividade que é determinada pela atenção. Além disso, cada um de nós tem as suas percepções de acordo com seu estado de consciência e condição evolutiva. Os encarnados têm seus sentidos capazes de perceber dentro de um padrão de ondas de cor e som; assim, os desencarnados têm a capacidade de sintonizar dentro de sua faixa evolutiva. O que está acima não é perceptível e o que está abaixo ou dentro de suas possibilidades depende do uso da atenção.

Déia, interessada em observar o fenômeno, afastou

uma cadeira da mesa e sentou-se. Descascou uma banana e pôs-se a ouvir o que eles falavam.

Um arrepio gelado correu por sua coluna vertebral, desde o alto da cabeça até a última vértebra, ao constatar que falavam da fazenda e do retrato. O rosto de Valdinho adquiria uma expressão diferente e o olhar ganhava aquele brilho fixo que a assustava.

Policiando-se quanto à sua disposição íntima de compreender que ele estava fascinado por buscar as raízes dos objetos antigos que encontrara, lutou contra as sensações ruins que experimentou ao identificar o tema da conversa. E, diga-se, que lutou bravamente por alguns minutos, mas as incômodas impressões lhe tiraram o gosto de observar o fenômeno da atenção seletiva, que a fazia invisível e inaudível naquela peça para duas pessoas que provavam de sua convivência e afeto.

Terminou de comer a fruta e, decidida a dar fim naquele assunto em torno da "senhora da fazenda", ergueu-se, deu alguns passos e dirigiu-se a eles:

– Oi, gente.

Valdinho virou-se, sorrindo. Para espanto de Déia, sua expressão era a costumeira; haviam desaparecido os sinais desagradáveis de sua face. "Estou pirando", pensou ela, enquanto recebia os beijos na face.

– Déia, não te ouvi chegar.

– Eu vi. A conversa de vocês estava boa, não quis me intrometer...

– Deixa disso, filha. O Valdinho falava sobre a fazenda onde trabalha. Deve ser um lugar lindo. Com esse calor que tá fazendo na cidade, imagina que bênção ficar pertinho da lagoa, com aquela brisa gostosa todo fim de tarde.

– Assim parece melhor do que é; dá até pra esquecer a força que se faz o dia inteiro e o fato de não ter cerveja gelada.

Mudando o assunto, Déia contou-lhe o encontro

casual com um amigo comum. E a noite transcorreu calma, alegre.

Após a sobremesa, acomodaram-se na sala para assistir a um filme na televisão. Enquanto aguardavam o programa, Déia comentou seus estudos e reflexões acerca dos objetos encontrados.

Valdinho ouviu, por gentileza, as colocações da amiga. As conclusões dela a respeito de seu interesse estavam longe de ser acertadas, aliás, nem ele mesmo sabia explicar. Mas não era consciência histórica, tinha certeza, pois, apesar de gostar muito da jovem, sentia tédio ao ouvi-la falar naquele assunto. Se lhe perguntassem uma só palavra do que ela dizia, não conseguiria responder. Porém, subitamente, sentiu-se "ligado" ao que Déia falava.

– ...Foi um Banco importante no país. O único municipal e era o terceiro em nível nacional. Dá pra imaginar que tinha um poder financeiro respeitável. Li alguns artigos da época que contam que o dia do fechamento das portas do Banco foi horrível; deu quebra-quebra, muita gente revoltada nas ruas; que famílias influentes deitaram abastadas e prósperas e amanheceram naquele dia totalmente quebradas. As teses são variadas, mas chamou minha atenção que parece ter havido um rio de lama – corrupção e vingança – correndo no meio da história. Naquela época, por volta de 1930, 1931, tinha história escandalosa, mas parece muito atual, viu? Quando eu li alguns artigos pensei: se trocasse a data no alto da página e alguns nomes, o restante era atualíssimo...

Tomado de uma súbita aflição, Valdinho tinha ganas de fazer Déia calar e ser objetiva. Não tinha consciência, mas ardia por submetê-la a um interrogatório.

– Diziam o quê? – indagou incisivo Valdinho.

O tom autoritário, arrogante e impaciente na voz do amigo a fez calar-se e encará-lo. O brilho fixo do olhar novamente estampava-se na íris castanha, e a expressão do rosto tornara-se ainda mais desagradável. Outra vez as sensações incômodas a assaltaram, o mesmo arrepio gelado a visitou. Ante seu silêncio, ele, no mesmo tom, insistiu, agarrando-lhe o braço e sacudindo-a:

– Fala, mulher.

– Que é isso, Valdinho? – exasperou-se Déia, elevando a voz enérgica. – Estou te estranhando. Solta o meu braço, está me machucando.

Surpreso com a atitude firme da jovem e mais ainda com o próprio comportamento agressivo, Valdinho a soltou. Envergonhado, pediu-lhe desculpas.

– Não sei o que está havendo comigo. Acho que estou muito cansado. Essa história de achar aquelas coisas mexeu mais comigo do que admito. Desculpa, Déia, por favor. Eu não quis te machucar, nem te assustar, não tem sentido o que eu fiz.

– Pois eu me assustei. Estranhei o modo como tu falaste comigo e até as palavras soaram esquisitas. Nunca te ouvi dizer: "fala, mulher". Aliás, nunca antes tu me chamaste de mulher, nem nunca te vi chamar qualquer outra guria ou senhora de mulher. Foi estranho.

Vendo a mancha avermelhada no braço, sorriu e completou:

– E forte... muito forte.

– Que chato, Déia, será que vai ficar roxo? Meu Deus, o que não vai pensar a d. Mila?

– Esquece, amanhã já desapareceu, não foi pra tanto. O que é que te deu, por que te irritou tanto a história do Banco? Tu não querias saber mais sobre as coisas que achaste na fazenda?

– Quero, é claro que quero. Obrigado por buscar informações. E, não tô brincando, eu não sei mesmo o que me irritou. Eu ando me estranhando... – e relatou com sinceridade as conflitantes experiências que estava vivendo. Não omitiu nada, falou da fuga e das razões de Alex, da crise emocional do rapaz, das afirmações de que via perambulando pela fazenda a criatura que o apavorava nos pesadelos. Comentou o que se lembrava das colocações de Rodrigo, concluindo com a exaustiva batalha entre permanecer na fazenda após o término da obra ou acompanhar os outros.

A televisão ligada e esquecida demonstrava mais uma vez que nossa atenção é seletiva, eles não viam nem ouviam a programação.

..*

Após o jantar, Ernesto e a esposa conversavam enquanto ela arrumava a cozinha. Alex havia saído com amigos.

– Ernesto chegou a hora de tu me explicares que doideira é essa que aconteceu na obra. O Alex chegou aqui tocado pelo demônio, não dizia coisa com coisa, encerrou-se um dia inteiro no quarto. Acho até que tomou algum calmante da vó, pois dormiu um dia e uma noite inteirinhos; quase não comeu. E tem verdadeiro pavor de falar da tal casa, falou e disse que não ia repetir – ela fez o sinal da cruz demonstrando o medo que sentia – que a fazenda do *seu* Pedro é mal-assombrada. Deus me livre e guarde dessas almas penadas.

Enxugando o último prato, guardou-o no armário aéreo, secou as mãos e sentou-se em frente ao marido, encarando-o.

– Conta logo, o que aconteceu? O guri começou de novo a ver coisa do outro mundo?

– Olha, Tereza, eu só sei te dizer que ele me assustou muito. Fiz de tudo pro guri *ficá* lá e *segui* o serviço, até o deixei ir se embora a pé na terça-feira porque achei que não ia *aguentá* e ia *acabá* voltando, mas *ele se veio*. Ele não me disse de primeira que tava vendo coisa, ficou quieto. Estranhei o jeito dele, ficou arredio, vi *ele* correndo umas duas ou três vezes do nada, e ele foi ficando cada vez mais quieto, até que começou os *pesadelo*. Nossa senhora! Foi coisa muito feia. Fico ruim só de *lembrá*.

Como a esposa permanecesse calada, com os olhos arregalados e uma expressão perpassada de apreensão, ele apanhou o bule que estava sobre a mesa e serviu-se de mais uma xícara. Erguendo-o ofereceu a Tereza:

– Quer mais uma, vai *sê* bom.

Ela aquiesceu, bebericou o líquido morno e desistiu.

– É, tá frio – concordou Ernesto. – Mas, como eu lhe dizia, o guri teve noites muito ruins lá. Eu tentei conversar com ele, mas não adiantou. Pedi pro Valdinho, que é mais novo e muito amigo dele, mas nem deu tempo. Na última noite, quando deu aquele baita temporal, o Alex saiu da barraca primeiro que eu. O Roberto se foi pra junto do Valdinho e do Rodrigo que tinham ido se *abrigá* no casarão, na parte que tava melhor. Contou o Valdinho que o Alex disse ter visto dentro da casa o tal de homem que lhe aparecia nos *pesadelo*. O Roberto e o Valdinho disseram que o guri ficou muito mal, que batia dente e tava geladinho da ponta do dedão do pé até os cabelos e queria ir se embora de qualquer jeito. O Rodrigo conseguiu *acalmá* ele, mas no outro dia não teve proposta, ele amassou barro na estrada e *se veio* pra cidade. Inventei uma virose pro *seu* Pedro Manoel que me xingou bastante por não ter chamado *ele* pra levar o menino no pronto-socorro. Mas imagina o que eu ia *dizê* pra ele: "*Seu* Pedro, o Alex que ir se embora e tá mal porque diz que a sua fazenda é mal-assombrada". Ele não ia *acreditá*, ia *achá* que tava todo mundo maluco.

– Que droga! – resmungou Tereza. – Eu pensei que isso não fosse mais acontecer.

– Eu também, mas...

– E o que nós vamos fazer?

– Não sei, minha velha, não sei. Como é que ele passou o resto da semana?

– Pareceu normal, ele sempre foi quieto, desde pequeno.

– Não teve mais pesadelo, tu não ouviu ele gritar nem nada?

– Não – respondeu Tereza e, tomando a mão do marido, olhou-o assustada e perguntou: – Ele não falou se voltou a sonhar com ela?

Ernesto balançou a cabeça com vigor, apertou a mão da mulher no intuito de confortá-la e confirmou:

– Não, ele não falou dela. Só falou de um homem estranho de quem ele tinha medo, porque o homem o perseguia querendo explicações e não entendia o que esse tal falava por isso se sentia angustiado, aflito mesmo. Foi horrível *vê* aqueles *pesadelo*, só imagino o que não foi pra ele. Mas eu pensei que era sonho, sonho ruim, mas só um sonho, entende? Não tinha nada de verdade, de doença, de maldição. Tentei *acalmá ele*, dei chá; uma vez ele dormiu, as outras não. Mas depois do temporal...

– Eu tenho muito medo dessas *coisa*. Quando ele era pequeno a gente também achou que era "frescura de criança", mas não era. Ele falava mesmo com ela e ninguém via. Eu nem sabia que ela tinha morrido. Deus me livre e guarde a alma da infeliz bem longe da gente, ela que tenha luz.

– É, mas era diferente, velha. – Baixando o tom de voz ao mínimo, prosseguiu: – Era a mãe dele, precisava se *despedi* do filho pra *tê* paz na outra vida. Foi ruim, mas eu até entendi e perdoei a coitada, afinal ela deu ele pra gente porque tava desesperada, não sabia mais o que *fazê* doente, viúva, os *filho pequeno*.

– Graças a Deus, o Alex não herdou a doença dela, podia ter pegado.

– Ele nem mamou, assim que nasceu ela nos

mandou buscar e já tinha dado o outro irmãozinho dele pra aquela gente lá do centro da cidade. Nunca mais vi nenhum deles por aqui.

– Nem eu. Será que esse tal homem não é o pai dele? Também é morto. Vou *mandá reza* uma missa pra eles e vou ao cemitério *levá* umas flores e umas velas pra ela.

– É, pode ser que ajude, mas eu acho que não tem nada a ver com o que aconteceu lá na Marambaia. Quando ele via a falecida d. Cleusa era um moleque, tinha o quê? Uns quatro anos, não era? Nunca mais falou da tal mulher que vinha brincar com ele nem dos sonhos, esqueceu-se. Naquele tempo ele não ficava mal, a gente é que se assustou com o comportamento dele e *levamo* a tudo que foi canto, psicólogo, médico, benzedeira, foi de tudo.

– Foi a cunhada do Roberto que nos ajudou, lembra?

– Ela pensou que era uma mãe de outra vida que se aproximava dele – Ernesto esfregou os braços arrepiados com as recordações.

– A gente não podia contar que não era, mas ela falou com a alma da morta e soube dela a história. A gente só tinha que acreditar, era verdade, ninguém mais sabia. A gente até se mudou e, aqui, na vizinhança, ninguém conhece a história, só a mãe, mas ela morre e não abre o bico. A cunhada do Roberto não sabia, e não sabe até hoje, que não tinha nada a ver com reencarnação. Ah, meu Deus, como eu tive medo de ir procurar notícias da Cleusa, morria só de pensar que ela pudesse ter se curado e querer nosso menino de volta. Deus me perdoe, mas foi um alívio saber que tinha morrido.

– Pensando melhor, naquele tempo foi isso, pode *sê* de novo – comentou Ernesto sentindo-se pacificado, julgando ter uma atitude a tomar que resolveria o "problema" do filho e a própria consciência. – *Vamo* no cemitério, *pudemo* ir amanhã de tarde, assim eu vou contigo; também tenho obrigação com ela. A missa tu encomenda pro padre, qualquer dia serve, mas quanto antes melhor. Quem sabe eles tão precisando de reza – decidiu Ernesto completando: – Manda *rezá* pros dois.

Tereza balançou a cabeça, afirmativamente, e comentou:

– Vou mandar rezar lá no Santuário, tem missa todos os dias.

– Tem dinheiro pra pagar?

– Tenho, eu comprei o material pra reforma e ainda sobrou um bom trocado.

– O túmulo era meio ruim. Quem sabe a gente manda *fazê* um novo? O dinheiro dá?

– Boa ideia. Acho que dá, não vai ser nada de luxo.

..*

Uma das fases mais difíceis de superar na construção da consciência, no convívio com a espiritualidade, é o chamado pensamento maravilhoso ou sobrenatural. Crer-se em dimensões desligadas, opostas e absolutamente distintas onde o que se viveu, aprendeu e experimentou em uma é inútil na outra. Onde as necessidades psico-afetivas e as percepções da vida serão de tal modo distintas, que imporão aos seres uma transformação ao passar de uma para a outra, é uma forma de raciocinar simplória, se é que podemos chamar a isso de raciocínio. O provável é que se trate apenas de um dos muitos comportamentos preconcebidos que se reproduz fruto do binômio cultura-religião que afasta, em especial, o homem ocidental da compreensão da unidade e das realidades da vida imortal, de sua natureza, e das leis divinas. Afasta-o da compreensão da lei de progresso. Ora, como haveria progresso em nossos espíritos se as experiências e condições de vida na matéria fossem distintas das condições espirituais? Esse pensamento é frontalmente contrário à lei de progresso. É, aliás, impeditivo. O progresso se realiza gradativa e constantemente no esforço que produz mudanças lentas e seguras, ampliando nossa inteligência, nosso universo emocional, nossa razão, até nos conscientizarmos do que seja viver; do propósito supremo de que tudo – desde o corpo, as experiências triviais do cotidiano, os processos cíclicos da vida, onde se inclui o nascer, o morrer e o renascer, até os mais altos voos da inteligência e da sabedoria – serve e são ferramentas para a construção do aprendizado e realização da lei de evolução.

Ninguém ensina com uma ruptura drástica das realidades do aprendiz. É sempre prudente partir dos elementos que a vivência do educando apresenta e inserir lentamente novos conteúdos, em um processo de assimilação constante. Se assim nos diz o senso comum, por que Deus, que é a suprema inteligência e o infinito de todas as virtudes, haveria de ser mais imprudente que o menor dos pedagogos terrenos? Obviamente, a natureza humana, seja em sua face material ou espiritual, não apresenta alterações em sua constituição íntima, porque é composta por inteligência e sentimento, atributos do espírito imortal que transita entre o mundo físico e o espiritual. Portanto, precisamos nos desvencilhar dessa visão partida da vida, de crer que os desencarnados são seres fora da natureza, sobrenaturais ou que a vida na condição de desencarnado seja absolutamente diversa da condição física. São apenas verso e reverso do mesmo tecido, nada mais. Continuidade. Do ponto em que se para o aprendizado numa condição se segue na outra e assim em nossas existências sucessivas.

É preciso banir o medo dos espíritos, que tanto mal faz a muitas pessoas. Como sentimento, é uma criação divina, é fruto de uma lei natural que se manifesta na evolução do instinto de conservação, e é necessário. Exerce uma função primordial na nossa constituição e não pode desaparecer. No entanto, existem medos que são insuflados pela cultura e pela religião no imaginário dos crentes e que os desequilibra severamente.

O pior medo que podemos abrigar é o medo imaginário, ou seja, daquilo que não podemos confrontar com a razão ou com a vivência objetiva. Aqueles medos oriundos dos conceitos e crenças que permitimos alojarem-se nas nossas mentes, sem reflexão. Nestes se inserem o medo dos espíritos desencarnados e da vida após a morte. Apresentada em duas vertentes do pensamento humano: de um lado o sobrenatural com seu cortejo de criaturas míticas distantes e divorciadas da realidade experimentada na matéria. Nele floresce o domínio do maravilhoso, é campo fértil à semeadura dos medos imaginários, aprisionadores. Emoção que facilita a posse de mentes pouco afeitas à ponderação e ao questionamento e que temerosas ou em pânico, fustigadas pela culpa, caem na dependência inescrupulosa daqueles que exploram a fé alheia. É a seara preferida dos falsos profetas da terra e da erraticidade.

De outro lado, a vertente do materialismo, do nada, menos numerosa, mas bastante divulgada, imperando nos meios da ciência acadêmica, e dentre aqueles cujo saber é nascente e causa de orgulho. Podemos incluí-los naqueles que possuem o complexo de Deus. Admitir uma inteligência maior, uma compreensão maior, seria dividir seu império interior e pessoal, partir sua autoimagem e revelar a fragilidade do orgulho e do poder humanos.

Entre os primeiros, há a crença de que procedimentos mágicos afugentam seres inteligentes e afetivos, características que não reconhecem, é óbvio, nos espíritos desencarnados, imaginando-os transformados após a morte em "santos", "almas penadas" ou "demônios". E que as necessidades deles se acalmam com fumaça, velas, perfumes, rezas decoradas e pagas, ou com amuletos de toda sorte que a engenhosidade da mente humana for capaz de criar, a grande maioria ridícula. Tudo porque não oferecem algumas horas do precioso tempo ao ato de pensar na vida e na morte, de observar a natureza e dela depreender as leis imateriais que a regem.

Os segundos, tudo atribuem à disfunção dos órgãos materiais do corpo e a todos os casos, sem se deterem em detalhes – como, por exemplo: a aferição do senso crítico daquele que diga ter contato com os mortos e a coerência das informações – lançam a conta da desordem da anatomia ou da química cerebral.

Na vida, em qualquer setor, posturas sectárias e dogmáticas não são construtivas, refletem a ilusão de donos da verdade. Analisar e reter o que é bom é o conselho de sabedoria e prudência legado pelo apóstolo Paulo[6], que vara os séculos sem, contudo, perder a validade.

É preciso refazer caminhos. A evolução se assemelha à correnteza de um rio; tem força e leva de roldão as águas e o que nelas existir. Sua atuação se dá nos limites do leito dos rios. Nós somos as águas, enquanto rolamos no leito do rio, nossa jornada evolutiva segue tranquila e serena. A existência se nos apresenta leve, sem tropeços e entraves sérios. Mas se nos desviamos dos limites do leito do rio perdemo-nos em zonas pantanosas de águas paradas e pútridas – sem renovação – que somente as tempestades limpam e arejam, empurrando-as com a força das enxurradas.

É a dor obrigando a refazer caminhos. Mas não

---

6 *Primeira carta de Paulo aos Tessalonicenses*. Capítulo 5, versículo 21 (NA).

precisamos sofrer para aprender; ao contrário, o aprendizado é eivado de prazer, amplia e liberta as capacidades da alma humana.

Refazer caminhos quanto ao entendimento
da naturalidade da experiência
humana, dentro ou fora da carne,
é libertador, por excelência.

A Eternidade e o Passado

Mas dissemos que ele não se lembra de maneira absoluta de todos os atos, recordando-os em razão da influência que têm sobre seu estado presente.

Kardec, Allan.
O Livro dos Espíritos.
Questão 308. IDE.

O fim de semana escoou célere para Valdinho. Era madrugada quando retornou da casa de Déia. A conversa fizera-lhe bem, devolvera-lhe a tranquilidade e, por algumas horas, pensou que recuperara a própria lucidez.

A atitude agressiva com a amiga fora a gota d'água; percebera que não estava "normal". Déia comentara o quanto a surpreendera a paixão repentina que aflorava nele quando falava da fazenda, da mulher do retrato, ou das referências ao Banco e do escândalo de corrupção e vingança que cercava a história de sua liquidação nunca encerrada.

Sentia-se exaurido pela luta mental que travava com os "pensamentos invasores", que o atordoavam. Porém, reconhecia que o estresse maior acontecera na última semana e fora causado pelo desgaste emocional.

Observando Valdinho sentado em seu sofá, frente a frente com o retrato da bela dama, eu me compadeci dele, embora saiba que as lutas do amadurecimento e do crescimento não são isentas de sofrimento e que isso não é mau, é apenas uma necessidade em um determinado estágio de consciência.

O pobre rapaz não conhecia a si mesmo. Possuía uma cultura limitada, poucos interesses intelectuais que o auxiliassem a promover o enriquecimento do patrimônio intelectual, ampliando suas capacidades inatas. Inegavelmente, esses fatores dificultam o caminho de alguém que se defronta com a condição em que ele vivia.

No entanto, maior tristeza causava-me o seu desconhecimento e a total falta de perícia em identificar as emoções e sentimentos, pois ali estava o caminho para o caos.

Os seres humanos manifestam-se no convívio em sociedade por suas atitudes. Revelam-se por suas palavras, única forma eficaz de exame de seu estado mental. É de bom alvitre conhecer as próprias motivações íntimas, uma vez que as atitudes possuem móveis que podem ser inteiramente intelectuais como: pensamento, razão, consciência; sentimentais às vezes com o desaguar de fortes cargas emocionais; ou, instintivas, oriundas de nossas necessidades básicas, vitais. Bom seria se elas fossem fáceis de identificar, se ocorressem em nosso mundo interior de maneira ordenada e sectária, tornando-as claras como o dia; mas não é assim. Como mais uma charada da natureza, para despertar e atiçar nossa inteligência, esse mundo intelectual-emocional-instintivo é dinâmico e gira como uma roda. Pensamentos geram emoções que despertam instintos; emoções geram pensamentos, instintos despertam sentimentos, todos conduzem isolada ou conjuntamente a atitudes.

É ainda muito forte na cultura humana a partição do ser; a unidade é percebida por poucos e com dificuldade. Isolam partes como se fosse o todo ou uma mais especial que a outra. Vê-se com frequência advertências quanto à influência atrativa do pensamento – uma verdade, de fato – mas, não somente ele. O conjunto, o ser integral exerce atração, portanto, emoções, instintos, vícios, virtudes, dores, prazeres etc. exercem força atrativa aos encarnados e desencarnados, servindo como pontos de conexão.

Um exemplo: pode-se ter especial predileção por uma sala, pois nela encontramos várias coisas que nos interessam e dão prazer. É o conjunto que nos atrai àquele ambiente antes que a outro, mas nele temos pontos de conexão – estes sim específicos, como a atração pelo aparelho de som maior que pela luminosidade. Da mesma forma, no conjunto humano pode preponderar como ponto de conexão um dos aspectos que o compõe, mas é o conjunto que atrai.

Valdinho percebia de maneira incipiente os "pensamentos invasores", mas somente depois deles estarem instalados, pois não os dominava e tinha pouquíssimas informações sobre sentimentos. Identificava os mais grosseiros, muito próximos dos instintos, mas nada sabia sobre a dinâmica deles na estrutura física. Ao sentir o coração disparar, não acreditava que uma emoção pudesse causar tal efeito, ou se dias depois de uma intensa irritação, sobrevinha uma crise gástrica, julgava que comera algum alimento estragado, nunca que "ingerira" as próprias emoções, por assim dizer. É como se o mundo emocional – além de fugaz e imediatista – fosse outra dimensão, algo tão fantástico como o que comentamos com relação à percepção do mundo espiritual, fosse um ser à parte. E não é, somos unos.

Se ele mesmo não sabia como funcionava, era fácil vislumbrar dificuldades em seu futuro até entender a possibilidade de intercâmbio com um ser desencarnado. Compreender que somos capazes – em graus diversos – de assimilar ideias, sentimentos e instintos de outros indivíduos que também fazem girar a nossa roda e produzem atitudes conjuntas, exigiria dele uma longa e acidentada caminhada. Mas... assim é a vida, assim é o despertar da consciência, um parto em meio à dor, cruzando canais estreitos.

Em suma, Valdinho não sabia o que sentia. Sobre a paixão, tinha um conceito rudimentar: era sinônimo de atração sexual. Por isso, contemplando o retrato, julgava estar enlouquecendo; não havia como uma mulher lhe despertar "tesão", pensava ele (nestes termos), sendo apenas um retrato. E repetia, mentalmente, que: "só podia ser loucura."

O mesmo raciocínio seguia as questões de apego relacionadas aos pertences que trouxera consigo. Por dias a fio convencera-se de que os guardava e os escolhera por acreditar que pertenceram à mulher do retrato. "Mas, santo Deus, de que me serve guardar dinheiro velho, fora de circulação? O que me interessa um escândalo de mil novecentos e bolinha? Todos os dias tem um novo e não dou bola. Por que ser grosso e estúpido com a Déia por um troço desses?", questionava-se.

Esse silêncio o incomodava, colocando a nu a ausência de motivação pessoal, reforçando a crença de que aquilo não era "normal".

Em meio ao embate, lembrou-se de que precisaria decidir nos próximos dias se permaneceria na fazenda ou seguiria a decisão dos amigos de abandonar a casa assombrada, como diziam.

"Será que agora vai ser assim, é? Uma sessão de tortura na ida outra na volta, é demais", resmungou Valdinho, sacudindo a cabeça com força. A angústia começava a dar claros sinais da sua presença na face do moço.

"Talvez um meio de evitar isso seja ficando lá de vez", pensou ele e justificou-se: "tem gente que gosta de cada coisa! Nem sabe por quê. Lá é bom, silencioso, ninguém me incomoda, é bonito, tenho tudo de que preciso. Por que não ficar? Danem-se os outros; não merecem ajuda; venderam as coisas da fazenda. Eles não tinham permissão para fazer isso, não foi justo, eram lembranças...", e os pensamentos angustiantes e contraditórios prosseguiam nessa linha.

Vencido, o rapaz não se dava conta de que também na cidade, em sua casa, nada lhe faltava, ninguém o incomodava, tinha tudo de que precisava e mais, tinha seus amigos, que eram sua real família. Permanecendo na fazenda, jogava-se num vazio social, num afastamento quase absoluto. Era lastimável observá-lo em sua luta. Pedi a Deus que o caminho dele fosse abreviado e depois o deixei. Regressei à nossa instituição. Não tinha qualquer permissão ou direito de interferir. Mesmo sendo um momento delicado e difícil, era o melhor momento da vida dele e lhe cabia fazer o possível. Assim se constrói nossa evolução: vivendo as experiências do aqui e do agora, guardando no íntimo que o Criador espera de nós somente o possível, nada miraculoso, extraordinário ou fora da natureza.

..*

Três meses depois. Julho de 2001. Domingo.

Carolina estava sentada ao sol, abrigada do vento, no jardim, em frente à casa da fazenda. Observava Bianca que carregara sua minicozinha de brinquedo para a rua. Sentara duas bonecas em torno da mesa e deixara duas cadeiras vazias. Uma das cadeiras não era de brinquedo, tratava-se de uma cadeira de plástico branco, igual à que ela usava.

A menina ria e conversava com as bonecas. Diálogos inteiros eram perceptíveis. Apenas ouvindo a menina deduzia-se a voz das bonecas no imaginário infantil, dominado pela fantasia, como é natural à idade de seis anos.

– Tu não gostas de chá? Ah, mas a mamãe diz que é bom no inverno, mantém a barriga da gente quentinha. Vais ter que tomar. Viste como é bom? Queres mais? Espera um pouquinho, terminou, vou lá dentro *buscá*. Já volto, fique aí.

Abandonando as bonecas, correu ao interior da casa e, em seguida voltou, carregando uma caixa de chá de erva-doce.

Carolina balançou a cabeça; Bianca sabia que não devia brincar com os alimentos da cozinha.

Aproveitara-se que a avó estava dormindo para pegar a caixa de chá. Mas ela estava tão entretida brincando que não teve coragem de ralhar por causa de algo insignificante. Conversaria com ela à noite.

– Vovô, que bom que o senhor veio – saudou Bianca alegre. – Achei que tinha se esquecido do chá. Senta, eu trouxe uma cadeira grande pro senhor.

Ao ouvir a frase, Carolina empertigou-se na cadeira, atenta ao comportamento da menina.

Bianca brincava, porém as bonecas tornaram-se secundárias, e o diálogo mudou sensivelmente. Ela perguntava a alguém adulto e fazia longos silêncios, mantendo os olhos fixos na cadeira vazia. Em gestos muito familiares balançava a cabeça e ria, mexendo-se como se a tocassem, como se brincassem com ela.

Já ouvira aquela história do "vovô" que vinha brincar. Não era a primeira vez. Na cidade, após o terceiro ou quarto fim de semana que haviam ficado na fazenda depois do término das obras, Bianca começara a falar do "vovô" que ela encontrara passeando no pomar. Ela e o marido haviam estranhado, pois nenhum estranho aparecera. A menina dissera que fora rápido e deduziram que deveria ser algum morador da vila de pescadores.

Depois ela insistira em falar com o "vovô", e começaram a aparecer histórias inteiras envolvendo o "vovô". O personagem ganhava contornos de realidade impressionantes. Ele tinha gostos, manias, roupas, um vocabulário próprio que surpreendia Carolina, pois algumas vezes a menina vinha lhe perguntar o significado de palavras que não eram comuns na família.

Pedro Manoel a acalmara, dizendo que eram "coisas de criança, passaria logo, era uma fase, nada mais". Como não houvesse razões para maiores preocupações, a saúde de Bianca estava ótima, seu desenvolvimento normal, Carolina guardou suas indagações para si e não tornou ao assunto.

Mas naquele momento tinha sob seu olhar um "encontro" da filha com esse personagem da sua imaginação. As reações de Bianca a assustaram; parecia de fato estar interagindo com outra pessoa; comportava-se de maneira diversa do que quando brincava com as bonecas em que era fácil presumir a voz da imaginação reproduzindo os conhecimentos e experiências próprias dos seis anos. Ali, a sua frente, ouvia a filha perguntar sobre pescarias, caçadas, viagens de carroça, trem e navio. Estupefata, ouviu Bianca indagar, rindo:

– Modelo A? O que é isso? Um carro? Igual ao do meu pai?

Nos olhos da menina uma expressão divertida e atenta, ria com facilidade e depois, imitando alguém, fez um gesto como se girasse uma manivela.

– O seu carro não tem chave? O nosso liga com a chave, não precisa de manivela e o pai diz que ele "bebe" um monte de gasolina. O seu também bebe gasolina?

"Santo Deus, o que é isso?", pensou Carolina sentindo o coração acelerar-se e um aperto na garganta. "O que eu faço? Tem alguém com ela ou é só imaginação? Preciso falar com a Renata. Será que Bianca criou um amigo imaginário? Muitas crianças têm, eu sei, mas será que é assim?"

Assustada, preocupada com a filha, ela continuou observando. Horrorizou-se quando a menina estendeu a mão para a cadeira vazia e saiu caminhando em direção ao pomar como se andasse de mão dada com alguém. Seguiu-a, sem ser notada. Alguns metros depois a viu "soltar-se" para apanhar um ninho de passarinho que o vento derrubara. À distância, viu que a filha tinha o rosto sério, parecia penalizada, muito cuidadosa devolveu o ninho a um arbusto próximo, ajeitando-o como se obedecesse as orientações de alguém conhecedor da fauna silvestre da região.

"Que coisa impressionante! Assustadora. Será que a mente infantil é capaz de produzir algo assim? Meu Deus, será que minha filha está doente ou adoecendo? Preciso de ajuda, não sei como lidar com essa situação", divagava Carolina, seguindo o passeio da filha e do "vovô". Viu-a entrar no caramanchão restaurado. As treliças de madeira impediam que visse o comportamento da menina; apenas ouvia o som da sua voz, sem, no entanto, distinguir as palavras. Ouvia seu riso, o que, de certa forma, a acalmava; fosse o que fosse, o tal vovô era afetuoso e alegre com sua filha.

Quase uma hora depois, a menina saiu correndo do caramanchão. Como se estivesse propondo uma brincadeira de pegar, escondia-se entre as árvores, até que voltou à casinha das bonecas. Oculta pela parede lateral da casa, Carolina viu a menina despedir-se do "vovô".

– Nós vamos *prá* cidade. Por que o senhor não vai lá em casa? Eu moro no centro.

Nos instantes que pareceram infinitos para Carolina, a filha ouvia uma explicação, que só ela percebia, com muita calma, mas insistia em reiterar o convite. Por fim, convencida de que não era possível, propôs:

– Então, vou fazer outro chá. Eu e as minhas filhas vamos esperar o senhor pra brincar com a gente. Eu venho pra fazenda sábado. Se o senhor vier também, a gente pode brincar sábado e domingo.

Satisfeita, Bianca sorriu de uma resposta que Carolina não conseguia imaginar qual fosse. O fenômeno que via, e não sabia qualificar, deixava-a em pânico. Ante seus olhos vira a filha alienar-se da realidade em torno, era assustador.

Bianca ficou parada no meio do pomar, olhar fixo, acenando para alguém que somente ela enxergava.

– Tá bom, eu vou entrar – respondeu a criança e, baixando as mãos, deu as costas ao seu "amigo imaginário" e caminhou cabisbaixa até a porta da cozinha.

O cheiro dos sonhos – bolinhos de massa doce recheados com doce de leite – que Marcela fritava invadiu os sentidos da neta e ela ingressou na cozinha com a atenção dirigida pelo apetite, esquecida das brincadeiras com o "vovô". Carolina suspirou, aliviada, ao ver a filha ao redor da avó, com os dedos lambuzados de massa.

– Pode lamber a tigela, eu deixo – disse Marcela fingindo-se severa. – Mas que o teu pai não saiba, certo?

Bianca balançou a cabeça afirmativamente e, correndo o dedo indicador pela borda da tigela, deliciou-se com a massa crua.

– Crianças! – suspirou Marcela enternecida pela visão da menina.

Lembrava-lhe Carolina naquela idade. Era como se voltasse no tempo e fosse para sua própria filha que permitisse comer massa crua.

– Todas são iguais.

Encostada ao batente da porta, Carolina sorriu para a filha. Em sua mente não havia a mesma certeza que na frase materna; comportava um perturbador: "será?".

De retorno a cidade, à noite, quando todos dormiam, Carolina, aninhada entre os braços do marido, relatou o que presenciara à tarde. Pedro Manoel a ouviu um tanto sonolento. Conhecia a esposa há muitos anos e a amava. Era feliz ao seu lado; por experiência sabia que ela era de uma devoção a toda prova com qualquer membro da família, mas preocupava-se em demasia com a segurança e a saúde. Considerou que ela estivesse exagerando e comentou:

– Bianca sempre foi muito criativa, puxou tua veia artística, meu amor. Ela ficou ruim depois dessas brincadeiras? Não, não é mesmo? Tu disseste que ela estava normal, como sempre. Acho que não há motivo para preocupações. Se tu tiveste visto algum homem, ainda que velho, ao redor dela, sem dar satisfação para nós, bom, daí, era diferente. Poderia ser um bandido, um marginal, querer fazer-lhe mal. Mas não havia ninguém, só na imaginação dela existe o tal "vovô". Fica tranquila, não é nada.

– É muito estranho, Pedro. Ela se transforma, é como se houvesse outra pessoa junto. *Te* contei da história do modelo A. De onde ela tiraria informações sobre como se ligava um modelo A, o uso da manivela e esse tipo de coisa? – objetou Carolina. Puxando as cobertas, sentia leves tremores.

– Estás muito nervosa – comentou Pedro, notando as reações da mulher. – Toda hora aparecem na televisão, nessas novelas de época, carros do tipo modelo A e Ford Bigode. Vai ver ela assistiu, viu alguma propaganda, em um desenho animado. Não tem um carro a manivela na Corrida Maluca?

O argumento de Pedro era racional e válido. Bianca gostava de desenhos e, embora não ficasse horas a fio em frente à televisão, assistia diariamente. Era plausível que houvesse visto e armazenado a informação. Acalmou-se.

– Olha, meu amor, marca amanhã um horário com a Renata e conversa com ela. Já ouvi falar de várias crianças que tinham amigos imaginários, ao que sei não é perigoso. Vamos nos informar e tratar a Bianca com naturalidade, está bem? Logo passa. As férias estão chegando ao fim, ela voltará à escolinha e esquecerá o "vovô".

Carolina aceitou a ideia; virou-se devagar e desligou a luz do abajur.

Na tarde seguinte foi recebida pela psicóloga, amiga do casal, em seu consultório. Após conversações amenas sobre o projeto de decoração do local, assinado e executado por Carolina, enquanto bebericava uma xícara de chá de camomila, ela relatou as ocorrências com a filha e concluiu pedindo:

– Por Deus, Renata, explique-me o que está acontecendo com a Bianca e o que eu devo fazer. Ontem fiquei muito assustada, muito mesmo, uma sensação esquisita que não sei descrever.

– Eu entendo, assusta a muitos pais descobrirem essa dimensão imaginativa nos filhos. Causa medo de repente vê-los "fugir" da realidade. Mas fica calma, é muito comum e inofensivo. Na verdade, é típico de crianças inteligentes e criativas.

Renata fez uma pausa. Tomou mais um gole de chá. Sabia, por experiência, que era sempre uma boa medida ser ouvida com tranquilidade, assim, tinha por hábito primeiro acalmar seus consulentes, depois lhes explicar ou trabalhar os conteúdos mais aflitivos. Fez o mesmo com Carolina. Quando percebeu que ela estava serena, passou a observar:

– O amigo imaginário é uma espécie de recurso da mente infantil para lidar com situações em que se apresenta um conteúdo de manifesta ansiedade ou estresse. Em geral, quando a criança sofre alguma perda, e pode ser desde a troca de escolinha, a mudança de um amiguinho, até uma morte significativa em sua vida, como a de um animal de estimação ou de uma pessoa da família. É uma gama de situações muito variada, mas que tem essa característica geral de confrontarem a criança com o medo, sob a face da ansiedade, da insegurança. Ao criar essa figura especial ela tem o domínio da situação, nada foge ao seu controle. O amiguinho nunca a confronta ou desaponta, é uma criação da própria mente, não é mesmo? Nessa relação ela redescobre a segurança, às vezes, por substituição. É um fenômeno natural, típico do desenvolvimento infantil, não requer mais do que atenção e naturalidade da parte dos pais.

– Puxa, que alívio – desabafou Carolina receptiva à explicação da amiga. – Como devo agir?

– Como eu te disse: o segredo é atenção e naturalidade. Observe a Bianca e o vovô, mas não interfira, não força a barra para ser incluída na relação, respeita as necessidades da tua filha. Quando ela te falar do "vovô", ouça com atenção, não incentive nem contrarie. Uma coisa que incomoda aos adultos é quando a criança, com amigo imaginário, convida-o para fazer uma refeição com a família ou para passear; prepare-se, é comum. Ela vai avisar para que não sentem em uma cadeira, no sofá ou em um lugar do banco do carro porque o "vovô" está ali. Age como se ela estivesse falando de uma boneca com a qual está brincando; leva junto, cede o espaço; mas, presta atenção: deixe-a perceber que tu tens noção de que ela está brincando. Entendeste como é sutil?

– Ok, acho que sim. A recomendação de tratar como uma boneca foi ótima. É mais ou menos isso, não é? Quero dizer, posso resumir a situação do "vovô" como sendo um brinquedo, só que imaterial, algo que eu não vejo. É uma brincadeira mental, certo?

– É mais ou menos isso. Apenas, Carolina, acompanhes de perto as relações sociais dela. Se o amigo imaginário não afetar que ela brinque "normalmente" com as outras crianças, não sirva para ela jogar as culpas de atos "vergonhosos" e assim fugir de assumir as responsabilidades, estará tudo bem.

– Como assim, jogar as culpas de atos vergonhosos?

– É simples. As crianças, dentro do processo de aprendizagem e de amadurecimentos, erram; às vezes mentem. Elas sabem que isso não é correto e, quando questionadas pelos pais ou professores, dizem que quem fez ou disse tal coisa foi o amiguinho imaginário ou que a ideia foi dele. Compreendeste? Os adultos também fazem bastante disso, criam outros responsáveis por suas atitudes; não é nada tão novo.

– Ahã, entendi. Por enquanto a Bianca não teve esses comportamentos. Como te falei, ela apenas brinca, conversa com o tal vovô. Conversa esquisitíssima sobre carros modelo A movidos a manivela e coisas típicas da fazenda, mais precisamente do lugar dessa última.

– Eu penso como o Pedro. Na verdade, tudo isso está no inconsciente da Bianca, são conhecimentos que de alguma forma ela domina e expressa nesses momentos, nada preocupante. – Confortou Renata e insistiu: – Observe o comportamento social. Se não houver sinais de isolamento ou de jogar as culpas, não há o que temer. De resto, como te falei, é útil observar os diálogos dela com o amigo imaginário. Nesses momentos ela falará dos sentimentos que a incomodam e essa análise vai te possibilitar ajudar a tua filha, identificando eventuais problemas emocionais que ela esteja enfrentando.

– Sabendo quais são é bem mais fácil. Embora, Renata, para ser sincera, e pode acreditar não estou fazendo nenhum tipo de processo de negação, que tu sempre dizes ser tão comum nas mães cujos filhos apresentam dificuldades, eu não vejo na vida da Bianca nenhuma das causas que tu me apontaste como determinantes para a ocorrência desse "vovô" imaginário. Aliás, não seria mais comum que fosse outra criança, quero dizer uma amiguinha imaginária com uma idade mais próxima da dela? Por que um "vovô"? Um homem idoso?

– Bem, concordo que não é o comum; mas, por outro lado, não é um caso isolado ou motivo para maior preocupação. A aparência, a idade, o sexo desses amigos imaginários não desvirtuam sua função e origem no universo da criança. A razão pode ser algo banal como um filme em que a figura de um avô tenha chamado a atenção dela. Não é razão para preocupação.

– Bem, se é assim... Vou seguir tuas recomendações – concluiu Carolina depositando a xícara vazia sobre a mesinha de centro entre as poltronas que ocupavam. – Obrigada pelos esclarecimentos, Renata, não imaginas como estava assustada.

Renata riu, colocou sua xícara ao lado da de Carolina, e vendo que a outra se erguia pronta para partir, acompanhou-a à porta e despediram-se, satisfeitas.

..*

O caramanchão ficara muito bonito. Ainda era inverno, os canteiros em torno aguardavam o plantio das trepadeiras. Olhando à volta não era difícil imaginar o milagre de beleza que a primavera produziria naquelas paragens há poucos meses cobertas pelo mato.

Mas, por ora, uma fina camada de gelo recobria as gramíneas amareladas. A luz solar refletia sobre o branco da geada, e uma névoa fina emprestava encanto ao lugar.

João Raul Vilela caminhava em torno do casarão. Observei-lhe a fisionomia, ligeiramente modificada. A habitual sisudez, por momentos, dava lugar a uma expressão tranquila, relaxada; juraria que havia um toque de alegria em seu olhar. Gostaria de aproximar-me para conferir a impressão, mas ele era esquivo, distante, alheio a tudo e a quase todos.

Permanecera, por décadas, isolado naquele local; uma existência inteira. Aquele era o seu cenário, o lugar onde a arte imitava a vida. Cada canto era um pedaço de sua história.

Para ele fora difícil a "invasão" que se dera em sua propriedade. Somente a aceitara ao perceber que os "invasores" poderiam ser assimilados. Rapidamente reconhecera os elementos que lhe seriam úteis. Enxergava-os como peões da fazenda.

Em verdade, gostava de comandar. Acabara-se a sucessão infinita de locadores que enchiam suas terras de gado para engordar e a quem nada mais interessava. Via Pedro Manoel, sua família e funcionários como novos capatazes, senhoras que cuidavam da casa e peões para a lida campeira. Estava perfeito! Eram cuidadosos e caprichosos; haviam mantido a casa tal como era; traziam alguns aparelhos barulhentos – como os outros também haviam feito – mas, no geral, estava contente.

A postura empertigada e o olhar atento que percorria cada centímetro de terra da fazenda falavam de suas emoções.

Perguntava-me se a causa daquela mudança teria algo a ver com Bianca. Ele me parecia encantado com a menina. Uma surpresa, pois quem conhecia a respeito do seu passado e da sua personalidade não o imaginaria afetuoso com crianças. O ser humano é surpreendente. E ele surpreendeu-me.

Ao vê-los juntos pela primeira vez, temi pela menina. Logo ficou claro que ela o percebia com clareza. O enxergava e interagia de forma completa, percebendo-lhe os pensamentos ou, como ela julgava, ouvindo-o com nitidez. Isso lhe dava a ilusão de que ele era uma pessoa, em tudo, igual a ela.

Agradeci que naquele momento ele não estivesse vivendo uma de suas frequentes crises, assim sua aparência não causava choque.

Lembro-me de que ele caminhava, exatamente como faz agora, e a menina corria atrás do cachorro que caçava um pássaro. Ela parou ao vê-lo, cumprimentou-o e, como ele a ignorasse, ela colocou as mãos na cintura e insistiu, com o rosto sério:

– Oi! O que o senhor está fazendo aqui? Não vai falar comigo? Vou chamar o meu pai...

João Vilela registrara a voz infantil, mas não acreditou que ela lhe falasse. "Quem é a menina?", indagava-se. Ele observou-a em silêncio, o que a irritou e a fez encará-lo, séria.

– O senhor é surdo, não é? – falou Bianca, arrefecendo a ira com que se dirigia ao idoso e ergueu a voz: – Às vezes a minha vó também não ouve, ela diz que é da idade, coisa de gente velha.

João Vilela sorriu – isso era tão raro quanto uma flor no deserto. Eu que o acompanhava e investigava sua existência há vários anos, detive-me ante a cena. Por uma breve fração de segundo pude divisar algo humano nele; uma genuína e cândida alegria produzida pela ingenuidade da infante.

Ele abaixou-se e, com voz pausada e calma, dirigiu-se a Bianca:

– Não, mocinha, eu não sou surdo.

– Então por que não falou comigo antes? É feio não responder, e eu cumprimentei o senhor.

– Queira me desculpar, a senhorita tem toda razão. Aceita minhas desculpas?

Os modos formais, tão diferentes do comportamento de sua família, fizeram-na rir, julgando que ele brincava. João Vilela enlevou-se com o riso da menina, puro, cristalino, contagiante e cheio de vida.

– Rir dos outros também é feio, senhorita – retrucou João Vilela sorrindo, outra vez, para Bianca.

– Eu sei, mas o senhor é tão engraçado. Essa roupa que usa, eu vejo em novela, mas não tem nas lojas.

– Mas não acha bonita?

– É, é diferente. O que o senhor tá fazendo aqui?

– Ah... eu estava passeando. E a senhorita?

– Eu não sou senhorita, não sou moça – protestou Bianca, depois explicou: – Estava seguindo o Bolinha, ele quer caçar um passarinho verde e eu não quero.

– Vai ver o Bolinha está com fome. Os cachorros caçam quando têm fome.

– Não tá não, eu dei ração pra ele no almoço. É de malvado mesmo.

– É do instinto do animal, senhorita. Ele pode ser seu bichinho de estimação, seu amiguinho, mas ele é um cão e cães caçam, sempre foi assim.

– Ele só faz isso quando vem pra cá. Lá em casa ele é supercomportado.

– E onde a senhorita mora? Na cidade?

– É, como o senhor sabe?

– Eu moro nesse lugar há muitos anos, já vi muitos cachorrinhos mudarem de comportamento quando saem da cidade e vêm para o campo. Aqui eles são livres e agem conforme a sua natureza. Seu bichinho não é malvado, é apenas um cachorro, e eles matam outros animais para comer.

– Eu não ensinei isso pra ele – protestou Bianca, não entendendo, tampouco aceitando a explicação de João Vilela.

A revolta da menina e sua postura determinada trouxeram à mente de João antigas recordações, de outra pessoa com conduta igual. Voltou-se ao jardim da casa como se obedecesse a vozes do passado. Seu olhar ficou vago, levemente úmido. Ele recordava uma moça loira, rindo, embora indignada, com o comportamento de outro cãozinho.

– Bianca – chamou Marcela da porta da cozinha. – Vem cá, menina, é hora do lanche.

A menina olhou para a avó há alguns metros de distância e gritou:

– Já vou.

O encanto se quebrou; ele retomou sua costumeira expressão. Bianca pouco caso deu a sua sisudez, que, aliás, nem notou.

– Eu tenho que ir embora, minha vó me chamou. Outro dia o senhor me explica como os cachorros se comportam aqui?

– Claro, senhorita. Adeus – cumprimentou João Vilela, erguendo levemente o chapéu.

– A gente diz tchau – informou a menina rindo.

– Ah, como os italianos! Mas eu prefiro dizer adeus. É a mesma coisa. Vai, estão te esperando.

Após o encontro, a imagem de Bianca com frequência vinha à lembrança de João Vilela. Sentira-se cativado pela menina, que o atraíra de forma misteriosa. Ver aquela criatura sisuda e tão senhora de si, sentar-se no jardim e tomar chá com bonecas fora algo memorável. Um reforço inestimável na minha crença na natureza humana e nos mil caminhos diferentes que a vida usa para nos reconduzir às trilhas da evolução. Misteriosos e inesperados caminhos para os quais é preciso ter olhos de ver e enxergar. Pois todos os trilhamos, mas, em geral, de forma inconsciente.

João caminhara no vazio, num incrível e indômito vazio de si mesmo. Por anos a fio vivera e – em grande parte das horas – ainda vivia povoado da solidão construída pelo orgulho, pela arrogância, pela ganância e estranhos comportamentos.

Como disse linhas atrás, somos criaturas dotadas de força atrativa e é preciso ver que tudo e todos que compõem nosso cotidiano são movidos por essa mesma lei. João, por sua conduta, atraiu a solidão, fruto direto do isolamento. Julgava-se tão altivo e tão superior que nada nem ninguém o alcançavam ou eram dignos de sua pessoa. Sua crença tornou-se viva realidade; ele a construiu com todo seu ser. Somente ele poderá destruí-la. Aquela construção e destruição interior e exterior era o que me atraía à presença dele. Há anos eu o observava erguer muralhas; até onde iriam?

Se me dissessem que um chá de bonecas com uma menina travessa poderia ser o começo da destruição, eu duvidaria; mas, senhores eu vi!

De novo as leis da vida a mostrar-me o poder das coisas pequenas e a encantar-me com sua monumental força e sabedoria. Considero, ante o que presenciei, que, não fosse o fato de nos julgarmos "grande coisa", evoluiríamos mais rapidamente.

Cremos que amar o próximo é erguer grandes obras; desconhecemos o quanto pode um pequeno gesto. Como nem todos podemos fazer "grandes obras", não fazemos nada. Extremos são perigosos.

Vejo milhares de pessoas especializadas em dar, mas que pouco ou nada sabem quanto a dar-se. Doam fortunas, mas não são capazes de doar-se um único minuto. Abrem talões de cheques para comprar companhias e seduzir pessoas, mas não são capazes de abrir as folhas íntimas do próprio ser e deixar que essas criaturas também preencham algumas valorizadas linhas em sua vida. É o mais brutal e ignorante egoísmo.

Ele encarcera com maior ferocidade que os presídios de máxima segurança, tortura mais que todos os objetos que a mente humana concebeu para tal ato. A criatura é, ao mesmo tempo, vítima e carrasco de si mesma, papel que também exerce frente às pessoas com as quais convive. Vê-se, com facilidade, em meio a aproveitadores de toda espécie, que, à moda das sanguessugas, fartam-se com seu sangue até explodir, sem nada dar. São relações vazias, que sugam, consomem.

Interessante que, muitas vezes, esse tipo de caráter egoísta reclama dos interesseiros, sem dar-se conta de que atraiu e alimentou essa relação. Não deu de si, não recebeu dos outros.

Indivíduos, como João Vilela, se veem apenas como vítimas, não como carrascos. Não reconhecem, senão após sérias dificuldades, que são os únicos responsáveis pelo que fazem. Creem-se bons, honestos, injustiçados e incompreendidos, não egoístas e arrogantes.

Eles são como uma casa com móveis e objetos em excesso. A poluição visual não permite diferenciar o luxo do lixo. É um ambiente denso, pesado, desagradável, sufocante. O bolor e o pó escondem-se em cantos minúsculos e empestam o ar. O mesmo faz o egoísta que não sabe dar-se a alguém e à vida. Enche-se de bens e condutas que confundem, mas, ao final, o egoísmo exala e afasta.

É infantilizado. Como espírito imortal viveu inúmeras existências, mas viver e amadurecer não são necessariamente sinônimos. Pressupõe-se que muitas experiências gerem maturidade. Mas, atentando ao fato de que enquanto não aprendemos nossas provas e enganos repetir-se-ão, concluímos que alguns espíritos podem permanecer indefinidamente em um determinado estágio evolutivo, experimentando muitas existências sem lograr crescimento. São existências repetitivas. Mudam os cenários, os atores; as circunstâncias e o enredo acabam sendo idênticos.

Na lei ensinada por Jesus e que, a meu ver, resume a filosofia, a ética e a psicologia: "ama a Deus sobre todas as coisas e ao próximo como a ti mesmo", está traçada a evolução do sentimento do amor. Obviamente, ele começa no aprendizado e no amadurecimento do amor-próprio. Esse percurso inicial lança raízes no egoísmo exatamente igual ao processo de maturação afetiva da criança, mas deverá alcançar a autoestima para tornar-se um adulto saudável. O egoísta de que falo não se estima, é pretensioso.

Precisa crescer e abrir-se, participar de um mundo de trocas afetivas, dar e receber, eis o segundo passo – o amor ao próximo. Desse patamar alcançamos o seguinte: o desapego às "coisas". É sabido que o sentimento de posse manifesta-se no uso do "meu, meus, minha, minhas", e assim nos referimos também às pessoas. Como se fôssemos seus donos e legítimos possuidores, outorgamo-nos títulos em suas vidas, não raro exigindo documento comprobatório da posse. Possuímos e somos possuídos. Construir a liberdade é transcender, libertando-se de um séquito de ilusões materiais.

Nesse nível, poderemos pretender alçar vôo rumo à libertação plena desse sentimento possessivo e manifestar um amor pleno que é o amor a Deus, o reconhecimento e a vivência integral Dele como fonte da vida, de tudo e todos.

Parte desse caminho percorremos na Terra, a cada momento de nossa existência imortal, não importando se dentro ou fora dos limites da matéria. Para aprender não há hora marcada, é tarefa diuturna.

Reflexões que me ocorreram ao acompanhar aquele primeiro e inusitado encontro entre Bianca e João Vilela. Era-me impossível não enxergar as mãos do Criador compondo aquela história, tecendo tramas, apontando caminhos de evolução. Ante o espetáculo grandioso da experiência alheia, eu observava e, limitadamente, reproduzia as emoções e pensamentos, próprios e de outrem, que me eram permitidos alcançar. A minha arte é imitar a vida, uma certeza entre tantos questionamentos.

Tudo para João Vilela era o passado. Isolara-se de tal maneira que acreditava viver a eternidade, e ela era, em essência, o passado, pois tinha plena consciência da condição em que vivia. Nenhuma mudança, apenas reprodução.

Seus relacionamentos, vínculos afetivos estavam dissolvidos. Existia somente ele, sua propriedade, seus subalternos. Sua vontade era absoluta, não havia desobediência ou questionamento. Consenso era termo riscado em seu dicionário. Estava aí seu poder e seu prazer. O apego não era tanto às terras, à casa, aos objetos, mas sim ao poder, às relações de império que ali exercia. Eram o poder, a glória, a solidão e o medo, tramando as grades que o prendiam.

Como ele estaria interpretando a presença e a audácia da pequena Bianca? Ela era uma quebra na eternidade de sua experiência. E ele a via com bons olhos, acolhia a travessa invasora e não fugia à convivência. Ao contrário, florescia uma delicada amizade, tão frágil como as róseas flores dos trevos de quatro folhas quando anunciam, tímidas, a chegada da primavera nos campos do sul.

Bianca é uma criança, pensei. É provável que ele não se sinta intimidado, assim ela contorna o medo, um dragão feroz na intimidade de João Vilela. Enquanto criança não ameaça a sensação de poder e domínio que ele tanto necessita. Mas agindo à moda da água, esse relacionamento insinua-se em seu interior com grande força.

Na noção de eternidade em que mergulhara, perdera, por completo, a relação com o tempo material. Não tinha noção de dias ou de horas. Será que o sorriso, o semblante mais ameno, poderiam ser entendidos como reflexos de um estado de saudável expectativa? Seria o anseio de rever Bianca a razão das lembranças constantes?

Naquele mundo fechado, onde o passado entronizara-se, a ansiedade e a expectativa eram estrangeiras dignas de saudação; poderiam iniciar a mobilização das forças de resistências íntimas para que ele pudesse quebrar os próprios grilhões.

Seriam como o gelo sobre um ferimento latejante?

Reabrindo Portas

Os grandes erros, frequentemente, e mesmo quase sempre, continuam no mundo dos Espíritos; do mesmo modo as grandes consciências criminosas.

Kardec, Allan.
O Céu e o Inferno. Segunda parte.
Capítulo VII, item I, IDE.

O ônibus afastou-se lentamente, deixando atrás de si Déia e Alex, com suas mochilas e casacos, parados à beira da BR 392.

– Pensei que esse lugar fosse mais próximo – comentou Déia, lançando a mochila sobre os ombros.

– Tu ainda não viste nada. Tens certeza que vais aguentar ir a pé? É longe – questionou Alex, olhando a estrada de terra batida do outro lado da BR.

– É cedo. Adoro caminhar – respondeu Déia e, acompanhando o olhar do jovem, considerou: – A estrada está seca, além do mais o ônibus que vai pra lá somente passará daqui a três horas, ou seja, ao meio-dia. Vamos andando como planejamos, se cansarmos sentamos na beira da estrada e esperamos o ônibus.

– Ônibus?! Tu não viste aquilo, por isso estás chamando de "ônibus". É uma lata velha enferrujada.

Déia riu da cara de desagrado e deboche do rapaz. Apanhou a mochila do amigo e a acomodou sobre as costas do rapaz, sussurrando-lhe ao ouvido:

– Foram teus olhos que viram tudo preto quando estavas lá. Não pode ser tão ruim.

– Ah não? Então, esperas pra ver. Vai ser um fim de semana cumprido de dar dó.

– *Te* arrependeste de vir? Podes voltar, daqui uma hora passa o ônibus de volta pra Pelotas. É só sentares e esperares. Eu vou encarar a estrada. O dia está lindo, um sol maravilhoso, não tem vento, nem está muito frio. Ideal para um bom exercício. Estou indo, parceiro.

Decidida, Déia atravessou a pista asfaltada e seguiu.

– Que mulher teimosa! – resmungou Alex sorrindo. No íntimo, adorava a companhia dela. Pegou uma garrafa de água mineral, abriu-a e sorveu grandes goles. Ajeitou a mochila e em instantes alcançou Déia.

Andaram por mais de uma hora conversando sobre a paisagem, os pássaros abundantes e variados que habitavam o local, e a respeito da pacata vida dos moradores da região dedicada à pecuária.

Vendo uma árvore poucos metros à frente, com algumas pedras grandes sob a copa, a moça o convidou para um descanso.

– Interessante parece que esse lugar é feito para isso mesmo, não achas?

– É para esperar a lata velha – explicou Alex remexendo na mochila.

O riso de Déia o surpreendeu, e ele a olhou sério ao dizer:

– Coitados! Não é engraçado. Imagina ficar aqui com chuva? E é comum eles receberem visitas e terem que buscá-las aqui, sabias? Não sei o que encantou o Valdo nesse lugar. É longe de tudo. O povo é legal, mas muito diferente da gente. E o vento, nossa senhora, sopra dia e noite sem parar. No verão, quando o vento parava, eu me sentia que nem um pão no forno, e no inverno deve ser muito frio. A única vantagem deve ser pescar os peixes congelados, *né*?

Como Déia ainda risse, o jovem indagou:

– Que foi? Não acredita? Espera só, vai ver.

– Ai – Déia para conter o riso respirou fundo. – Eu acredito em ti, Alex. Mas divirto-me com teu modo de falar, com teu jeito. Tu não gostaste mesmo de trabalhar aqui.

– Foi horrível. Tomara que tenham mandado benzer, fazer umas rezas, qualquer coisa nesse lugar. Não é brincadeira minha, não, é mal-assombrado, eu juro. E, olha, bota mal-assombrado no troço. Se eu não tivesse me arrancado daqui tinha pirado, tenho certeza. Não tinha mais sossego. Qualquer preá[7] correndo me assustava; até do assobio do vento eu tinha medo. Nem dormir em paz eu conseguia, tive que pegar os meus trapos e levantar acampamento. O pai ficou uma fúria comigo, mas depois entendeu. Agora, depois desse tempo todo, ele e o seu Roberto falam que o lugar tem assombração, que também não gostavam, tanto que terminaram a obra e deram no pé, não quiseram *continuá* fazendo os galpões e banheiros. Não sei por que o Valdinho ficou.

– Ele trabalhou muitas vezes para esse senhor, vai ver não quis deixá-lo na mão, ele paga bem, é justo e honesto.

– É verdade, Déia. Gosto do *seu* Pedro Manoel, mas o lugarzinho não é brincadeira. Não ficava aqui nem que fosse pra um irmão. Eu pensei que ia ficar doente, ainda bem que a mãe aceitou tudo que eu lhe contei, acreditou em mim e me deu apoio.

– Tua mãe te adora. A Tereza nunca vai te recusar nada.

– Não é bem assim quando o assunto é trabalho – retrucou Alex. – Ela até insistiu um pouco, mas quando eu disse não e o porquê, ela aceitou. Acho que também ficou com medo.

– Medo de quê?

– Das almas penadas, dos espíritos. No fundo, bem no fundo, todo mundo morre de medo deles.

– Tu acreditas mesmo que fossem espíritos? Será que não estavas impressionado?

– Impressionado? Com o quê? Com as aves e os lagartos? Aqui não tem muita coisa pra se ver, que

---

7 Preá (*cavia aperea*) – roedor de ampla distribuição na América do Sul; mede cerca de 25 cm; possui pelagem cinzenta; corpo robusto; patas e orelhas curtas; não tem cauda. É aparentado com o Porquinho-da-Índia (NA).

dirá pra se impressionar. Olha em volta, Déia, campo, campo, gado, gado, gado, aves, céu.

– Esqueceu-se do vento – comentou Déia rindo e enrolando a manta em torno do pescoço para se proteger do frio. – E a solidão, que me diz dela? Não te impressiona?

– Eu não estava sozinho, tinha o pai, o Rodrigo, o *seu* Roberto, o Valdinho. Eu os conheço desde menino. Não senti solidão, senti tédio, é diferente. Queria me divertir, estar com a minha turma, entendeu?

– Sei. Tens razão, tédio é diferente de solidão. Mas mesmo com pessoas conhecidas a gente pode se sentir sozinho, solitário e ficar triste.

– E tristeza impressiona? Faz ver um homem com a cabeça esquisita e uma cara horrível? Faz ter pesadelos com essa criatura te perseguindo, querendo falar contigo, cobrando atitudes, dando ordens como se fosse teu dono e tu não passasses de um cachorro mal treinado?

– Podia ser uma manifestação do teu inconsciente, ele se revela nos sonhos.

– E acordado? Ele também se torna visível acordado?

– Uma alucinação. Sabe, as pessoas têm ideia de que só loucos alucinam, mas um episódio isolado talvez possa acontecer com qualquer um, assim como se pode ter uma crise depressiva ou um ataque de pânico e não ser um depressivo crônico ou um fóbico. Uma visão não significa loucura...

Alex riu, levantou-se, chutou uma pequena pedra que havia no meio da estrada, e com a qual seguiu brincando ao retomarem a caminhada. Depois de alguns minutos de silêncio ele falou:

– Disfarçamos o medo e a insegurança de muitas formas.

– Falou um homem maduro – zombou Déia, mas

vendo a face séria do rapaz, arrependeu-se: – Desculpe, disse bobagem. Não estou habituada a te ver sério.

– Mas eu falei sério sobre esse assunto desde o início – revidou Alex magoado com a atitude da amiga. – Sabe, esse assunto pra mim é muito sério. Eu sofri e não foi brinquedo, ninguém faz isso consigo mesmo de graça. Respeito suas teorias e acredito que elas devam explicar fenômenos que também acontecem com as pessoas, mas eu sei o estado em que estava e o que vi. Não era uma alucinação, eu não estava impressionado, nem em um estado alterado mental ou emocional, tá? Eu vi o espírito, o fantasma, que mora naquele lugar. Não sei os motivos dele e espero que ele tenha se mudado, pois eu não gostaria de tornar a vê-lo. Ele é horrível.

Déia ficou assustada com o modo enfático e sério do rapaz. Estranhou-o. De repente, Alex não era o adolescente brincalhão e debochado a que estava acostumada; mostrava-lhe uma face madura, segura, de um jovem que se tornava adulto.

Aproximando-se, Déia tocou-lhe o braço, obrigando-o a parar. Fitou firme, acariciou-lhe a face áspera com a barba rala por fazer, pedindo com sinceridade:

– Desculpa, Alex. É um assunto novo para mim, talvez tenhas razão e, falando de teorias que eu nem conheço direito, na verdade, conheço muito superficialmente, eu esteja mesmo mascarando o medo do assunto. Não quis magoá-lo, me desculpa.

Ele colocou a mão sobre a dela, que lhe afagava o rosto, e pressionou-a suavemente. Não sorriu, mas enfrentou o mergulho no olhar de Déia. Por alguns instantes, soltou-lhe a mão e respondeu muito sério:

– Tudo bem. Vamos falar de outro assunto, ok?

– Se está tudo bem mesmo, será que poderíamos continuar com o mesmo assunto?

– Por quê?

– Eu gostaria de ouvir a sua experiência, se não se importar, é claro.

Notando desconfiança no olhar do rapaz, explicou:

– Aconteceram coisas muito estranhas nesse verão. Até meio malucas, tipo a história das coisas que acharam no forro da casa...

– Ei, como sabes disso? O Valdinho te contou?

– Foi. Ele me mostrou alguns objetos que o *seu* Pedro Manoel deu a ele de presente. Queria que eu identificasse a época deles e desse informações históricas. Pobre do Valdinho tem uma visão tão ingênua da História!

– Foi o que ele te contou?

– Foi. Por que, não é a verdade?

Alex baixou a cabeça e chutou outra vez a pedra que foi arremetida para uma das laterais da estrada, à beira da valeta. Enquanto ia buscar a pedra, confirmou:

– É, foi isso mesmo que aconteceu.

– O Valdinho mudou muito. Estava transtornado com a mulher do quadro, com o dinheiro sem valor, as louças, sem falar que enfureceu quando falei do escândalo do Banco. Era outra pessoa.

– É, eu também notei, ele mudou demais, ficou esquisito. Talvez seja efeito do lugar; todos nós nos alteramos um pouco na época, por diferentes motivos.

– Tu achas que pode ter a ver com o espírito que mora lá?

– Eu acho que sim. Não é estranho o inconsciente de todos se alterar por lá? – alfinetou Alex zombeteiro. – Agora eu entendo um pouco melhor e vejo a situação assim: se tu fores morar e trabalhar num local estranho e difícil e lá tiver que conviver com pessoas que não gostam ou não querem o teu trabalho, como vais te sentir? Mal, não é mesmo? Como vão agir contigo as pessoas insatisfeitas com a tua chegada? Vão infernizar para tu ires embora o quanto antes.

– Vendo desse jeito, eu entendo. Mas não eram pessoas que não queriam vocês lá e se opunham ao trabalho, era um espírito.

– E daí, não muda nada.

– Como não? Pessoas e espíritos não são a mesma coisa – protestou Déia. – Eles estão mortos, são de outro mundo.

– São temas muito interessantes: morte, vida, o que somos, o que é o mundo. A gente mal sabe desse e se enche de medo de um "outro mundo". Por que espíritos seriam diferentes de pessoas?

Surpresa, Déia piscou os olhos. Na sua mente a pergunta que queimava era: em quem havia se transformado o adolescente que conhecia há anos? Quando ocorrera essa mudança?

– Pensei que estivesses estudando para o vestibular.

– E estou, mas a experiência que vivi nessa fazenda fez com que eu buscasse explicações, eu precisava entender, por isso li alguns livros que não estão na lista do vestibular.

Percorreram um longo trecho em silêncio, pensativos. Foi Déia quem falou primeiro:

– Por preconceito.

– O que disse?

– Eu estive pensando no que me perguntou e concluí que era um preconceito meu considerar espíritos diferentes de pessoas. Eu não tenho um conceito do que seja espírito. Formei essa opinião pelo que ouvi falar, por filmes de terror, que eu adoro. Neles os espíritos sempre são mostrados como criaturas malignas, diabólicas, disformes, com poderes sobrenaturais.

– *Se* erguendo dos túmulos e vindo apavorar e infernizar os humanos – completou Alex com expressão enojada. – Que lixo de cinema! Mas tem gosto pra tudo. Por favor, não me convide pra ir contigo, tá? Eu não pago, nem meia-entrada, pra ver um troço desse tipo.

– Tá bem, eu vou sozinha. O que é um espírito? É a mesma coisa que uma pessoa?

– O que é simples nem sempre é fácil de explicar. Mas vou tentar. Pra inicio de conversa, não é a mesma coisa, porque para ser "a mesma coisa" eu teria que pressupor que uma coisa é a pessoa e outra é o espírito, certo? Então eu poderia dizer que espíritos e pessoas eram iguais...

– Ih.

– Calma – pediu Alex. – Avisei que o simples não é fácil de ser entendido. Espíritos e pessoas são uma só coisa.

– Como assim?

– Eu sou um espírito, tu és um espírito, todos somos espíritos.

– Eu estou viva, cara – protestou Déia. – Como posso ser um espírito? Tenho braço, perna, uso roupa, penso...

– E daí? – provocou Alex. – Quem disse que os espíritos estão mortos?

– A gente morre, passa pra outra vida, vai pro inferno, pro céu, não tem nada, como quiser. Mas a morte existe, todos nós morremos.

– Eu não falei nada em contrário. É lógico que a morte existe. Só um imbecil negaria.

– Então, eu não morri ainda, como posso ser um espírito?

– Não é o fenômeno da morte que cria os espíritos, Déia. Tua mente tá saturada de preconceito, embora já tenhas tomado consciência deles. É comum as pessoas ligarem a ideia de espíritos à morte, por isso têm tanto medo. Não temem os espíritos, temem a morte, mas como não separam um do outro... Por que quando um bebê nasce tu não pensas em espíritos? Por que relacionar espíritos com cemitérios e não com maternidades?

– Daria um filme de terror muito estranho, toda

aquela luz, agitação e barulho. As melhores cenas são escuras, silenciosas. Cemitérios se prestam melhor. Além do mais, acho que tem também a gestação. A gente vê a barriga crescendo, sabe que tem um corpo se formando ali, que alguém vai nascer. Estás me dizendo que o espírito se forma na barriga da mãe, isso não é a alma? As igrejas ensinam que temos uma alma que depois da morte vai aguardar o juízo final, o julgamento dos seus atos. Fiz primeira comunhão, catequese, crisma, mas nunca pensei seriamente nessas coisas. Fiz porque minha mãe queria fazer a festa, ter as fotografias. Todo mundo fazia, todas as minhas colegas, eu fiz também. Mas faz anos que não vou à igreja – Déia riu das lembranças. – Minha mãe está decepcionada, pois também me fez cumprir esses sacramentos todos porque se não os fizesse não poderia me casar na igreja, ou então, teria que fazer quando adulta, e ela considerava isso vergonhoso. Acho um saco o senta/levanta da missa, me dá dor nos joelhos. Eu não consigo aprender nada, é uma repetição de atos e palavras, não tenho motivação alguma pra ir.

– O que nasce e morre é o corpo, Déia. Os espíritos não, eles encarnam e desencarnam. O corpo é uma manifestação do espírito, necessária em um mundo material.

– E existe algum outro mundo?

– Vários, todos tão interligados como o corpo e espírito. Por exemplo: o mundo dos pensamentos, dos sentimentos, o mundo material invisível.

– Mundo material invisível?

– O ar, os microorganismos, as leis físicas e biológicas que regem a vida e que temos que estudar feito condenados pra passar no vestibular. São invisíveis, mas estão ligados à matéria. São matéria de alguma maneira, porém diferentes. Mais sutis seria o termo, e as leis, bom, essas interferem direto em todas as formas de matéria, dirigem mesmo e ninguém vê, elas simplesmente agem, não é?

– É – respondeu Déia, surpresa com a profundidade e maturidade das ideias de Alex. – E essas ideias o ajudaram a entender o que aconteceu no verão?

– Foi. Passei a entender a vida como sendo muito mais do que eu enxergo e milhões de vezes maior do que aquilo que eu toco com as mãos. Sabe, eu consegui encaixar aqueles conhecimentos isolados que o professor de química dava. Eu entendi a física além das equações e problemas de cálculos. Perguntei-me quem havia inventado as leis da biologia, não quem as tinha descrito. Sabe que até a história e o português ganharam outro significado?

– Puxa, estou impressionada. Só falta me dizer que educação física passou a ser mais do que jogar futebol ou vôlei.

– Lá na escola ainda é, mas estou frequentando uma academia – respondeu Alex, rindo.

– Quer ficar sarado, cheio de músculos, bonitão.

– Consequência – ponderou Alex. – Na verdade, comecei porque no início, logo depois que deixei a fazenda, fazer exercício era melhor do que tomar remédio pra dormir. Mas, conforme estudo a vida espiritual, entendo que cuidar do corpo é muito importante, ele tem uma função.

Déia emudeceu. "Alex está fanático por alguma seita, daqui a pouco vai começar a fazer alguma pregação. Nada escapou a essa nova espiritualidade dele", pensou ela enrugando a testa.

– Tu tens ido a alguma festa ultimamente?

– Claro, como sempre fui. Por quê?

– Pensei que a tua nova religião proibisse.

Ele compreendeu a interpretação da amiga e calou-se. Silenciar estava sendo um aprendizado difícil; desejava ardentemente compartilhar as descobertas que fazia; trocar ideias, mas diversas vezes havia esbarrado na mesma dificuldade que Déia apresentava, consideravam-no um fanático religioso, e ele não era. Havia sido alertado de que não adiantava querer fazer alguém entender noções de vida espiritual com rápidas explicações, não podia se queixar. Suspirou e passou a cantarolar uma das longas músicas de Renato Russo.

"Não volto mais ao assunto; a Berenice tem razão, não deve ser a hora da Déia", decidiu Alex em pensamento.

Notando que o rapaz se fechara, Déia considerou ser melhor cantar, esquecer o assunto sobre os espíritos; algo no tema a incomodava. Lera alguns contos espíritas, um ou outro romance, mas pulara todas as cenas que envolviam explicações ou aparições. Não considerara nenhuma daquelas poucas obras como algo além de ficção, e as lera por pura curiosidade.

Alex começava a perceber que estudar para conhecer tinha um sabor muito diferente do que se debruçar sobre livros para fins escolares. Mas seu interesse, como o de grande parte dos novatos, ainda pecava pelo deslumbramento e pela pressa. Quanto mais sabia e pensava, maior era seu fascínio e seu convencimento. Não conseguia entender por que as outras pessoas não enxergavam o que lhe parecia tão óbvio e que tanto bem lhe fazia. Esquecia-se de que meses atrás estava na mesma condição; fizera parte daquele rebanho.

A liberdade e a força interior que começava a experimentar davam-lhe grande bem-estar. Sentia-se mais seguro, mais maduro, muito mais confiante diante da vida; agora lhe parecia que antes vivia sem saber "por que" ou "para que"; limitava-se a uma noção de "como".

Queria compartilhar essa alegria e bem-estar recém-descobertos, mas ainda não assimilara algumas das mais importantes lições do Espiritismo para seus adeptos: não fazer proselitismo e ter a consciência de que a compreensão da doutrina exige estudo sério e sistemático, pois em razão dos temas que aborda é impossível ensinar-se sequer um de seus princípios de forma rápida. Essa consciência estava reservada ao futuro, ao vencer etapas no conhecimento e no entendimento. Uma vez realizadas, estaria entendida a razão de silenciar, e isso se tornaria um exercício fácil, nascido do respeito à consciência e liberdade alheias.

Para que ele houvesse tido sucesso em sua explicação sobre o que é o espírito humano, deveria ter começado questionando antes qual era a concepção de Deus que a amiga abrigava e como entendia o surgimento da vida. Sem a construção da compreensão da origem da vida e da natureza dupla em seus princípios constituintes – material e espiritual – ele teria, como teve, dificuldade de fazê-la entender que os espíritos são partes integrantes da natureza.

Todos os seres humanos são espíritos, apenas alguns estão temporariamente materializados e outros não; isso é fácil de entender. O difícil é aceitar a condição humana manifestando-se nesses dois planos, sem mudanças bruscas.

Muitos não a admitem nem enquanto encarnados. Exigem tanto de si e dos outros, criam um universo moral e material com tantas regras, frequentemente dogmáticas, que, quando confrontados com a intrínseca fragilidade da condição humana, quedam vencidos, abatidos, deprimidos. Acreditam-se muito mais do que aquilo que podem ser – humanos frágeis e falíveis criaturas inacabadas, que, dia a dia, autoaperfeiçoam-se.

Uma hora depois ambos avistaram os portões de acesso à fazenda.

– Ufa! É longe – comentou Déia, encostando-se ao portão.

– Bem, não quero ser chato, mas eu te avisei.

Adiantando-se, Alex destrancou a entrada da

fazenda. Subiu em uma das laterais, apoiando os pés entre as madeiras das folhas do portão, deixando-o abrir-se. Riu como uma criança travessa, e, ao sentir o portão tocar no batente, saltou. Parecia leve e feliz, não lembrava o jovem torturado que meses antes atravessara aqueles mesmos marcos em desespero, fugindo daquele lugar com todas as suas forças.

Déia, atenta, observou a alegria de Alex. "É o sorriso de alguém livre e, para um adolescente, de alguém muito senhor de si. Será que não tem medo de retornar?", pensou enquanto ele caminhava a sua frente, despreocupado.

"Está diferente, cresceu muito. Deixou de ser menino; parece um homem adulto. Mas deve ser só aparência; tem dezessete anos, quase dezoito, é muito novo. Está interessado em estudar como nunca pensou antes; a conversa de há pouco provou a mudança. Está mesmo interessado e lê bastante, é fácil notar. Seu vocabulário mudou; ainda usa gírias e expressões muito pessoais, porém notei seriedade e avanço cultural. Ele mudou de ambiente, não tenho dúvida. Outras pessoas o estão influenciando, e bastante. Quem serão? Farão parte do grupo dessa religião ou seita que ele está frequentando? Deve ser. Não sei por que, talvez por não pensar a sério no assunto e jogar todas as informações numa vala comum do descrédito, mas não achava possível que esses lugares produzissem um efeito como o que estou vendo em Alex. Ele ignorou minha atitude preconceituosa de considerá-lo fanático. Fui precipitada e usei mal as palavras; deveria ter ficado calada. 'Mais vale o silêncio que a precipitação', dizia minha avó. Foi o que ele fez, identificou e me alertou para os meus preconceitos sem me agredir. Depois, acalmou a irritação, que eu vi nos olhos dele, e se calou. Foi muito mais adulto do que eu, que sou dez anos mais velha. Que vergonha!", analisava Déia avaliando as atitudes recentes.

– Ainda falta muito? – indagou buscando reatar o diálogo.

– Não, mais uma meia hora.

– Deus! Não sei se minhas pernas aguentarão.

– Vão ter que aguentar, porque eu não vou carregá-la. Eu te avisei. Podíamos ter sincronizado os horários dos ônibus, mas foi a "senhorita" quem desejou vir a pé. Agora, aguenta.

– Hum, ok, tudo bem. Eu assumo. Mas foi a última vez, certo? Se eu tiver outro ataque de loucura pode me internar.

– Exagerada. As tuas pernas vão doer alguns dias, mas passará. Não se esqueça de que retornaremos amanhã – advertiu Alex, rindo da expressão de horror que se estampou na face de Déia. – Não precisa fazer essa cara, foste tu quem programou o fim de semana. Eu estou aqui exercitando a caridade, nada mais.

Alex riu dos gemidos da amiga. Parou aguardando que ela o alcançasse e zombeteiramente comentou:

– Se, por acaso, amanhã tu não conseguires te mexer, coisa que imaginei pudesse acontecer, informo-te que eu trouxe uns comprimidinhos, daqueles que as velhinhas tomam para dor aqui, dor ali, sabe? Fiz isso pensando em ti. Pensando em mim, eu coloquei na mochila o cartão com os horários da lata velha. Temos duas opções: bem cedinho ou no início da tarde.

Déia gemeu alto e pôs-se a alongar as costas e as pernas. Mas prosseguiu e chegaram à sede da fazenda.

Valdinho vivia num chalé pré-fabricado, pequeno, apenas dois cômodos uma copa-cozinha, dormitório e um banheiro. Era simples e mobiliado com o essencial, no entanto Alex não pôde deixar de comentar quando se reuniram para almoçar:

– Que luxo, hein! No meu tempo eram as barracas de lona preta. Ficaram bons os chalés.

– A vantagem de esperar – retrucou Valdinho

sorrindo para o jovem. – A fazenda está mudada. *Seu* Pedro Manoel vem todo fim de semana pra cá com a família. As crianças adoram. Agora temos conforto. A vila dos empregados ficou mais bonitinha do que eu tinha imaginado quando vi o projeto.

– Quantas pessoas estão trabalhando aqui? – perguntou Déia admirando o horizonte através da janela da cozinha.

– Agora, umas vinte, eu acho – e pôs-se a contar mentalmente. Depois, confirmou: – É, comigo, são vinte.

– Então as "coisas" estão mais calmas – disse Alex sério, pensando alto.

Déia e Valdinho fingiram não ouvir nem entender o comentário do jovem, e começaram uma alegre discussão enquanto Valdinho retirava do forno do fogão à lenha um pato assado.

– Está com um cheiro delicioso – disse Déia. – Quem te ensinou a fazer?

– Por aqui a gente se vira. Tem um peão, o Dirceu, que cozinha pra nós durante a semana. E, como cozinha bem, até engordei. Ele me ajudou. Pra dizer a verdade, foi ele que limpou e temperou o patinho, mas não pôde ficar pra almoçar com a gente, queria que ele conhecesse vocês. Eu só coloquei na forma e assei.

Alex, ao entardecer, quando se reuniram com os outros trabalhadores para um improvisado jogo de futebol, estava alegre e relaxado. Intimamente receara voltar à fazenda, porém conforme as horas foram passando o temor se dissolvera.

Cansado, quando deitou a cabeça no travesseiro, elevou o pensamento em prece pedindo a assistência dos seus protetores espirituais para que tivesse uma noite tranquila. E afugentou da mente a lembrança dos pesadelos. "Que aquele pobre ser esteja em paz", pensou ao afofar o travesseiro, e fechou os olhos entregando-se ao sono.

O domingo transcorria sereno. Alex havia se esquecido das preocupações. Carolina se ofereceu para levar Alex e Déia de volta à cidade. Combinaram o retorno para às 18 ou 19 horas.

À tarde, Alex deixou Déia e Valdo em uma cômica tentativa de passeio a cavalo e resolveu ajudar Carolina a restaurar um móvel antigo.

Ela esmerava-se, descolorindo uma encantadora penteadeira de pernas altas e torneadas, quatro pequenas gavetas e tampo de mármore branco encimado por um espelho redondo sustentado por delicadas colunas de madeira torneadas como as pernas. Era um móvel feminino; parecia-se com uma moça delgada e curvilínea. Alguém tivera a infeliz ideia de cobri-la com tinta amarela brilhante, que, obviamente, não era original.

– Dona Carolina – chamou Alex –, onde encontro outra máscara e luvas para eu usar?

Carolina parou de pincelar o removedor de tinta nas pernas do móvel, baixou a máscara que lhe cobria o nariz e a boca, voltou-se para o rapaz e informou:

– Ali, na sacola, ao lado das tintas – e apontou os pacote há poucos metros. – Tem certeza de que quer fazer isso? Não prefere passear com seus amigos? Eu estou acostumada.

– Eu também, d. Carolina. Valdinho e Déia foram passear a cavalo, ou melhor, tentar passear, nenhum deles sabe montar. Eu preferi não arriscar o pescoço. Que móvel bonito! Mas esse amarelo... não tem nada a ver.

– É, foi um crime o que fizeram. Estou tentando remover, mas temo que fique manchado. Se acontecer terei que fazer uma pátina.

– Branco e cinza – falou Alex lendo os rótulos nas latas de tinta. – Ficará bonito.

– Também acho, mas espero que não fiquem manchas. Ela deve ser linda na cor natural.

– Bem, então, salve o inventor das lixas e dos removedores fedorentos!

Carolina riu da espontaneidade do jovem. Conhecia-o há anos e gostava dele. Reconhecia que possuía um apurado senso estético. Sabia que ele estudava à noite e acompanhava o pai nas obras apenas quando não estudava. Terminara o ensino médio no ano anterior, por isso trabalhara na fazenda, mas sabia que ele cursava o pré-vestibular.

Trabalharam com afinco e, ao cabo de duas horas, a penteadeira tinha pernas que contrastavam com o amarelo da parte superior.

Cansada da posição incômoda, Carolina pôs de lado a lixa e ergueu-se. Deu alguns passos para trás e apreciou o trabalho.

– Maravilha! Se conseguirmos levar adiante mantendo o nível, a salvaremos da pátina. Vem ver, vai ficar linda.

Interessado, Alex parou de lixar. Levantou-se, indo ao encontro de Carolina.

– Realmente, está muito bom.

– Tanto que merecemos um descanso. Vamos tomar um café, trouxe rosquinhas de nata, são deliciosas.

– Foi d. Marcela quem fez?

– Claro, ela não permite que eu compre biscoitos industrializados para as crianças. Quer dizer, ela tenta. Se soubesse que eles adoram as prateleiras de bolachinhas recheadas no supermercado teria um troço.

Alex riu e a acompanhou. Caminhavam pelo pomar quando avistou Bianca com suas bonecas, sentada sobre um velho cobertor de lã, à sombra das figueiras. Ao lado da menina um homem, que estava de costas para Alex, falava com ela e a fazia rir.

– A senhora tem visita, d. Carolina – disse Alex. – Não tenho fome, posso voltar e terminar o serviço.

– Visita? – estranhou Carolina. – Que visita? Não vejo ninguém, nem carro estranho. Onde estão?

– Com a Bianca – apontou Alex. – Na figueira, ali sobre o cobertor. Estão fazendo piquenique.

Carolina riu.

–Ah, são minhas netas. Todos os domingos elas se reúnem e tomam chá com o vovô.

– Eu não sabia, não conheço o pai do *seu* Pedro Manoel. Pensei que fosse visita, mas é de casa.

– Os pais do Pedro? Não, eles são mortos há anos – esclareceu Carolina.

– Então, quem é o vovô? É morador da zona? – indagou Alex desconfiado.

– Não. É o amigo imaginário da Bianca. Ela inventou isso de uns meses pra cá. Todos os domingos ele vem tomar chá. Na imaginação dela, é claro.

Alex empalideceu, parando de repente. Não poderia enxergar o amigo imaginário da pequena, se ele fosse produto da imaginação infantil. "Meu Deus, ajude-me! Proteja essa criança. É inocente, só tem seis aninhos", pediu em prece.

Notando o abalo sofrido pelo jovem, Carolina aproximou-se, tocou gentil em seu braço e perguntou:

– O que houve? Estás bem? Ficaste tonto com o cheiro do removedor? É comum.

Alex negou com um gesto de cabeça. "Não tenho o direito de assustá-la ou preocupá-la", pensou. "Mas, será que não existe perigo para Bianca? Quem será esse "vovô"? Imaginário não é." Temia voltar o olhar e a atenção ao local onde estava a menina.

– Não foi nada, estou bem.

– Tem certeza? Ficaste branco e gelado de repente.

– Não foi nada – insistiu o rapaz, retomando a caminhada.

– Algo te assustou Alex, o que foi?

– Nada de mais, pensei ter visto um senhor idoso com a Bianca, e a senhora falou em um vovô, julguei que fosse real. Deve ter sido uma ilusão de ótica, talvez o jogo de sombra e luz ou os galhos retorcidos da figueira.

Carolina arrepiou-se; sentiu medo; as mesmas sensações que tinha quando acompanhava os chás dominicais da filha a pouca distância.

As reiteradas explicações de Renata não se encaixavam nos fatos que observava. Não sabia explicar a sensação de que havia algo ou alguém estranho naquela brincadeira.

O fenômeno tinha semelhanças com a criação de amigos imaginários, mas não se encaixava nos conceitos e características. O "vovô" tinha autonomia e exercia influência grande sobre sua filha. Ela não apresentava comportamentos preocupantes, como os descritos pela psicóloga, que, por isso, insistia em acalmá-la repetindo explicações.

O "vovô" era real demais, era desconcertante lidar com uma personalidade invisível e tão influente. Bianca falava com naturalidade a respeito dele e, embora as colocações de Renata e do próprio marido de que não deveria preocupar-se, que era típico da infância etc., ela não aceitava.

– Esqueças o que te falei – pediu Alex. – Deve ter sido uma ilusão, nada mais. Não te preocupes.

Ela sorriu, voltando o olhar para o jovem que fitava o chão batido, varrido pelo vento, com uma expressão séria.

– Mães são coisas muito tristes, Alex. Acho que para nós simplesmente não há a possibilidade de não se preocupar com os filhos.

– Nem todas. Tem aquelas que largam os filhos em qualquer canto, dão aos outros, abandonam nas ruas, em latas de lixo, matam. Essas não se preocupam.

– Também não as considero mães, são mulheres que deram à luz. A maioria é doente mental, ou drogada, prostituída, vivendo à margem da sociedade.

– Faz muito tempo que ela tem esse amigo imaginário?

– Alguns meses. Foi mais ou menos na mesma época em que as obras do casarão terminaram.

– Quando eu era criança também tinha uma amiga imaginária. Dizia que era minha madrinha. Eu não sou batizado e sempre desejei ter uma madrinha, achava bonito. As outras crianças tinham uma dinda e eu não...

– E como terminou? – interrompeu Carolina ansiosa. – Demorou muito?

–Não, foi rápido, bem pouco tempo. Mas era bom, ainda me lembro dela.

– Levaram você a algum médico, psicólogo? O que a tua mãe fez?

– Não me recordo. Pergunta a ela, talvez possa te ajudar. Pode ser que a Bianca queira ter um avô. Já perguntou pra ela?

– Não. Essa ideia não havia me ocorrido. Obrigada, Alex – disse Carolina, tomando o braço do rapaz e conduzindo-o à cozinha.

Enquanto partilhavam o café com rosquinhas, Carolina não conseguia afastar o pensamento da revelação do jovem sobre sua experiência com amigos imaginários.

– Tu te importarias de me contar essa relação com tua madrinha imaginária?

– Não há muito pra contar. Eu era pequeno, não me lembro de muita coisa. Ela vinha de forma inesperada, falava comigo. Eu via e sentia as mãos dela me acariciando. Nós brincávamos. Ela contava histórias, perguntava o que eu estivera fazendo, falávamos muito sobre os meus bichinhos de estimação. Eu tinha um montão. Gato, cachorro, passarinho, rato, minha mãe quase enlouquecia. Ficou desesperada quando levei para casa um cágado do esgoto pra criar na banheira – o jovem ria das travessuras da infância. – Mas a mãe não gostava quando eu falava nela, até hoje não gosta. Ficava preocupada que nem a senhora.

– E como terminou?

– A história do cágado? – brincou Alex. – Convenceram-me a trocá-lo por um peixinho de aquário que deu o maior trabalho; o meu gato vivia querendo jantar *ele*.

– Eu imagino! Tu deves ter sido um menino terrível. Pobre Tereza! Além de cuidar de ti ainda tinha que cuidar dessa bicharada toda. É sempre assim: as crianças têm animais de estimação e as mães cuidam. Mas, não foi o que perguntei e tu sabes.

– Um dia ela acariciou meus cabelos, beijou-me e disse que não viria mais me visitar, que me amaria sempre e seria para sempre minha madrinha; que quando me perguntassem pela minha dinda eu deveria dizer que ela tinha ido morar num lugar muito longe. Nunca mais ela voltou.

– E tu a chamavas de dinda?

– Dinda Cleuza, era assim que a chamava.

Carolina sorriu, bebericou o café e ofereceu o pote com as rosquinhas ao jovem.

– Por que Cleuza?

– Não sei, foi ela quem me disse e ficou. Coisas da imaginação que viram verdade. É meio maluco, *né*?

– É sim. Obrigada por me contar, foi muito útil conhecer a tua experiência, ficará mais fácil entender a Bianca.

– Comi demais – declarou Alex olhando com tristeza o pote de rosquinhas. – São deliciosas.

– Minha mãe é excelente com massas doces. Também não é para menos, são 40 anos ou mais de profissão como doceira. Vamos voltar devagarzinho?

Alex recolheu as louças usadas, colocando-as na pia, enquanto Carolina guardava os alimentos no armário.

Retomaram a atividade de recuperação do móvel e,

quando faltava pouco para concluir, Bianca aproximou-se em busca de companhia. Arrastava as bonecas numa trouxa feita com o cobertor que trazia atrás de si.

– Oi, Alex – saudou a menina. – Puxa, que coisa fedorenta!

– Fica longe, Bianca – advertiu Carolina. – O cheiro é forte e faz mal, pode te deixar enjoada e com dor de cabeça. Fica mais pra lá, onde tem vento.

Obediente, a menina afastou-se.

– Vai *demorá*, mãe?

– Mais um pouco, por quê? Cansaste de brincar com as bonecas?

– Depois que o vovô foi embora perdeu a graça. Ele ficou bem pouquinho hoje.

– Acontece, filha – confortou Carolina sem parar de lixar a penteadeira.

– Ele contou que a fazenda era do vô dele. Sabia que ele era português, de Portugal, mãe? O vovô contou que o vô dele contava pra ele quando era criança que aqui não existia nada, nem estrada, só bicho – relatou a menina impressionada, com os olhos bem abertos. – Não tinha luz, mãe? Nem banheiro, é verdade?

Carolina estremeceu, parou o trabalho, mas não conseguia retirar as mãos do móvel. Dominada pelo medo, estava paralisada. Alex a encarou, e seu olhar não escondia o receio. Naquele fugaz instante ela teve certeza de que ele vira algo ou alguém com sua filha; não fora mera ilusão; nenhum jogo de sombra e luz.

– Isso é horrível – sussurrou-lhe. – Não pode ser normal. Quem é esse amigo? Como diz coisas assim? Ela não iria inventar, não é comum...

– Mãe, é mesmo verdade o que o vovô contou? Ele disse que no tempo do vô dele não se comprava boi, que nem o pai faz, eles caçavam. O vô dele era caçador...

– Carolina encostou a cabeça nas mãos ainda apoiadas de encontro ao móvel, buscando controlar-se e esconder da filha o seu estado emocional. Penalizado, Alex interveio:

– Esse vovô é um cara muito esperto – falou sorridente e aparentando calma. – O que ele te disse é verdade. Água encanada, luz, banheiros como os que a gente usa, não existiam no tempo do vô do vovô. Eles são velhinhos, não é?

– Como eles faziam xixi? Não tomavam banho? – insistiu a criança.

– Eles tomavam banho em banheiras e bacias, e a água tinha que ser aquecida no fogão à lenha. E pra fazer xixi usavam pinico. Era difícil. Tu sabes o nome do vovô, Bianca?

– O nome dele é grande, bem comprido: João Raul Vilela.

– Por que tu o chamas de vovô?

– A mãe disse que é bonito chamar os velhos de vovô e de vovó.

Carolina respirava com dificuldade, dominada por forte angústia. O diálogo entre o rapaz e a filha era torturante; o teor e a rapidez das respostas apavoravam-na. O conteúdo não parecia ter sido elaborado naquele momento, por mais fértil que concebesse a imaginação infantil. Eram demasiadamente seguras e ágeis. Confirmavam a intuição que tinha quanto à independência do "vovô", em relação à mente da menina.

– Ele é muito engraçado, Alex. Sabias que ele me chamava de senhorita? Tive que ensinar pra ele que só as moças são senhoritas e que nem se fala mais desse jeito.

– Fizeste bem – incentivou Alex, observando a criança com atenção. – O que ele te respondeu? Aprendeu, agora fala direitinho?

– Ahã, ele me chama pelo meu nome.

– Ah, que bom! E tu sabes o que o vovô faz, onde mora?

– Ele mora aqui, disse que morou aqui a vida inteira. Eu te contei que o carro dele é de manivela, não tem chave?

– Ah é? Eu não sabia. E como é o vovô? É um velho bonitinho?

– Sabia que o meu pai diz que bonitinho é um feio arrumadinho? O vovô não é feio nem bonito, é velho. Mas é legal brincar com ele.

– Então me diz: ele é gordo? Aposto que é e usa óculos. Usa bengala? É corcunda?

– Ih, quanta pergunta! Pra que tu quer saber como é o vovô?

– Curiosidade.

Carolina entendeu a intenção dos questionamentos de Alex. Refeita do abalo pelo medo, respirou pausadamente. Soltou a lixa e voltou-se à filha, não conseguindo evitar um fundo suspiro de alívio por não enxergar o tal "vovô".

– Eu também gostaria de saber, filha, como é o seu amigo. Já pensaste? Um dia desses ele chega aqui e eu não sei quem é, vai ficar chato.

– Eu não sei dizer como ele é – defendeu-se rindo constrangida. – Ele é velho, tem ruga, cabelo branco e usa uns óculos redondinhos. Acho que ele deve ser pobre, mãe. Tá sempre com a mesma roupa. Será que a gente não podia dar umas roupas novas pra ele?

Carolina olhou aflita para Alex, pedindo socorro. Não sabia como agir. Lembrou-se de Renata e dos conselhos para agir naturalmente, como se o vovô fosse um boneco imaginário. "Eu compro roupas para as bonecas dela, será que devo comprar roupas para alguém imaginário ou invisível?" pensou.

– Acho melhor perguntares primeiro pra ele – sugeriu Alex e explicou: – O fato dele ser pobre e vir sempre com a mesma roupa, não quer dizer que ele não tenha orgulho, não quer dizer nem mesmo que ele tenha só essa roupa. É comum as pessoas mais idosas terem as roupas de passeio. E, como eu disse, ele pode não querer e até ficar ofendido se tu lhe deres roupas sem que ele tenha pedido. Ele não é uma boneca tua, não é mesmo?

– Não – confirmou a menina. – Ele é gente de verdade. Ele gosta de brincar de boneca. Ele disse que nunca tinha brincado de boneca porque nunca teve uma filha ou irmãzinha.

– Coitadinho! Seu amigo não teve família, Bianca? – questionou Carolina como se indagasse a história de uma das bonecas da filha.

– Todo mundo tem família, *né*, mãe. Mas como ele é velho, acho que já morreu todo mundo. Ele devia ter mãe, pai. Às vezes o vovô fala dos irmãos dele, mas ele fica "brabo" e vai embora em seguida – esclareceu a menina.

"Ai, ai, ai que complicação!", pensou Carolina. Por mais que tentasse acolher a explicação de Renata, a intuição de que não se tratava de um amigo imaginário era mais forte. O difícil era lidar com o medo que a hipótese do sobrenatural, de espíritos em relação com a sua criança despertava.

Percebendo o indisfarçável desconcerto de Carolina, Alex resolveu mudar o rumo do assunto. "Depois eu converso com d. Carolina, acho que ela precisa de ajuda, mas a menina é muito pequena, não devo falar disso na frente dela", decidiu o jovem, em pensamento.

– Bianca, tu sabias que a d. Marcela mandou rosquinhas de nata? – perguntou Alex.

– Hum, que delícia! Não tem de coco?

Carolina concordou com a mudança estratégica, mas lançou ao jovem um sugestivo olhar de que desejava conversar sobre as ocorrências da tarde.

Estampavam-se em seus olhos as dúvidas, os questionamentos que lhe torturavam a mente.

João Raul Vilela observou Carolina tomar a mão da menina e, junto com Alex, dirigirem-se para o interior do casarão. Ele tinha o semblante fechado. A sombra da tristeza encobria-lhe o olhar. Creio que o diálogo dos três, as preocupações maternais e a inocente amizade de Bianca sacudiram lembranças há muito recalcadas.

Esclarecimentos

As objeções nascem, quase sempre, das ideias falsas, feitas, "a priori", sobre aquilo que não se conhece bem.

Kardec, Allan.
O que é o Espiritismo?
"Preâmbulo", FEB.

A oportunidade do entendimento entre Carolina e Alex foi adiada. Ao chegarem à cozinha, encontraram Pedro Manoel e Yago às voltas com peixes que haviam pescado na lagoa. A euforia do menino e a sua necessidade de contar a aventura vivida com o pai eram tamanhas que ninguém mais falava.

Dividida entre a satisfação com a alegria do filho e a preocupação com Bianca, Carolina refletia que a maternidade era um padecimento no paraíso. Cada uma das suas crianças trazia-lhe diferentes experiências, exigindo que descobrisse em si uma nova mãe a cada momento.

Segundos antes Bianca exigira-lhe reformular conceitos e buscar temidas hipóteses sobrenaturais e metafísicas para entender-lhe as experiências, e, naquele instante, Yago solicitava-lhe companhia atuante no "esporte" da pesca. Precisaria ensiná-lo a limpar e preparar os peixes. Estava decidido que haveria peixe assado à noite.

"Maternidade é aprendizado constante, inventar-se e reinventar-se a cada hora", pensou Carolina, em meio às bacias com o produto da pescaria.

Alex retirou-se alegando que precisava arrumar seus pertences. O olhar preocupado de Carolina e sua silenciosa concordância foram suficientes para que ele soubesse que seria procurado.

O entendimento tácito entre a esposa e o adolescente não passou despercebido de Pedro Manoel e, assim que as crianças saíram em busca de lenha para o fogão, ele a inquiriu.

– O que aconteceu?

– O quê? – retrucou Carolina ocupada em temperar os peixes.

– Perguntei o que aconteceu. Notei uma troca de olhares estranhos entre ti e o Alex; pareciam preocupados. O que houve?

– A história da Bianca e do vovô – respondeu Carolina. – Aconteceram fatos estranhos à tarde, mas eu não falarei na frente das crianças. Eu ia te contar, falamos depois. Pode ser?

– Teve chá outra vez? – insistiu Pedro Manoel. – Ficaste preocupada. Não é nada, meu amor, a Renata disse que não havia motivos para nos preocuparmos. É normal.

– Não foi somente isso... – apontando as crianças que vinham correndo com os braços cheios de achas de lenha, ela interrompeu o que ele dizia e falou: – Mais tarde.

Deixaram a fazenda sob o manto escuro da noite. As crianças riam e conversavam no interior do carro, mas quando elas calaram vencidas pelo cansaço e pelo sono, as experiências vividas pelos adultos impuseram silêncio e reflexão.

Não eram somente Carolina e Alex que retornavam preocupados. Déia também tinha a expressão séria, compenetrada. Estavam fisicamente próximos, porém as mentes vagavam em mundos separados.

As despedidas foram triviais.

A segunda-feira transcorreu calma para Alex até o meio da tarde.

– Alex – chamou Tereza da sala. – Atende o telefone, é pra ti.

– Tô indo, mãe – respondeu ele, apressando-se a sair do quarto onde estudava.

Tereza deixou o fone repousar sobre o tampo da mesinha e sorriu para o filho ao vê-lo se aproximar esfregando os olhos, cansado da leitura.

– Disse quem é? – perguntou Alex.

– É a d. Carolina, mulher do *seu* Pedro Manoel.

– Ah...

A conversa foi rápida e previsível. Carolina queria trocar informações e impressões quanto ao "vovô" e o convidava a visitá-la no dia seguinte à tarde.

Encerrado o assunto, ele retornou aos livros, mas nem uma hora depois a mãe voltava a perturbar-lhe a concentração anunciando a visita de Déia.

Contrariado, fechou o livro que estudava e o colocou sobre a bancada.

Tereza e Déia conversavam. Alex, notando que Déia estava constrangida em falar o motivo da visita, sugeriu à mãe que preparasse um chimarrão.

– Com bolinho, meu filho? Tu não comeste quase nada hoje. Esse menino tem estudado tanto, Déia, passa os dias inteiros em volta dos livros e dos cadernos. Nem sair tem saído mais, só vai à casa da Berenice e, às terças-feiras, ao Centro Espírita. O resto é só estudo. Tomara que termine esse ano, não vejo a hora de *vê ele* na faculdade.

– Já escolheu o curso? – perguntou Déia a Alex, sorrindo compreensiva.

– Arquitetura – respondeu o jovem.

– É difícil – comentou Déia dirigindo-se a Tereza. – A senhora deve estar muito feliz, afinal ele vai seguir no ramo da construção. Deve estar no sangue.

Tereza balançou a cabeça satisfeita e disse orgulhosa:

– Mas ele não vai *sê* pedreiro, nem mestre-de-obras, vai *sê* doutor. O nome dele vai *tá* nas placas, na frente das obras.

Alex ergueu as sobrancelhas, espantado com a facilidade com que a mãe visualizava a realização de seus sonhos e a fez recordar:

– Para isso, mãe, primeiro eu tenho que passar no

vestibular, depois estudar muito para concluir o curso, então...

– O tempo passa ligeirinho, logo eu vou *vê* umas tantas placas com teu nome bem grande.

Alex sorriu. Se tinha algo de que não carecia era de amor materno. Tereza era uma mulher simples, de pouca cultura, mas de índole afetuosa. Dera ao filho boa formação e muito amor. O rapaz era o orgulho de sua vida. Rindo e falando sobre o futuro, sem se importar se eles a escutavam ou não, Tereza retirou-se da sala.

– Ela exagera um pouquinho – desculpou-se Alex.

– Que nada! Ela te adora, todo mundo sabe. Tenho pena da tua namorada, ela deve sofrer...

– Eu não tenho namorada – respondeu ele rápido. – Não uma namorada de verdade. Elas nem se conhecem.

– Sei... Mas não foi para falar disso que vim te procurar. Queria saber o que tu achaste do Valdinho, porque eu o estranhei muito.

– Como assim? Ele tava legal.

– No início eu também achei, mas ontem à tarde quando saímos para passear a cavalo...

– Ou tentar – debochou Alex.

– É, tentar é mais verídico – concordou Déia. – Ele ficou esquisito. Parecia outra pessoa. O olhar dele mudou; ficou seguro com o cavalo como se montasse havia anos. Ficou empertigado, arrogante, falava e mostrava os campos como se fosse o dono da fazenda. Era um estranho que nunca viveu na cidade, que não conhecia a gente, nenhum de nós; entende? Foi muito estranho, fiquei gelada e com medo. E, assim como veio, se foi, sem mais nem menos, e voltou a ser o Valdinho e, pior, mostrou-me tudo de novo como se nós não tivéssemos visto o lugar juntos, não se lembrava. Mas, daí, era ele, sabe, era o Valdinho que a gente conhece. Fiquei apavorada.

– Tu não perguntaste por que ele agiu assim?

– Perguntei, ele riu, disse que eu tava contando história porque estava com medo de andar a cavalo. Ele não se lembrava mesmo do que tinha acontecido, tenho certeza.

– Como assim, não se lembrava? De nada? – questionou Alex sério.

– Não se lembrava de nada, pura e simplesmente. Negou tudo o que tinha dito e feito. Ainda disse que eu estava inventado aquilo tudo pra deixá-lo assustado. O que tu acha que pode ser? Será que ele está doente? Ou será que o lugar é ruim, é mal-assombrado? Se for, será que o Valdinho está sendo possuído pelos espíritos?

A aflição e a ansiedade faziam com que Déia disparasse uma pergunta atrás da outra e ela dava sinais de prosseguir. Após uma breve pausa, Alex sentou-se no sofá ao seu lado e, tomando-lhe a mão entre as suas, fê-la calar e encará-lo.

– Déia, não vai resolver nada esse nervosismo, calma. Precisamos pensar com a cabeça fria – pediu Alex. – Fica tranquila, nenhum espírito pode "possuir" outra pessoa. Não existe a possibilidade de alguém invadir, tomar conta do corpo de outro. É folclore, é mito do povo.

– Mas tu disseste que acreditas em espíritos, que eles existem e que aquela fazenda é mal-assombrada. Como agora vem dizer que um espírito não pode possuir outra pessoa?

– São coisas muito diferentes, Déia – alertou Alex e, com paciência, tentou novamente esclarecer a amiga. – Espíritos existem, eu te disse, nós somos seres espirituais. O que o povo chama de fantasma, assombração, alma penada, espírito bom ou ruim, é uma coisa só: a alma dos homens que já viveram na Terra e morreram. Continuam sendo as mesmas pessoas, apenas não têm mais o corpo físico; tanto é assim que quando alguém fala que viu um espírito, o fato aconteceu em situações comuns, e ele viu esse ser como era antes de morrer, até com roupas que costumava usar. Agora eu entendo que os espíritos ou o espírito, não sabemos quantos são, que vivem naquela fazenda e se manifestam, são simplesmente seres humanos, como nós, apenas sem o corpo físico. Por tudo isso, eu não tenho medo. Entende?

– Depois do que eu vi acontecer com o Valdo tenho que aceitar que essa possibilidade existe. Foi muito esquisito. A sensação que eu tive era de estar com um estranho, alguém que estava fazendo um favor ao me mostrar sua joia preciosa. Se foi um espírito que fez isso, será que ele queria me assustar, pôr-me para correr de lá?

– Não tenho como saber o porquê das atitudes de ninguém; Déia, com as ações dos espíritos desencarnados, é como os chamamos, não é diferente. Pode ser que sim, mas é apenas uma hipótese.

– Se ele não tomou o corpo de Valdo, como é que agiu usando o corpo dele? Não é "incorporado" que se diz?

– Não, Déia. Se o que houve com o Valdo foi uma manifestação mediúnica, ou seja, se algum espírito o utilizou para se manifestar, isso acontece por meio de um processo de influência mental. Na verdade, essa é uma explicação bem simplista e até simplória, mas estudar os fenômenos espirituais e as relações que eles podem ter conosco é complexo, não haveria como te explicar direitinho como é de forma rápida e resumida. Esse assunto é muito sério e tem mais coisas pra aprenderes e pensares até que possas entender os mecanismos do fenômeno. Se tu quiseres posso te emprestar um livro e depois a gente volta a conversar. Olha, eu ainda sei muito pouco, tenho lido e estudado bastante, mas ainda assim é pouco. Sei que tem um monte de coisas pra eu aprender, e a minha experiência é pequena. Mas, o que te disse, eu tenho certeza: o Valdinho não está possuído, isso não existe. Ele pode estar sofrendo a ação de algum espírito em seus pensamentos e atos. Mas o carinha, lá da outra dimensão, não chega e entra pra dentro botando o espírito do Valdinho pra fora, virando um posseiro. Fica tranquila, não é assim, como tu mesma viste; uma manifestação é transitória, passageira...

– Mas assusta, dá medo. De uma hora pra outra ele mudou, era outra pessoa.

– Pensa assim: era alguém manifestando um pensamento diferente do dele, no entanto utilizando o corpo do Valdo por um tempo, só isso. Quando tu entenderes um pouquinho mais, não terás medo. Falo por experiência própria.

– Não há perigo desse espírito tomar o lugar do Valdinho?

Alex riu da indagação, no entanto retomou a seriedade quando viu a expressão aflita nos olhos dela. Compadecido, pensou em uma maneira simples de responder à questão, uma forma de explicar para que ela entendesse e se tranquilizasse.

– Não, Déia. Quando a gente nasce, o espírito já está ligado ao corpo, e essa ligação é feita com cada uma das nossas células e só será desfeita com a morte. Somente a morte liberta o espírito da matéria. Dá pra perceber que esse é um processo que começa na barriga de nossa mãe, *né*, lá, quando a gente é apenas uma bolinha, um ovo, formado pelo espermatozoide e o óvulo. Como não há possibilidade de se voltar a esse estágio, não há como outro espírito tomar o corpo de alguém. Eles podem influenciar nossa mente, a de qualquer um. Algumas pessoas mais sensíveis conseguem percebê-los e têm possibilidade de, por meio delas, ocorrer a manifestação de espíritos desencarnados. É isso, entende?

– Acho que sim, mas não pensava que fosse desse jeito.

– E como tu pensavas que era? – questionou Alex curioso.

– Para dizer a verdade, não sei. Mas essa explicação não tinha me ocorrido, nem imaginava. É complicado. Não fazia ideia que espiritismo falasse de gravidez, de dominação mental...

– Fala, fala da vida e de tudo que a compõe. Eu estou adorando, melhorei muito depois que passei a ler sobre esse assunto e estudar com a Berenice.

O cheiro dos bolinhos invadiu a sala. Alex, brincando, farejou o ar imitando os cães. Déia riu e disse:

– Bolinhos de chuva. Esse cheirinho de canela e açúcar é...

– Demais – completou Alex. – Queres o livro?

– Claro. Não é muito difícil?

– Para uma professora, acho que não – debochou o rapaz. – A linguagem é diferente porque foi escrito no século XIX, mas fora isso é tranquilo.

Ergueu-se do sofá e, apressado, dirigiu-se ao quarto. Remexeu uma pilha de livros e selecionou um exemplar de *O que é o Espiritismo* e retornou à sala. Entregou-o a Déia, dizendo:

– Bom proveito.

– É de comer?

– Não, mas é para os interessados devorarem. Acredito que a mente também precisa de alimento. Leitura é alimento pra alma.

– Que idade tu tens, Alex? Desde sábado eu me surpreendo contigo.

– Por quê?

– Estás maduro, muito maduro. Sinto que falo com um homem adulto e não com um moleque adolescente – declarou Déia observando o jovem, notando-lhe a fisionomia, a expressão, como se o visse pela primeira vez.

Encabulado com o exame, que julgava ser fruto de uma atitude inconsciente da amiga, alegrou-se ao ouvir os passos da mãe. Logo a voz alegre de Tereza anunciava que os bolinhos estavam prontos e, ao entrar na sala, retomou a conversa animada com a visitante.

..*

Enquanto na cidade Déia tomava contato com as primeiras páginas do livro ofertado por Alex, sob o manto escuro da noite, João Vilela perambulava "por seus domínios".

O casarão estava silencioso; apenas alguns brinquedos esquecidos na sala lembravam que era, outra vez, habitado. As velhas feridas expostas em suas paredes estavam ocultas sob nova camada de reboco, e a tinta dava-lhe um alegre colorido. Entretanto, nem tudo se modifica com tanta rapidez e eficiência, especialmente a história do local; essa não se esconde com cimento, nem se modifica com novas cores. Os fatos vividos no interior da antiga construção impingiram-lhe marcas, compunham sua psicosfera – o universo de energias que cada ser que ali viveu deixou impregnado no ambiente.

João Vilela era um deles; jamais se afastara por muito tempo da propriedade. Cada mínima parcela estava impregnada com sua presença e com a história de sua vida. Eu o observava; ele não dava sinais de perceber minha presença; ainda estávamos em faixas de pensamento distantes.

Ele caminhava pelos cômodos, pensativo. Chegou à sala onde uma das bonecas de Bianca estava sentada em um sofá de dois lugares. Ao vê-la, seu semblante desanuviou-se. Correu a mão pelos cabelos da boneca e sentou-se ao seu lado.

No silêncio da noite o ouvi suspirar e iniciar um inacreditável monólogo com a boneca, que anotei.

– Restamos eu e tu, Doroti. Ela foi embora, tua dona te deixou aqui. É uma menina, ainda, uma encantadora criança. Meiga, doce, acho que ela é a própria primavera em forma de gente, estuante de vida e de alegria. Gosto da tua dona, Doroti. E tu gostas dela? Deves gostar, pois tu só existes porque a mente dela te dá sentido; tu tomas chá porque ela pensa assim; tu tens uma história porque ela a criou para ti. Não fosse a pequena, tu serias mais uma boneca na prateleira de algum comércio, sentada, enchendo-se de pó, sem nome, sem existência, sem nada. Deves ser grata a ela. Mas, acostuma-te, mesmo as pessoas mais importantes nas nossas vidas, aquelas que dão sentido ao nosso viver, que nos fazem sentir o sabor das coisas, um dia nos deixam.

Ele acomodou-se ficando de frente para Doroti e, com o dedo em riste, mas falando com serenidade, advertiu a boneca, em resposta a uma pretensa fala.

– Não, não. Elas não nos deixam como a pequena hoje te deixou aqui: por um tempo apenas. Elas nos deixam para sempre. Esquecidos, largados, como se fôssemos nada. É, Doroti, é amargo desse jeito. Acostuma-te; eu vivo assim há anos. Todos me largaram exatamente como a tua dona fez contigo. Foi bom tomar chá, viver e existir sob a luz da pequena, não é mesmo? Agora, ah bom! Agora, és apenas algo largado na escuridão e no silêncio da noite e ficarás desse modo até que ela volte e te faça retornar à vida. Sabe, isso é pior que a morte. A morte, a temida morte, foi quase nada. Ouve e aprende comigo, Doroti, eu já passei por ela. Não sei, exatamente, quanto tempo faz que morri, mas calculo que deva fazer um pouco mais de 20 anos. Eu tive uma doença muito séria, padeci por anos, mas não foi ela que me levou. Outro dia te contarei. Agora não quero recordar aquele dia, nem preciso. Para te ensinar, basta dizer que a morte nada mudou na minha rotina. Passei algum tempo bastante confuso, mas depois, aos poucos, as coisas foram voltando a fazer sentido e aqui estou eu. Acreditas que nem mesmo a velha dor do abandono, essa que estás sentindo, mudou? Digo-te: a malvada seguiu-me até depois do túmulo. Quisera tanto que ela houvesse morrido! Mas qual? Nada mudou. Somente o trabalho dava-me a sensação de viver e esquecer-me, por algumas horas, dessas feridas que nossos donos nos fazem. Será que eles sabem, Doroti? Eu penso que sim e tenho raiva. E tu, o que sentes?

Fez silêncio e levantou-se do sofá, perambulou pela sala e acabou por encostar-se na janela fechada.

– Nada – disse ele, como se repetisse a resposta da interlocutora. – Não tens existência própria. Invejo-te. Doroti, como eu te invejo! Tu tens a eternidade, o sono e o descanso no qual os padres fazem os crédulos fiéis crerem e aguardarem após a morte. Ilusão. A vida segue igual. Apenas passam a nos chamar de assombração, demônio e outros apelidos que me fazem rir. Há momentos que são muito divertidos. Parece-me que hoje olho a vida de outra perspectiva. Nem todos me veem, mas muitos pressentem a minha presença ou posso fazê-los notar. São ridículos com suas crenças bobas. Há alguns anos trouxeram um padre para rezar na minha casa; aquele corvo de batina jogava fumaça e água benta em todos os cantos, pedindo a Deus para expulsar-me daqui. Ora, vê bem, que petulância! E sabe o que é mais grave, Doroti? A mesma pessoa que fez isso vinha aqui – antes de eu morrer – pedir-me dinheiro e dizer-me o quanto Deus abençoaria a minha vida e me daria bom descanso na eternidade. Pois bastou que eu não tivesse mais dinheiro, e outros tivessem, para que ele, que se dizia meu amigo, viesse aqui querer expulsar-me da minha propriedade com fumaça e água benta. Muito ridículo! Mas serviu para mostrar-me a verdade sobre a amizade dele.

João calou-se, baixou a cabeça e mergulhou em suas memórias. Pude ver algumas cenas que se projetavam em seu campo mental.

Fotografias Antigas

Criando no pensamento imagens fluídicas, ele se reflete no invólucro perispiritual como num espelho; aí toma forma e é, de certo modo, fotografado. (...)

É deste modo que os mais secretos movimentos da alma repercutem no indivíduo fluídico; que uma alma pode ler em outra alma como num livro, e enxergar o que não é perceptível aos olhos do corpo.

Kardec, Allan.
A Gênese.
Capítulo XIV, item 15, Edicel.

O ser humano é fascinante com seu cortejo de dores e alegrias, perdoem a repetição, mas é como vejo. O processo de sensibilização, iniciado com a aproximação de Bianca e o reaprender a brincar, atingia um clímax inesperado – João Vilela abria o coração para uma boneca! A cena era surreal. Tinha um encanto ingênuo, mas doía-me observá-la.

A que limites de isolamento pode alguém chegar? A ponto de invejar a condição de coisa, de objeto inanimado, era o que eu presenciava.

O que o levara a identificar-se com a boneca esquecida? E a invejá-la? Ele falara em viver sob a luz de outra pessoa, pela injunção de uma mente alheia, tal qual a boneca. Dissera que a amargura do abandono era pior que a morte e que as feridas feitas pelos "nossos donos" eram dolorosas.

Enquanto ele refletia, consumia-me em indagações. Pesquisara fatos da vida de João Vilela, mas isso não era a sua vida, eram consequências. A realidade causal do que eu conhecia somente ele poderia contar, por isso o espreitava, ansiava por estabelecer contato e eis que uma boneca de pernas e braços compridos, vestida com uma saia jardineira e com cabelos artificiais "vencidos pelo tempo", fora mais competente.

Lembrei-me de uma lição na qual nosso Orientador insiste: a ciência de saber ouvir. Nas prateleiras das livrarias, nas bancas de jornal, encontram-se com facilidade cursos e manuais para aprender a desenvolver o dom de falar. E de falar bem e em público. Deve ser uma preocupação ou não haveria tais edições. Concordo que a oratória fascina e aquele que fala bem conduz multidões. Para onde? É outra questão. Mas conduz. Entretanto, ainda não encontrei o mesmo interesse no desenvolvimento da arte de ouvir, ou como nos diz nosso Orientador, na ciência de ouvir outrem. Talvez Freud tenha tido essa preocupação.

Ouvir é fundamental, é exercício de solidariedade ao alcance de qualquer um desde que se dispa das vestes do orgulho, que nos leva a querer interferir na experiência alheia, apontando rumos e decidindo conflitos. Não temos o direito de ingerência e muito menos de abortar o crescimento na vida alheia, mas ao interferir no processo de crescimento - que por vezes dói e nos faz gemer desejando que alguém ouça nosso lamento e apenas nos acalante junto de si - é o que acabamos por realizar. Saímos desses encontros crentes de que fizemos muito. Ledo engano! Não fizemos nada senão abortar o progresso que dava sinais de nascer. Ouvir é ciência que exige aprimoramento pessoal, profunda noção de respeito e sensibilidade com a dor alheia. Pode acontecer que, por vivermos em níveis evolutivos distintos, o sofrimento de alguém nos pareça pueril, tolo, exagerado, sem razão de ser, mas é a dor dele, a que pode suportar, sabe onde o machuca, e que sem aprender não vai superar. Ao contrário, a solução mágica, vinda de fora, apenas condenará o fato a repetir-se. Falar é a um só tempo o exame e parte da cura das dores que abrigamos em nossas almas; ouvir é ajudar a encontrar o caminho.

Para João Vilela não havia melhor ouvinte que a silenciosa Doroti. Ela ouviria sem escandalizar-se, não faria objeções culturais ou religiosas condenatórias, sem exigir identificação de culpados e de vítimas; seria imparcial. Doroti ouviria sem intromissões, e, como sua vida depende de uma mente externa, naquele instante da dele, o compreenderia, o aceitaria do único jeito que podia ser no momento. Doroti era a ouvinte perfeita.

As experiências do cotidiano podem ser irônicas. Carolina afligira-se com o "amigo imaginário", buscara tantas explicações sobre a mente infantil e não era a mente da pequena Bianca que necessitava exorcizar seus medos e contar com o apoio de um "amigo imaginário" para cruzar barreiras. Era João Vilela que, em outra dimensão da vida, fazia de Doroti sua amiga e confidente imaginária. Ironias, se não entendêssemos que a mente não tem idade, possui fases de desenvolvimento e, nesse aspecto, quem sabe, talvez João Vilela ainda fosse criança.

"Nossos donos" – a expressão que ele usara rodava em minha mente, trazia-me mil e uma reflexões e, ao mesmo tempo, fazia-me rever de forma rápida, quase frenética, as informações que tinha sobre a finda existência dele. Quem ele consideraria como "seu dono"? Que noção de propriedade, de coisa a ser negociada, ele tinha de si mesmo? E por quê?

Sorri. Dei-me conta de que tenho muito a aperfeiçoar na arte de ouvir. Por certo, estivesse no lugar de Doroti, com certeza, antes que o pobre ser desabafasse suas amarguras, eu já o teria crivado de perguntas na ânsia de satisfazer-me, deixando-lhe pouco espaço para falar. Entendi a insistência de nosso Orientador com o desenvolvimento da arte de ouvir. Precisamos calar o orgulho e o egoísmo para ouvir o que nos diz o nosso semelhante.

O pensamento de João alcançou-me; ele retomava o monólogo com Doroti.

– Não sei se creio em eternidade – dizia ainda recostado contra o batente da janela –, nesse tempo que não se acaba. Nunca pensei nisso, confesso. Filosofia não aumentava meu capital. Mas, ao longo da vida, descobri que existem tempos, períodos de anos, que são eternos. Eles não passam nunca. Não morrem, são imortais. Aliás, qual será a diferença entre imortalidade e eternidade? São ambas infinitas. Infinita como era minha ideia quanto à minha propriedade. Olhava ela terminar na lagoa e em meu íntimo ela se estendia até perder-se no horizonte, no casamento das águas com o céu. Eu não via nada além, portanto nada existia. Eu adoro olhar a fazenda em direção à lagoa; minha propriedade sob esse ângulo é infinita. Por muito tempo eu privilegiei esse olhar, no entanto, um dia, quando eu tinha trinta e seis anos, era então considerado um homem maduro, meu olhar mudou de direção. Sabe, Doroti, passados tantos anos, eu, sinceramente, não sei se lamento ou se sinto enorme falta, infinita falta, imortal falta, daqueles dias. Um tempo insano, de delírio, de febre, de paixão – esse é o termo que resume tudo. Vivi um romance imortal.

Gabriele

Todas as paixões têm seu princípio num sentimento ou necessidade natural. O princípio das paixões, portanto, não é um mal, visto que repousa sobre uma das condições providenciais de nossa existência. A paixão, propriamente dita, é o exagero de uma necessidade ou de um sentimento. Ela está no excesso e não na causa, e esse excesso torna-se um mal quando tem por consequência um mal qualquer.

Kardec, Allan.
O Livro dos Espíritos.
Capítulo XII. Questão 908. IDE.

"– Meus pais haviam me entregado a administração de nosso considerável patrimônio. A fazenda era próspera e ainda não havia sido dividida; eram 3.000 hectares das terras mais produtivas da região. Gado, muito gado em todos os campos. Fertilidade e fortuna eram duas palavras que então considerava como sinônimas.

Eles eram saudáveis, Adolfo e Adelina Vilela, um casal exemplar. Educaram a mim e aos meus dois irmãos – Humberto e Ermínio – para sermos homens de bem, honestos, trabalhadores e prósperos. Na mente deles nunca ocorreria a divisão das terras, pois a união da família significava a perpetuação do capital inteiro, indiviso.

Porém, nem tudo aconteceu exatamente como eles teriam gostado. Ainda bem que não viveram para ver no que nos transformamos. Morreram quando o caldo em que nós cozinhávamos fervia e, de certa forma, havia esperança. Com o passar dos anos, sempre que recordo esses fatos, fico feliz que tenha sido assim, senão talvez aumentasse a minha culpa.

Eu era um homem bem apessoado, ao menos assim me diziam as raparigas da época. Éramos, eu e meus irmãos, bastante parecidos. Todos altos, cabelos escuros, bigodes conforme a moda, pele clara e corada pela vida ao ar livre. No entanto, a visível semelhança física não invadia nossos corações, éramos, nesse aspecto, muito diferentes.

Sou o mais velho; o Humberto era seis anos mais moço, e o Ermínio, o caçula, tinha dez anos de diferença de mim. Senti muito ciúme deles na infância, principalmente de Humberto. Quando ele nasceu, pensei que me roubara toda a atenção de minha mãe. Por causa dele eu tive, depois do seu nascimento, que sempre esperar para ser atendido. Ele vinha primeiro. Fiquei feliz quando nasceu o Ermínio, pois então também Humberto perderia sua primazia, mas, ainda assim, senti muito ciúme dele. Era frágil, doente, por isso nossa mãe o cercava de cuidados. Diferente de nós, ele demorou muito para aprender a lida do campo e a encarar os rigores do inverno. Ele sempre foi diferente, mas não era mau; tinha aptidões e desejos pouco típicos para um fazendeiro, nunca me pareceu uma alma adequada ao seu destino, mas... Aprendi que isso são coisas da vida.

Meu outro irmão, ao contrário, era plenamente moldado ao seu destino campeiro, à sua vida como fazendeiro, criador de gado. Tinha o dom natural de lidar com animais, falava com eles e, acredite, entendiam-no, era algo mágico. Exímio domador, excelente tropeiro, e bom negociante. Trabalhávamos muito bem juntos. Éramos amigos, companheiros, dividíamos o trabalho, as preocupações com a fazenda, planejávamos as ações, sempre em parceria, como deveria ser. Ele cuidava dos rebanhos e dos peões, e eu administrava o conjunto, providenciava tudo que fosse necessário, geria o dinheiro, e fazia a maior parte das transações comerciais, especialmente às de venda; quando era para comprar, em geral íamos juntos. Mas tanto um quanto o outro sabíamos o serviço e, na ausência, qualquer um respondia por tudo.

Com o passar dos anos, aquele meu sentimento de ciúme e de haver sido roubado, acho que foi sendo esquecido, diluído em outros interesses. Ou, ao menos, era o que eu pensava, até fevereiro de 1928, quando as mudanças começaram.

Na ocasião, eu negociava uma venda bastante

grande de gado a um rico charqueador, e as tratativas fizeram com que eu permanecesse na cidade mais tempo do que o usual.

Hospedava-me, como sempre, no Hotel Aliança, bem no centro. Um lugar encantador, refinado e muito diferente da fazenda. Havia um espaço aberto, ajardinado, onde ficavam elegantes mesas com toalhas brancas encimadas por guarda-sóis também brancos. Funcionava como um café e era, ao mesmo tempo, uma extensão do restaurante. Era o ambiente preferido dos hóspedes que ali se reuniam nas refeições ou nas chamadas horas amenas, à hora da cesta e ao entardecer, para conversar.

Lamentei quando foi destruído, era uma relíquia."

João parecia não ter pressa. Conforme viajava no tempo, os reflexos das emoções que as lembranças evocavam se faziam perceber em sua expressão. Perdeu o ar sisudo, distante. Identificava determinação. Sem dúvida, fora um homem compenetrado, seguro, arriscaria dizer que ele fora alguém que se julgava um homem simples, apegado ao campo, ao trabalho e à família, sem outras ambições ou paixões. Ignorava tanto de si mesmo que não via que, em verdade – campo, trabalho e família – eram e representavam a mesma coisa: patrimônio, especialmente a fazenda.

Tudo muda, é lei. Com ele não fora diferente, e, conforme recordava e buscava palavras para prosseguir sua narrativa a Doroti, uma chama intensa se acendia em seu olhar, que brilhava pleno de paixão, de uma insuspeitada intensidade. Enquanto ele se deixava arrebatar nas malhas do antigo sentimento, transformava-se.

Pigarreou, emocionado, e disse:

"– Ah, Doroti, um café e o som de saltos de sapatos. Ainda sinto o aroma daquele café e ouço o andar de Gabriele, mesmo após tantos anos, acredita? Pois crê, eu sinto. Aquela tarde mudou minha história e de todos nós.

Tlac, *tlac*, *tlac*, aquele som ecoou pelo salão de chá bem antes dela. Andava apressada, cabeça erguida. Seu porte altivo e elegante chamava a atenção de todos, porém ela aparentemente não dava a menor importância. Usava um vestido de seda branca, marcado no quadril por uma faixa larga que caia ao lado da saia pregueada; decote quadrado e mangas justas até a altura do cotovelo; chapéu, luvas e sapatos brancos com detalhes pretos. Passou em frente à mesa onde eu bebericava um cafezinho. Não passava das 15 horas; fazia calor, mas ela parecia tão fresca... À sua passagem pude aspirar o aroma de jasmins e rosas do seu perfume.

– Titio – disse, encantando-me com o som cristalino de sua voz. – Desculpe-me pelo atraso. Estava muito cansada e adormeci.

Discretamente virei a cabeça e observei o cavalheiro a quem ela se dirigia – um homem de meia-idade, talvez uns quinze ou vinte anos mais velho do que eu, bem trajado e que demonstrava ligeira irritação com a jovem. Falava baixo e nada pude ouvir, apenas o vi puxar a cadeira e acomodá-la a seu lado. Pude então, por alguns segundos, admirar o rosto daquele ser angelical.

Pele alva como porcelana. Os olhos lembravam as folhas que vestem as árvores na primavera, um verde brilhante, cheio de vida; nariz perfeito; a boca e as maçãs do rosto rosadas davam-lhe um ar de saúde e alegria. Os cabelos loiros, presos num coque à altura da nuca, deixavam ver o pescoço esbelto. Era cativante.

Senti uma atração imediata por ela. Dando-me conta da indelicadeza que fazia, forcei-me a voltar o rosto, a abandonar a visão daquela mulher, porém minha atenção estava completamente no que acontecia na outra mesa. Ouvia baixo o timbre da sua voz, às vezes, risinhos coquetes. Fiquei aturdido; não me conheci, não eram reações de um homem experiente em lidar com o sexo oposto; tive reações juvenis, de guri novo que nunca teve uma mulher. E não era o caso.

A posição era incômoda; eu ansiava por contemplar a imagem da moça. Levantei-me, assinei a nota, saí, fui à portaria, sempre atento ao salão de chá. Ela ainda estava em companhia do homem que chamava de tio, e de fato era seu familiar. Alguns minutos depois, voltei, acomodei-me em uma mesa onde poderia observá-la.

Quando um garçom, meu conhecido, veio atender-me, perguntei se ele a conhecia.

– A senhorita é pupila do tio, chama-se Gabriele, chegaram ontem – respondeu-me ele enquanto anotava meu novo pedido.

– De onde?

– Do Paraná. Mais alguma coisa, senhor?

– Não, obrigado. Sabe por que estão aqui?

– Negócios e passeio, seguirão para Montevidéu no domingo.

O olhar do garçom era especulativo e zombeteiro ao mesmo tempo. Senti-me um idiota transparente e ridículo. Imaginei que todos naquele salão conseguiam ver que eu estava tomado de paixão pela moça; envergonhei-me. Tão logo ele se afastou dando-me as costas, levantei-me e saí, deixando sobre a mesa a quantia suficiente para pagar o que havia pedido. Zonzo, ganhei a rua e misturei-me à população que fazia compras no comércio.

Ela invadiu-me como o ar entrando pelas narinas, tomou conta de mim. Foi uma sensação maravilhosa e atordoante.

Na noite seguinte houve uma apresentação artística no hotel. Ela compareceu e, para minha felicidade, sentaram-se ao meu lado, de modo que ficamos próximos e pude, com naturalidade, apresentar-me. Hoje me pergunto se ela era de fato tão encantadora ou se estava predisposto a apaixonar-me, por efeito da atração que sentia. Um homem fica cego e surdo quando tomado pela atração sexual; não poucas vezes, temos atitudes impulsivas e cometemos excessos de variada ordem no campo do comportamento. Afeta a razão; a minha, ao menos, foi afetada como nunca havia sido até então. Prolonguei minha estada na cidade para aproximar-me dela, e sutilmente insinuar que desejava cortejá-la.

Doroti, não sei se fui sutil ou idiota. Vocês, mulheres, são sagazes demais quando se trata de sedução. É, talvez seja mais correto admitir que fui um idiota. Gabriele não me deu nenhum sinal de retribuir o interesse. Era uma mulher educada e muito verdadeira também. Foi gentil, mas isso bastou para que acreditasse que ela correspondia. Maldita paixão sexual! Sobe à cabeça, Doroti. Enlouquece, deturpa, embriaga a razão e os sentidos e toma império sobre nós. Foi o que me aconteceu.

Penso que tenha sido até meus trinta e seis anos muito comedido. Tive uma vida morna, se assim posso dizer, econômica de gozo e dores. Pacata. O trabalho ocupava-me integralmente. Nele, nem grandes prazeres nem dissabores, apenas a constância do acúmulo, em que dor era sinônimo de menor lucro, e perda significava uma cabeça de rês morta por um animal silvestre ou por alguma peste; alegria era ver o gado gordo e fértil, transformando-se em dinheiro.

Tinha uma amante – Desiree – que eu visitava regularmente. Era a dona de um prostíbulo na rua das Francesas, como era conhecida a rua onde morava porque era zona de meretrício. Nela funcionavam alguns cabarés dirigidos por prostitutas francesas; ficava nos arredores do centro. Era uma relação comercial como outra qualquer, mercadejava com ela algumas horas de satisfação amorosa e companhia, nada mais. Nunca sentira vontade de casar-me ou ter uma namorada, o que afligia meus pais, que aguardavam netos, porém também eles interessavam-se mais pelo gado e pelo trabalho do que pelos sentimentos dos filhos. Deixaram-me, assim como aos meus irmãos, livres para construirmos nossas vidas afetivas como bem quiséssemos.

Permaneci na cidade até a tarde do sábado daquela semana. Ao longo dos dias, fizera amizade com Rebuchet, tio e tutor de Gabriele. Soube que ela era órfã, fora educada em uma escola interna. O tutor aproveitava aquela viagem para levá-la a Montevidéu, onde residia uma parenta que se encarregaria de concluir a educação da jovem, uma vez que ele enviuvara recentemente.

– Elas, as moças, são encantadoras – disse-me ele quando contava sobre sua família e como chegara àquela situação. – Gabriele é um encanto, sempre foi, desde menina, muito meiga, embora seja geniosa quando quer. Pobrezinha ficou órfã muito cedo, tinha nove anos; os pais morreram num acidente triste, afogados. Eu e minha esposa a criamos. Tivemos quatro filhos homens, e ela foi nossa alegria com seus vestidos de fitas, laçarotes, sapatinhos e bonecas. Talvez a tenhamos mimado, mas a amamos muito. Que se pode fazer contra o coração, não é mesmo? Sofremos quando ela foi para a escola interna. Como foram longos os primeiros meses sem seu riso dentro de casa. Sabe, todos estavam, mas a fazenda parecia vazia, deserta, silenciosa. Agora vou sofrer de novo, mas faz um ano que estou adiando essa visita à minha irmã. Gabriele ficará com ela por...

– Quanto tempo ficarão por lá? – perguntei para sofrear o desejo que tinha de dizer ao homem que eu, em poucos dias de contato com ela, era capaz de entender o que ele narrava.

– Eu ficarei uns quinze dias, não mais. Preciso voltar à minha terra. Os negócios – disse ele e tirou uma baforada do cachimbo que tragava. – Ela deve ficar mais tempo, minha irmã quer que ela fique pelo menos por um ano, mas sei que seu anseio é que Gabriele permaneça bem mais. Eu, como disse, precisarei voltar; os negócios não esperam.

– Entendo.

– És da região, sr. Vilela? Temos falado muito nesses dias, mas sei pouco a seu respeito.

Eu nunca fui de falar sobre mim, aliás, falava muito sobre gado, dinheiro, terras... Era o meu universo. Concordei e pus-me a falar disso; era o que sabia. Identificamo-nos; ele também vivia no campo, embora relacionado à agricultura. Meu coração saltou no peito quando deduzi que Gabriele estava afeita à vida em fazendas. Aquilo era importante. Mesmo que não soubesse a razão, senti como uma aprovação esperada, um sinal de positivo à concretização de um negócio. Na hora não percebi que, em algum lugar de meu ser, eu tomara uma decisão arriscada, que apenas estava emergindo e que eu, naquele momento, não tomei consciência. Hoje sei que era o sonho de ter Gabriele para mim, que ela fosse minha esposa e senhora da fazenda. Mas fiz tudo errado e deu no que deu, Doroti.

– Ah, tu não sabes! – falou João Vilela afastando-se da janela."

Ele caminhava em círculos na sala. Após um silêncio enervante, mais uma vez felicitei Doroti em pensamento por ser tão boa ouvinte. Um silêncio prolongado em meio a uma confissão, impacienta o ouvinte que acaba por interferir na narrativa com perguntas e comentários. Não se apercebe da necessidade de tempo do outro para coordenar os sentimentos evocados pelas lembranças. Mas a boa Doroti permaneceu impassível, apenas na mente de João Vilela eram ouvidos os seus questionamentos.

"– Nem poderias, minha amiga, nem poderias.

Ainda não te contei, não é verdade? Será que tu queres mesmo saber? Nem eu sei por que estou te contando todas essas memórias, talvez porque elas têm me incomodado em demasia, bem mais que o habitual, nesses dias. Gosto muito de tua dona. Bianca enche esse velho casarão de vida nova, de frescor; até os tijolos parecem sorrir das travessuras que apronta. Como ela fala! Por Deus, Doroti, ela é divertida, mas me cansa. Envelheci, e essa é uma condição eterna. Serei para sempre um velho e descobri que nunca fui jovem. Tua dona fala tanto que me obrigou a falar com ela."

Ele sorriu; seu olhar ganhou um brilho terno e percebi notas de alegria em seu monólogo.

"– Aquela semana foi um sonho. O final previsível: eles partiram para Montevidéu e eu retornei à fazenda. Acreditei, piamente, que meu interesse era retribuído. Gabriele aceitou minha corte sutil; era agradável, simpática comigo. Jamais ficamos sozinhos; nossos encontros eram sempre nas áreas sociais do hotel e, na grande maioria, acompanhados pelo sr. Rebuchet, que, obviamente, divertia-se com meu estado de enamorado por sua sobrinha, num intercurso de tempo tão pequeno. No dia da despedida, ao aproximar-me da mesa onde eles aguardavam o almoço, pude percebê-lo sorrindo e dizendo baixinho à Gabriele: – Lá vem seu apaixonado. Ela corou, baixou os olhos e respondeu baixinho: – Que é isso, tio, é apenas um senhor gentil. Ele conversa mais com o senhor, sobre negócios, do que comigo.

Não dei oportunidade ao sr. Rebuchet de responder. Afoito, cumprimentei-os e puxei assunto até que me convidou a compartilhar a mesa e fazer a última refeição com eles. Aquelas frases que eu ouvi de maneira indiscreta embalaram-me por dias a fio. A meu ver, Gabriele não me recusara, agira como devia uma jovem de boa família, com recato e modéstia.

Eles partiram pouco depois. Eu anotei o dia em que o sr. Rebuchet retornaria à cidade e marcamos um encontro para tratar de negócios. Voltei para casa e nada comentei com meus familiares, nem mesmo com Humberto. Na ocasião, aguardava-me uma crise doméstica, a primeira."

João calou-se, parou de andar em círculos, dirigiu-se à porta de acesso ao corredor que ligava a casa da sala de visitas à cozinha. Parou de lado, como se pretendesse apurar a audição para captar sons que vinham dos fundos da casa... Ecos de dias distantes.

Ermínio

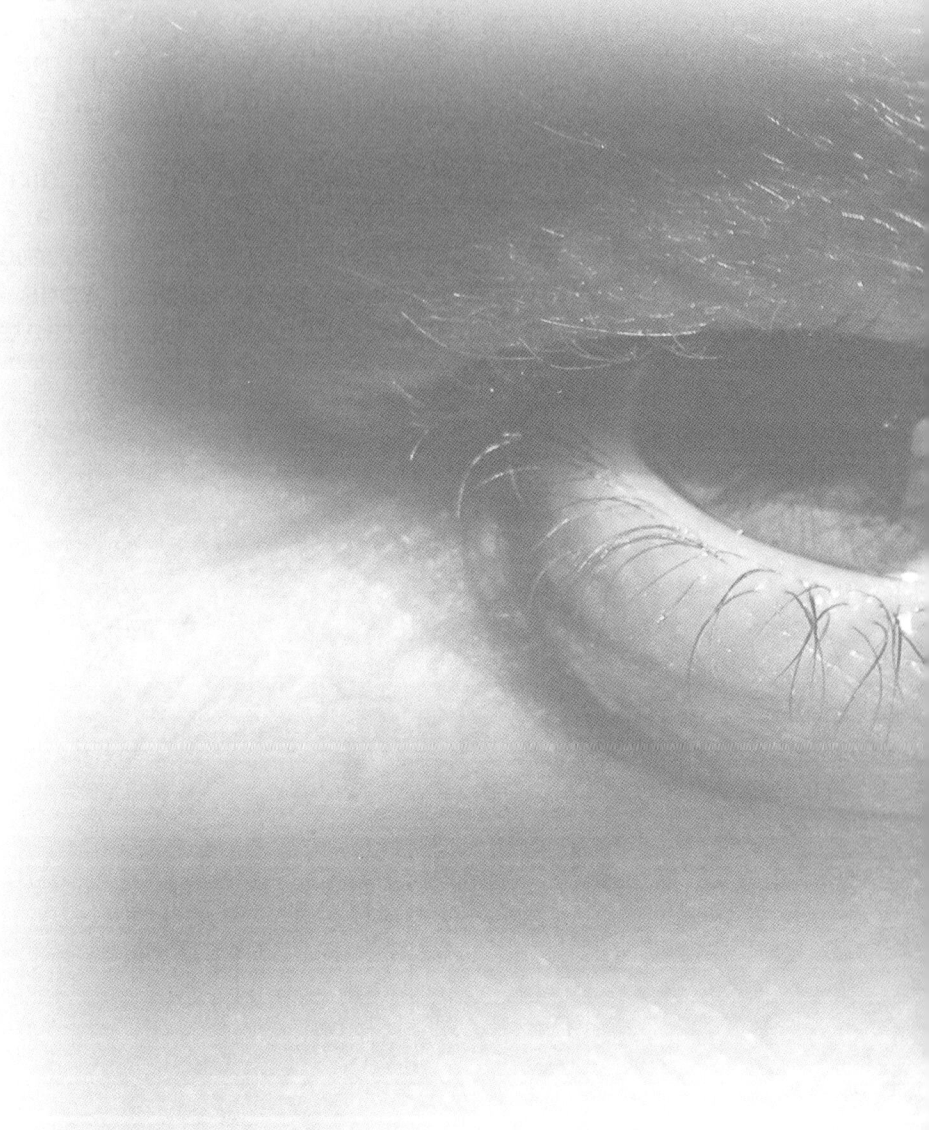

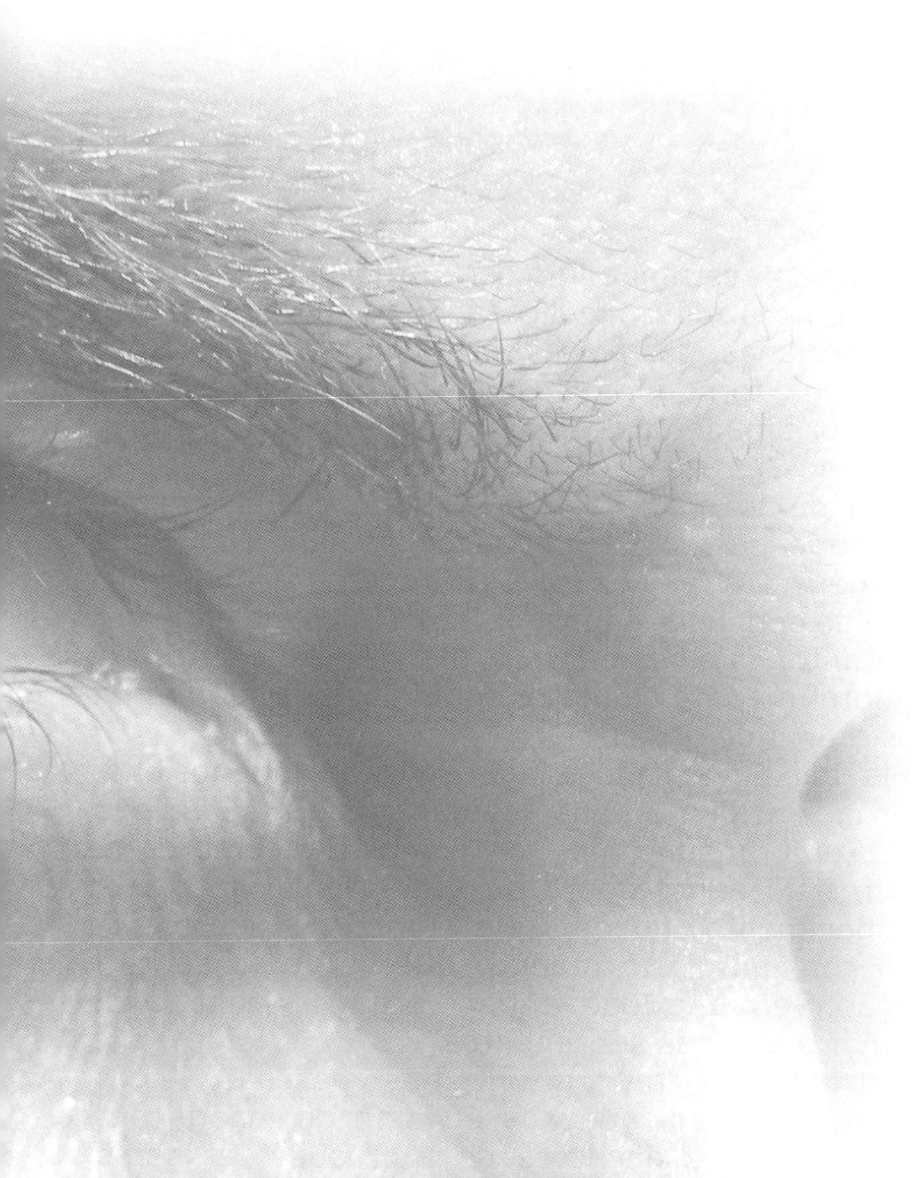

Vedes a vossa vítima? – R. Parece-me ouvir uma voz, parecida com a sua, e que me diz: Eu não te quero mais... mas é um efeito da minha imaginação.

Kardec, Allan.
O Céu e o Inferno. Segunda parte.
Capítulo VI, "Verger, Assassino do Arcebispo de Paris".

Existe uma estranha iluminação à noite. Há escuridão, mas há uma luz difusa, delicada, que se filtra pelos vãos das venezianas, das portas, pelos vidros que o tempo desgastou e tornou frágil como se o transformasse em cristal por uma lenta obra de magia.

Um desses raios de difusa luminosidade atingiu o perfil de João. Ele estava fechado em si mesmo; nada pude perceber de seus pensamentos, a única linguagem era a expressa pelas emoções. Maxilar contraído denunciava tensão. O rosto parecia enrijecer, no entanto, os olhos estavam marejados de lágrimas. Perguntei-me: até quando o poder da água seria retido pelos muros do orgulho?

Ele baixou a cabeça e a delicada luminosidade noturna incidiu sobre seus cabelos grisalhos, quase embranquecidos por completo. Lembrei-me de um belo pensamento de Léon Denis[8] acerca do envelhecimento, no qual ele compara a cabeça do idoso com um fruto maduro que se verga sobre o coração. Será que João, enfim, vergava a fronte a fim de ouvir a voz dos sentimentos?

Enfrentamos e confrontamos pessoas, fatos, lugares, histórias, que nos enchem de indagações. Nossa mente se encharca de "por ques" e "serás" e "ses"; eles se multiplicam de tal forma que se transformam em uma tortura. João, desde que eu o

---

8 *O Grande Enigma*. Capítulo XV, FEB, lê-se: "A fronte do velho não tem mais a atitude altiva e provocadora da mocidade, a da idade viril; ela pende, sob o peso do pensamento, lembrando um fruto maduro. O ancião curva a testa e inclina-se sobre o coração" (NA).

observava, era para mim um exercício de paciência e controle contínuo dessas indagações. Não podia permitir que elas atrapalhassem. A espécie humana não se contenta com a pergunta, não espera que a vida responda - somos maus ouvintes de Deus -, cria a resposta, nem sempre a melhor ou a correta. Deixar João revelar-se aos meus olhos estava sendo um desafio.

Ele era alguém tecido com o silêncio; sua confissão, naquela noite, compunha-se de inúmeros e significativos intervalos.

Será que ele já falara muito? É comum nos condenarmos ao extremo daquilo que foi nosso "pecado" ou nosso erro. Se libertinos, acreditamos que a cura estará no puritanismo, reprimido e repressor; se gulosos, na fome e na privação. Eis a palavra que define o teor da autocondenação de muitos indivíduos – privação. A todo excesso corresponderá uma privação futura, segundo o tribunal das consciências ainda acorrentadas a uma visão estreita de Deus e da vida.

Podia ouvir os sons dessas correntes mentais arrastando-se sobre o piso de madeira do casarão a cada passo de João Vilela; as temidas correntes do inferno que prendem as almas pecadoras.

Se existe algo que nunca deveremos parar de questionar e multiplicar são os "ses", "serás" e "por ques" do universo cultural em que nos inserimos. A cultura marca o espírito porque se assenta sobre a mente e o conjunto de crenças e valores que norteiam o ser. É preciso indagar quem toma assento em nossa mente, que conceitos, ideias, crenças e valores vão se expressar "em" e "através" de nós. É fácil se perder o referencial próprio embotado pela cultura do meio.

A criatura torturada que tinha ante meus olhos era um triste exemplar de alguém que, atrevo-me a afirmar, deixou-se moldar pela cultura de um grupo e de uma época, não sabia qual, mas um desses enganadores conceitos era o de que homem não chora.

O vulcão rugia e lançava fumaça, mas não permitia que a lava descesse; assim eram os olhos de João com a fronte vergada sobre o coração.

Será que Hera – a protetora dos amores legítimos – havia lançado sobre ele uma maldição, tal qual fez com Eco? Retirando-lhe a loquacidade e o condenando ao silêncio? A ninfa Eco ardia de amores por Narciso, mas foi repelida, e, tomada de desgosto, deixou de alimentar-se, definhou, transformando-se em um rochedo, capaz apenas de repetir os sons alheios.

Um simbolismo interessante o rochedo – duro, frio, silencioso, solitário, fixo, descreve em breves traços a conduta de nosso personagem.

A tristeza e o desprazer gerados por um amor não correspondido seriam as causas desse João-Rochedo que eu observava?

Repentinamente, ele voltou-se para Doroti, encarou-a como se ela tivesse vida, e disse-lhe, com energia:

"– Como dói remoer um sentimento. É como um espinho cravado no pé; a cada passo machuca e envia correntes de sofrimento para todo nosso corpo. Uma vez espetei um espinho, daqueles grandes que dão nos campos. Era fim de verão; ele estava seco; eu o arranquei, mas era grande, e a ponta quebrou, permanecendo enterrada na carne. Eu vi estrelas, menina, em um dia de sol claro. Quando voltei para casa depois daqueles dias, em estado de graça, como diria o padre que quis me mandar para longe da minha casa, eu espetei-me com um sentimento espinhoso que tem até hoje uma ponta quebrada dentro de mim que nunca consegui extrair. Doeu muito..."

Pela primeira vez desde que iniciara aquele monólogo com a "amiga imaginária" eu pude perceber as imagens que João Vilela trazia no pensamento, as fotografias de seu passado.

..*

Era madrugada, ainda estava muito escuro. Nuvens passavam céleres em direção ao centro do país e, com frequência, a lua era encoberta por uma delas, tornando o manto noturno indevassável. Pelo pátio do casarão um homem jovem corria apressado. Deixara o cavalo bebendo água a poucos metros; tropeçou nas raízes das figueiras e caiu; seus gemidos ecoaram espantando as corujas pousadas nos galhos.

– Inferno! – esbravejou o homem. – Noite dos diabos...

E prosseguiu falando uma série de palavras de baixo calão, típicas de almas muito irritadas e pouco afeitas ao uso da razão.

Levantou-se; seu nariz sangrava; havia escoriações no rosto. Suas vestes estavam sujas, rasgadas e molhadas, no entanto a agitação emocional era tal que o desconforto não era entrave. Caminhou cambaleante, tonto, até a porta da cozinha do casarão. Empurrou-a e entrou. Afoito, dirigiu-se a um dos quartos, o primeiro depois da cozinha.

Era um dormitório simples, limpo, arrumado. Havia uma cama de meio-casal, colchão de palha, coberto por lençóis imaculadamente brancos e uma colcha de crochê feita em cordão de algodão rústico; um armário, uma cômoda com gavetas, um criado-mudo e um pequeno banco. Sobre o piso de tábuas escovadas, ao lado da cama, um tapete de crochê igual à colcha. Ele acendeu a lamparina sobre o criado-mudo e pôs-se a retirar, sem cuidado, as roupas do armário lançando-as sobre a cama. Esvaziou rápido o guarda-roupa e fazia uma trouxa, puxando o lençol da cama, quando surgiu à porta outro homem, alguns anos mais velho, bigode fino, alto, forte, trajando ceroulas e camiseta interior.

– Que é isso, Ermínio? Que estás fazendo? Mudando-te estas horas da noite? Estás louco...

– Preciso ir embora, não faça perguntas, não vou te responder – interrompeu Ermínio sem voltar-se para falar ao recém-chegado.

– O que aconteceu? – indagou o outro.

Ante o silêncio e a atividade frenética do mais jovem, a preocupação estampou-se no rosto do mais velho.

– Não insiste, João, não vou te contar. Houve algo muito sério, preciso ir embora e tem que ser já.

– Mas é noite, criatura! Aonde tu pensas que vai a essa hora. Tu estás nervoso, eu tô vendo. Acalma-te, homem, e me conta o que houve, seja lá o que for eu posso te ajudar, sou teu irmão.

– Estás enganado, João, não podes me ajudar, ninguém pode. A única ajuda é não me atrapalhar e, quando eu conseguir mandar notícias de onde estiver, envia o meu dinheiro. É o melhor prá vocês também.

– Estás me assustando... – e calou-se ao vislumbrar a face e as mãos feridas do irmão. Baixou os olhos ao chão; não conseguiu fitar os olhos de Ermínio que brilhavam de mágoa e fúria.

João balançou a cabeça, correu os dedos pelos cabelos desalinhados e afirmou:

– *Te* meteste em briga de novo. E, apenas para variar, apanhaste feito moleque de calça curta. Quando é que tu vai virar homem e...

– Não me amola. Tu não és nada, sai da frente – ordenou Ermínio com desdém visível ao irmão.

Ruídos e vozes se fizeram ouvir. Ambos perceberam a voz materna falando com o pai e sons de movimentos; o ranger das fechaduras; a voz de outro homem, e passos no corredor.

Ermínio lançou mais alguns impropérios e voltou-se

afoito para a janela; abriu-a e saltou levando consigo a trouxa de seus pertences.

– Ermínio – gritou João alarmado com a atitude do irmão caçula, correndo até a janela. – Volta aqui, aonde tu pensa que vai...

Ermínio ignorou os chamados, a dor, os incômodos, tudo. Correu até o cavalo, montou e partiu em disparada. Atônito, João não acreditava na fuga que presenciara; os outros, sonolentos, chegavam ao quarto desarrumado sem nada entender. João resumiu os acontecimentos, e a mãe, assustada, implorou:

– Aconteceu alguma coisa muito grave. Ele pode fazer uma bobagem, vocês têm que ir atrás dele.

Humberto suspirou, balançou a cabeça e perguntou com o raciocínio lógico e frio que o caracterizava:

– Prá onde mãe? De que jeito vamos sair atrás dele? Olha pra rua; não se vê nem pó do rastro dele. A gente vai é andar à toa. O mano é estourado; meteu-se em briga de novo; tá com a cabeça quente; amanhã ou depois ele volta, não tem pra onde ir. Acho melhor esperar...

– Pouca vergonha! – resmungou irritado o pai. – Até é bom que vá embora. Ninguém vai atrás dele, assunto encerrado.

– Mas, meu velho, é nosso filho. Ele...

– Não sei a quem ele saiu, a mim não foi – retrucou o dono da fazenda silenciando a esposa. – Não criei filho homem pra ver essas coisas descabidas que ele faz. Foi embora porque quis; daqui ninguém arreda um passo pra trazê-lo de volta. Não com o meu consentimento.

– Mas é nosso filho, igual aos outros, ele sempre deu mais trabalho, é frágil...

– É um fracote, isso sim. Foi-se embora e por mim que vá com Deus. Pode ser que com ele longe se tenha paz nesta fazenda.

– Não fala assim, Adolfo... – pediu Adelina chorando.

– Poupa tuas lágrimas, mulher – voltou a intervir Adolfo. – Ele se foi e nem se preocupou em se despedir de ti ou pensou como ficaria teu coração de mãe. Faz o mesmo, esquece ele. É pro teu bem, eu te conheço.

João assistia impassível a discussão entre os pais. Pela janela aberta entrava a aragem fresca e úmida da madrugada.

A discussão entre o casal prolongou-se alguns minutos, por fim, Adelina, consciente que suas rogativas eram vãs, rompeu em pranto. Humberto, penalizado, abraçou a mãe, oferecendo-lhe consolo. Com as mãos grossas e calejadas pelo trabalho no campo, acariciou-lhe os cabelos e murmurou:

– Vá rezar por ele, mãe, o Ermínio vai precisar. Só o anjo da guarda pode colocar juízo naquela cabeça desmiolada. Não chora mais, daqui uns dias ele vai tá voltando pra casa com a cola entre as pernas, é só a gente esperar, ter paciência.

– Será, meu filho? Sinto no meu coração um aperto ruim...

– A senhora tá nervosa, assustada, é normal. Isso não é hora de se andar na rua, quanto mais de fugir de casa. O Ermínio sempre foi esquisito, não é mesmo? Já aprontou muito e acaba sempre pedindo arrego. Ele vai voltar, é só esperar – reafirmou Humberto.

Sacudindo a cabeça, impaciente, Adolfo saiu do quarto arrastando os pés.

– Vamos até a cozinha – convidou Humberto, dirigindo a mãe para fora do quarto. – Vamos tomar um chazinho com açúcar pra acalmar os nervos.

João tudo presenciou em silêncio. Quando o irmão e a mãe se afastaram, ele fechou a janela e, depois, as portas do armário; ajeitou o colchão, apagou a lamparina e saiu encostando a porta sem fazer barulho. Dirigiu-se para o seu quarto; deitou-se e, em sua mente, repassava as cenas vividas havia pouco.

..*

"– Eu tive medo, Doroti" – confessou João com o olhar perdido no corredor, voltando ao presente e interrompendo a visão de suas memórias.

"– Muito medo naquela noite – repetiu –, mas não sabia do que, aliás, naquela hora nem sequer sabia que era medo o que senti. Fiquei paralisado; meu corpo parecia pesar quinhentos quilos e minha cabeça formigava; não tinha um único pensamento lógico. Tudo o que eu queria era ficar sozinho, mesmo sem saber para o quê. No dia seguinte, agimos como se nada houvesse acontecido; não tínhamos combinado; foi algo tácito. Os peões indagaram por ele, e Humberto disse que Ermínio tinha viajado logo cedo a mando de nosso pai e não se sabia quanto tempo iria ficar fora. Foi pouco, mas bastou; ninguém perguntou mais nada e a rotina se restabeleceu. Uns dias depois chegou o delegado na fazenda...

Foi um alvoroço. Minha mãe atendeu a porta. Eu e meu pai estávamos fazendo as contas da fazenda. Todos fingiam que Ermínio viajara. Pobre mulher, tremia da cabeça aos pés; tinha o rosto pálido e agarrava-se ao avental como se ele fosse algo muito forte, muito além de um tecido de algodão.

– Adolfo – disse ela parada na porta da sala de jantar, fazíamos as contas lá. – O delegado tá aí e quer falar contigo.

– O delegado? – Era visível que meu pai estava assustado ao responder: – O que ele quer?

– Como posso saber? Ele disse que precisa falar contigo. Está esperando na sala.

Papai levantou-se, arrumou o cinto, ergueu a cabeça e, literalmente, marchou em direção à sala de visita. Eu e mamãe permanecemos onde estávamos. Ouvimos eles se cumprimentarem e a voz possante do delegado ao falar, sem rodeios:

– Senhor Adolfo, o assunto da minha visita é o seu filho caçula, Ermínio. Onde ele está?

– Viajou, sr. delegado, para resolver assuntos de família.

– É mesmo? Quando e a que horas ele partiu?

– Anteontem de madrugada, muito cedo. Por quê?

– Por que preciso muito falar com ele sobre...

As vozes se tornaram baixas e sérias, não ouvimos sequer uma palavra. Após alguns segundos ouvimos o som da porta sendo fechada.

Minha mãe agarrou minha mão com tanta força que me cravou as unhas e até hoje não sei por que também sussurramos.

– Meu filho, o que aconteceu com teu irmão?

– Não sei, mãe. Vi pouca coisa mais do que vocês anteontem à noite. Mas acho que o Ermínio nem se deitou pra dormir aquela noite, a cama estava arrumada. Ele estava machucado, sujo de sangue. Perguntei se havia apanhado de novo, se tinha se metido em briga com algum peão, mas ele não respondeu. Tinha muita pressa e dizia que ninguém poderia ajudá-lo. Tudo que pediu foi que eu remetesse o dinheiro dele.

– Mas remeter dinheiro para onde? Ele disse?

– Não.

– Ah, esse menino me aflige tanto...

Nossa conversa foi interrompida pela chegada de meu pai. Estava furioso. Quando ficava irado falava pouco, temia arrebentar alguém usando apenas a força das palavras; passou por nós calado. Seguimo-lo até o quarto e o vimos abrir o cofre e apanhar vários maços de dinheiro. Nunca fiquei sabendo quanto foi. Ele nos viu; encarou-nos e disse irritado, sacudindo os maços de dinheiro:

– Isso compra tudo, até a honestidade dos homens.

E voltou à sala de visitas. Ouvimos a porta se fechar; nós não tínhamos força para falar. O entendimento de que algo grave havia acontecido nos tomava por inteiro e absorvia-nos em um mundo interno feito de suspeitas e suposições.

Meu pai retornou. O abalo e a ira estampavam-se em seu rosto crispado e vermelho. Passou por nós pisando duro, batendo com as botas no chão; encerrou-se no quarto sem dar explicação. Permaneceu lá por vários dias; somente nossa mãe entrava para levar-lhe as refeições, que voltavam quase intactas.

Eu e Humberto tocamos o serviço e, como era hábito da família, ninguém perguntou nada à mamãe, e quando ele saiu do quarto continuamos calados.

Ao fim da tarde, no mesmo dia da visita do delegado, um dos nossos peões, o Belmiro, trouxe uma notícia que nos chocou muito.

Eu e outros peões tropeávamos o gado para uma invernada, quando ele me gritou da estrada:

– João, preciso falar contigo.

Chamava-me pelo nome; no campo as pessoas são simples, Doroti, não têm formalidades. Fiz sinal a um dos ajudantes e fui até a cerca onde Belmiro me aguardava. Nem esperou que eu parasse a montaria. Quando cheguei perto o suficiente para ouvi-lo foi dizendo:

– Mataram o filho do sr. Theodoro. Acharam o rapaz morto nas margens da lagoa, quase na divisa das fazendas.

– Que horror! Qual deles mataram?

– O Murilo.

– Meu Deus! Era um menino, acho que não tinha 20 anos.

– É por aí. Encheram ele de bala. O enterro vai ser amanhã. Veio um empregado deles pra avisar e convidar todo mundo. Como tinha que ir dar a notícia pros outros vizinhos, pediu que eu te avisasse e tu desse a notícia pro sr. Adolfo.

Balancei a cabeça concordando. Mandei que ele tomasse meu lugar junto aos peões terminando o serviço. Fui à sede da fazenda.

Ermínio e Murilo cresceram juntos. As famílias sempre se encontravam nas missas e nas corridas de cavalo dos domingos; também na época de marcação do gado e tosquia nos ajudávamos, trabalhando unidos.

Eles eram amigos; via-se que gostavam de estar juntos; conversavam muito e com frequência se distanciavam dos outros e saíam sozinhos para caçar ou pescar nos fins de tarde, depois do serviço terminado.

Meu pai não compareceu aos funerais de Murilo, e, coisa estranha, o sr. Theodoro também não. Disseram que estava chocado demais e havia enfermado com a notícia do assassinato do filho. Era compreensível.

Perguntaram por Ermínio e contamos a mesma história, que afinal, somava-se à esquisitice da hora. E, nessas ocasiões, como é de costume, não se questiona outra coisa, somente a morte. Sabe, Doroti, nessa época eu ainda acreditava que a morte era o fim de tudo. Mas não é, agora eu sei.

Mas, minha boa amiga, por essas razões, eu acabei também me esquecendo da paixão por Gabriele. Não tive tempo de pensar nela, nem de recordar seu perfume.

Somente depois de um inverno longo e sofrido,
quando a primavera trouxe de novo o
perfume das rosas – que minha mãe cultivava
no jardim – foi que me lembrei dela."

Época de Amores

Quando Deus disse: "Vós não sereis senão uma mesma carne"; e quando Jesus disse: "Vós não separareis o que Deus uniu", isso se deve entender da união segundo a lei imutável de Deus, e não segundo a lei variável dos homens.

Kardec, Allan.
O Evangelho Segundo o Espiritismo.
Capítulo XXII, item 3.

"– Gabriele, doce Gabi!" – João se afastou do corredor.

Suspirou, tinha o peito opresso. Não é preciso ser um *expert* em alma humana para identificar as cicatrizes de uma relação amorosa, basta ter vivido.

Ele vagou pela sala, em mais um de seus costumeiros silêncios, depois parou em frente a uma das paredes laterais. Carolina a havia decorado com diversas gravuras, em preto e branco, de cenas ligadas à pecuária. Estavam em modernas estruturas de vidros fixadas à parede com parafusos em aço inoxidável.

"– Não gosto disso, é feio. É frio. Se pudesse, quebraria, mas a mulher é teimosa, iria pôr aí de novo, não vale a pena – falou João passando a mão na parede no espaço entre as gravuras. – Aqui, Doroti, ficava o retrato dela. Foi mandado fazer quando ela completou trinta anos. Nunca conheci mulher mais linda. O tempo só a fazia ficar mais bonita e interessante, ou pelo menos, assim nós a víamos. Talvez fossem nossos olhos. Desiree dizia que os homens veem o que querem em uma mulher, não o que de fato ela é, por isso, com o tempo, muitos acabam decepcionados. Desfaz-se a ilusão... A minha nunca se desfez. Desiree foi a mãe da paciência ouvindo-me por anos, sabe, Doroti, ela nunca reclamou. Inacreditável, não é mesmo? Ela era tão paciente quanto tu estás sendo agora. Sentava-se ao meu lado em uma mesa de canto, a mais reservada, que havia no cabaré. Nunca gostei de ser visto, especialmente lá. Tinha alguns homens que iam e adoravam se mostrar; riam, alto, gritavam, bebiam, ficavam agarrando as mulheres sem qualquer pudor – João riu ao lançar um olhar à boneca com seus trajes infantis. – Não conta para tua dona que te falei sobre essas coisas da vida. Ela pensa que tu ainda és uma menininha que nem ela, mas tu não és, não é verdade? És uma mulher adulta e sensível, como era Desiree, só não és prostituta, nem nunca serás. Acredito que eles não iam lá por que gostavam, iam para serem vistos e depois falarem uns com os outros, cada qual se gabando mais. Os homens são muito parecidos com os pavões. Tu conheces pavões, Doroti?"

Senti vontade de rir ante a afirmação de João Vilela; era uma comparação interessante. Mas ele não me deu tempo de pensar e retomou logo seu monólogo. Pressupus que a encantadora "amiga imaginária" houvesse lhe dado uma resposta afirmativa, pois ele prosseguiu:

"– Abrem o rabo, dançam e cantam para chamar a atenção das fêmeas, mas o que gostam mesmo é de competir entre eles. Macho, bicho esquisito. Passional, irracional, egoísta. Santo Cristo! O que não faz um macho enlouquecido? É um perigo. É uma natureza bruta, sem freios. Acho que temos duas faces, essa que te falei é uma; a outra é a do macho saciado que, se apaixonado, é dócil, alegre, vira um cordeirinho e, se ferido..., bem, aí faz tudo que eu fiz e talvez mais, é fera, besta humana. O mundo é sem graça, sem cor, parece inconstante, se não se tem a mulher amada. O amor é muito difícil, ainda mais quando insatisfeito. Ao mesmo tempo em que anseia, despreza; em que cuida, maltrata; em que protege, quer ver sofrer o objeto de sua paixão. É disso que deve ser feita a fogueira do inferno. Doroti, não conheço o que consome mais uma criatura do que esse sentimento recalcado, insatisfeito, à força emudecido. Foi em que minha vida se tornou e, devagar, transformou-se no que foi uma enorme e infernal fogueira. Nela queimei por inteiro, até o último suspiro, sem exagero. Vou te contar."

João acomodou-se em uma cadeira de balanço com acento e encosto de palhinha. Cruzou as pernas, apoiou os cotovelos sobre o joelho e a cabeça entre as mãos. Tinha o olhar fixo na parede a sua frente, como se contemplasse o retrato de Gabriele e não as modernas gravuras que deplorara.

Por alguns instantes selecionou recordações, buscando o fio condutor da linha do tempo, no novelo que continha a sua história. Lembrava-se do que era significativo, do que tivera uma carga emocional que alterara, de alguma sorte, seu ser. São desses eventos que se fazem nossas memórias, não de fatos triviais. Por isso, algumas vezes, uma vida pode ser contada e analisada com muito poucos episódios.

As imagens que passavam em sua mente eram tão rápidas que me pareciam um borrão colorido; bem poucas pessoas eu identifiquei. Gabriele era uma delas. Mas lamentei muito que a maioria dessas imagens identificadas, ainda que fugazes, eram reproduções de cenas dele, sozinho, trabalhando, trabalhando, sempre voltado ao ganho financeiro, patrimonial. Ou seja, o que vi era o mesmo João, em diferentes fases de sua encarnação, desgastado apenas fisicamente pelo tempo, preso em sua solidão e em sua doença, sem qualquer indício de mudança espiritual.

Divaguei e surpreendi-me ao vê-lo retomar o monólogo retirando, do meu controle, a cena que em última análise eu roubava dele, pois ainda não tinha consciência que lhe espreitava a intimidade.

Algo da narrativa eu perdi; era o preço da intervenção do meu devaneio. Mas registrei a partir de onde ele dizia:

"– Foi um inverno horrível, como te disse. O clima por aqui maltrata a tudo que vive. Meu pai dizia que se sobrevivessem ao mês de agosto – quando morre tudo que esteja fraco, principalmente as vacas magras – então, viveriam mais um ano e teriam esperança de ver a primavera mudar a paisagem à nossa volta e nos fazer apaixonados por essa terra. Aquele ano, 1924, foi frio demais, ou assim eu senti porque fazia frio dentro e fora de mim. A fuga de Ermínio, o assassinato de Murilo, o isolamento de meu pai, a tristeza de minha mãe, o silêncio sobre esses assuntos que, no fundo, incomodavam a todos, mas que ninguém abria a boca para dizer uma palavra, eram como pedras de gelo dentro da gente. Elas iam gelando e enrijecendo cada partezinha nossa que tomava contato e espalhando-se, até que éramos quatro estátuas duras e frias, convivendo sob esse teto. Tudo passou a ser automático. Comer, beber, dormir, tudo automático, sem prazer. Nosso único prazer, meu e de Humberto, era o trabalho. Sem nos darmos conta, nossa vida passou a ser o trabalho, cuidar do gado, das pastagens, vender, ganhar e investir.

Gabriele tornou-se a vaga lembrança de uma moça bonita e de uma semana de euforia, numa vida de marasmo e previsibilidade.

Ganhar, ter, acumular, passaram a ser os verbos que mais povoavam nossos diálogos, meus e de Humberto. Nossos pais definhavam num isolamento que não questionamos. Naquela época tudo era normal, sei lá. A verdade é que deixar que o outro faça tudo o que deseja sem ao menos perguntar a razão é uma demonstração de indiferença, de desinteresse. Frieza, indiferença pura, ausência de sentimento de qualquer espécie. Mas, é claro, eu julgava que era respeito aos meus pais. Era nada, era cômodo, não mexia em nenhum dos meus interesses pessoais, então estava excelente. Sempre fui egoísta, admito.

Quando eles resolveram viajar, visitar familiares que há décadas não viam, achei natural. Papai entregou-me a direção da fazenda, coisa que de fato eu fazia desde aquela maldita madrugada, portanto nenhuma mudança. Humberto aceitou essa condição com alívio; detestava, embora fizesse muito bem, as atividades de comércio do gado.

Da partida deles em diante eu assumi a função comercial e administrativa da fazenda. Humberto gerenciava os peões, e administrava toda parte da criação dos animais.

Em razão dessas atribuições passei a ir com frequência à cidade, e acabei por me envolver com a elite dos pecuaristas.

Fui a festas, jantares, almoços, reuniões e quando vi, não havia atividade em que meu nome não constasse; acabavam, de uma forma ou de outra, realizando-se negócios. Era um deles e nossa casa era muito simples, minha família nunca dera importância à aparência, ao luxo, nem mesmo ao conforto. E naquele meio onde agora eu me movia essas coisas contavam.

Tínhamos dinheiro, patrimônio e uma boa reputação – eis tudo o que importava a Adolfo Vilela, fora o que aprendera com seus pais, e o que ensinara a seus filhos. Eu sabia que mudanças eram necessárias, mas não sabia como fazê-las e protelei. Nosso patrimônio e a liquidez de nossos negócios garantiam-me portas abertas, sem o constrangimento de ver-me compelido a recepcioná-los em minha casa. Em suma: eu era sempre convidado e não retribuía convites. Foi nessa época que me tornei acionista do Banco Pelotense..."

João silenciou. A imagem de um prédio imponente, de linhas clássicas, luxuoso, quatro andares, numa movimentada esquina da cidade fixou-se em sua mente. Altas janelas, colunas e escadas de mármore, o teto em gesso trabalhado, o piso de madeira nobre, o mobiliário caríssimo e as pessoas muito bem-vestidas que circulavam e trabalhavam no edifício informavam que a bela sede fora projetada para impressionar, atestar riqueza e impulsionar o crescimento do empreendimento. O Banco contava com filiais em diversas cidades do Estado e fora, ostentando o título de terceira maior instituição financeira do país e única de caráter municipal, lastreada na economia de uma cidade.

"– Engraçado dizer, mas é como senti, foi como se outro mundo se abrisse para mim –" falou João retomando sua "conversa" com Doroti.

As cenas de suas lembranças ganharam vida novamente, de forma mais lenta, e assim eu pude observá-las.

..*

As palavras de João não eram as que eu usaria para descrever Humberto. Nas cenas que se descortinaram aquela noite à minha vista, percebi que ele tinha uma natureza gentil, sensível. Era João quem via nele a insensibilidade e o apego ao material. Ele, de fato, vivia para as lides campeiras, mas por amar os animais, por apreciar a simplicidade rústica e franca dos peões, entre os quais aprendera a viver desde cedo. Fora ao lado daqueles homens, em meio às atividades pastoris, que encontrara o afeto que não tinha em casa. Desde menino brincava com os empregados mais antigos que se divertiam com ele, mas davam-lhe o que toda criança necessita – atenção e carinho. Foi sob o olhar daquela gente simples, compartilhando o café de chaleira, o chimarrão, o carreteiro e os churrascos em fogo de chão que cresceu; assim nada mais natural que lhes aprender o ofício.

Mas sob essa aparente rusticidade do homem campeiro, havia um coração bondoso, solitário, poderia dizer triste. Ele amava a música. Não era um exímio instrumentista, no entanto tinha o encanto de quem se entrega à arte de corpo e alma. Não buscava aplausos dos outros, queria apenas o prazer de tocar e cantar tangos e milongas nos galpões da fazenda à noite, enchendo as horas com as notas musicais extraídas da gaita ou da viola.

Bastou ver o cuidado que tinha com os terneiros e potrinhos para saber que eles não eram vistos como notas de dinheiro pastando nos campos. Via-os como seres vivos e era identificado por eles nessa rudimentar linguagem que se estabelece entre o dono e seus animais. Ao domar um cavalo não usava força, não submetia o animal, cativava-o e se fazia aceito. Primeiro, o animal tinha que aceitar seus afagos, depois suas palavras, por fim o peso de seu corpo e a condução da sua vontade. Era um sedutor.

O apego sentimental ao seu rebanho era a razão de não gostar de comerciá-lo, fazia-o porque era uma imposição dos negócios, mas tanto quanto possível, evadia-se dessa tarefa.

Humberto tinha um olhar meigo, um modo de falar ameno e despojado e era de uma sinceridade tocante. Porém, em família, agia tal e qual esperavam dele, sem revelar sua verdadeira identidade. Se todos silenciavam, ele também silenciava; se ninguém amparava a tristeza de Adelina após a fuga inexplicável de Ermínio, ele também não lhe oferecera maior atenção; ao pai não se fazia questionamentos, nem se erguia o olhar, acatava-se; e mesmo testemunhando todos os fatos narrados por João, ele nada fez.

Nas cenas que a memória de João me oportunizava ver, notei que ele, com frequência, olhava na direção em que o irmão desaparecera e seu olhar ficava nublado. Nas rodas de conversa com os peões em algumas ocasiões ele mencionava o nome de Ermínio, recordava fatos, mas em casa nada era dito. Ermínio fora soterrado no silêncio.

Sempre vemos nos outros o que somos ou fomos e o que temos ou tivemos. A natureza não nos oferta a possibilidade de reconhecer o desconhecido. João não enxergava a sensibilidade do irmão e atribuía-lhe as mesmas reações. Mas o fato de não vermos o que desconhecemos, não implica cegueira alheia ou para todos. Humberto era muito diferente do que o irmão enxergava.

Em outubro de 1924, João adoeceu. Foi acometido pelo vírus de uma gripe fortíssima, ficando impossibilitado de acompanhar os leilões e exposições de gado realizadas nas maiores fazendas da região até além fronteiras, no Uruguai. Desgostoso por ver o irmão doente e por ter que comerciar o gado, Humberto partiu com os peões para uma jornada de quase dois meses longe da fazenda da Marambaia.

Uma viagem que mudou a vida de todos. Nesse ponto deixei de acompanhar as memórias de João e voltei-me ao que pesquisara sobre sua família.

..*

Sob um céu estrelado, Humberto apoiava-se em uma cerca. Estava longe de casa; apenas dois peões o acompanhavam, e àquela hora divertiam-se numa animada festa no pátio da estância uruguaia onde estavam hospedados.

Vendera o gado e partira para comprar reprodutores a fim de renovar a criação. Cansado, afastara-se dos demais; precisava pensar, entender o que estava sentindo e tomar decisões.

Seu pensamento voou para junto da jovem que invadira seu ser de assalto.

Ele chegava à estância, estava entediado, empoeirado, irritado. Reconhecia os confortos do automóvel e a agilidade que ele proporcionava, mas sentia-se preso. A máquina não exercia sobre ele o mesmo fascínio que sobre João, aliás, não via encantos naquele amontoado de ferro, sem vida.

Assim pensava quando foi atraído por uma amazona

que exercitava saltos numa pista próxima. Não teve dúvidas e parou o veículo para observá-la a lidar com uma égua lindíssima.

Espreitou-a, clandestino, por mais de 15 minutos quando ela o notou parado à beira do cercado, ao lado da estrada que conduzia à sede.

– *Hola*, como estás? – cumprimentou-o em um espanhol carregado de sotaque português.

Humberto sorriu, constatando que ela era brasileira, e respondeu em português:

– Boa tarde, senhora. Parabéns, eu estava admirando a forma como conduz sua montaria, salta muito bem.

– Obrigada – disse a amazona rindo e apeando da égua. Puxando-a pelas rédeas, aproximou-se de Humberto, estendeu-lhe a mão ao apresentar-se: – Sou Gabriele Rebuchet, afilhada do senhor da estância. Vai para lá, não é?

– Sim, como sabe?

– A estrada está próxima do fim e termina lá, logo... Não foi difícil adivinhar teu destino. Seja bem-vindo.

– Agradeço. Senhora ou senhorita? – indagou Humberto apertando suavemente a mão de Gabriele.

– Senhorita.

– Encantado estava, mais encantado fico. Chamome Humberto Vilela.

– Meu padrinho te espera. Falou que viria para ver os reprodutores.

– Exato – respondeu soltando a mão da moça: – Adoro cavalos. A julgar por essa égua, a estância também deve oferecer bons cavalos.

– São lindos, não é mesmo? Inteligentes, sensíveis, percebem com uma rapidez impressionante o que sente o cavaleiro.

Surpreso com a colocação dela e sentindo-se à vontade ao seu lado, não se importou em ficar conversando enquanto os peões que o acompanhavam aguardavam dentro do carro, sob o sol.

Foi preciso Ângelo chamá-lo e, ao vê-lo próximo, falar gracejando:

– Olha, Humberto, a moça é bonita, a gente tá vendo daqui, tu tem todo direito de querer namorar, mas será que não dava pra *tirá* a gente do sol? Tá um calor dos *inferno* aqui dentro.

– Tô vendo, deixou vocês com o miolo mole. A moça é afilhada do dono da estância – ralhou Humberto sério. – Estava apenas sendo gentil, cansei de ficar dentro dessa coisa de lata e ferro.

– Vai dizer que preferia vir montado no lombo de um cavalo? A gente ia levar três vezes mais tempo pra *chegá* aqui – retrucou Ângelo. – Vamos embora, falta pouco pra estância do sr. Flores. Se a moça é afilhada dele, tu vai encontrar com ela por lá. Vão ficar na mesma casa uns *dia* e aí tu conversa quanto *quisé* com ela.

A conclusão simples e óbvia do peão o agradou; não pôde esconder do amigo o largo sorriso e, batendo em seu ombro, respondeu:

– Tens razão, não vou negar que a moça torna as obrigações mais agradáveis.

Rapidamente voltou para junto de Gabriele que montava novamente e, tão logo ela se acomodou sobre a cela, disse-lhe:

– Preciso seguir, estou cansado, mas falta pouco. Foi um prazer ver seus exercícios. Se não se importar gostaria de voltar a apreciá-los num dos dias em que ficarei na estância do sr. Flores.

– Será um prazer, sr. Humberto. Até mais, logo nos veremos.

Ela partiu num trote lento para não maltratar o animal que suava. Humberto notou a conduta da jovem e o agradou o cuidado com a montaria. Balançou a cabeça num gesto de aprovação que Gabriele não viu.

A aprovação e as afinidades com a jovem afilhada do estancieiro não ficou somente no amor aos animais. Descobriram o prazer de conviver e a alegria que sentiam um ao lado do outro. O brilho no olhar, o rosado das faces e a entonação da voz não escondiam que se sentiam mutuamente atraídos.

Os anfitriões viam aquele inusitado acontecimento com bons olhos. Românticos incuráveis e felizes, o casal Flores encantava-se com a paixão nascente entre a sobrinha e Humberto Vilela.

– Bom rapaz – discursava Flores. – Família honesta, trabalhador, gostou da menina e ela dele, assim deve ser, tenho horror a casamento arranjado, é infelicidade quase certa. Ninguém tem o direito de decidir a vida alheia.

– Também penso assim, meu velho – concordava Eloíse. – Mas faço gosto, e muito, que minha sobrinha se case com alguém daqui.

– Interesseira – acusou Flores, tomando a mão da mulher entre as suas. – Eu sei por que, é que assim ela ficará mais próxima de ti.

Um suspiro revelou a verdade. Eloíse, passados muitos anos, vivendo com o marido no país vizinho, ainda sentia a ausência da família e a distância que os separava. Eloíse era a segunda esposa de Flores; casaram-se maduros; ela já não tinha idade para ter filhos. Gabriele era como se fosse sua filha. Quando a irmã e o cunhado morreram, apegou-se à menina para confortar-se da perda. O casamento as afastou e aqueles meses em que a sobrinha voltara a sua companhia estavam sendo como injeção de energia. Tinha os enteados, mas não sentia por eles o mesmo afeto, apesar de querer-lhes bem e terem uma relação de carinhosa amizade. Havia solidão naquelas vastidões verdes onde o gado pastava e gerava riqueza. Eloíse era um exemplo.

Ela concordou com um gesto de cabeça e com

suavidade apertou a mão do marido. Amavam-se, não tinha dúvida. Eloíse era frágil, delicada, corpo esbelto, estatura mediana. No entanto, escondia uma força de vontade inquebrantável. Nas horas decisivas não deixava o marido sozinho.

Victor Flores era um homem alto, forte, pele morena, cabelos escuros, típico descendente de espanhóis e indígenas minuanos. Alegre, expansivo, firme, decidido, sob a aparência do homem rude do campo escondia um coração amoroso e delicado. Razão de sua imediata afinidade com Humberto.

Conhecia Adolfo Vilela há muitos anos, já fizera negócios com João, porém tivera pouco contato com Humberto e aqueles dias estavam sendo satisfatórios. Simpatizava com o rapaz.

Humberto percebeu que Gabriele correspondia aos seus sentimentos e seus anfitriões não se opunham. Os últimos três dias de intensas chuvas ao invés de irritá-lo o fizeram feliz. Nunca as chuvas primaveris o tinham alegrado como naqueles dias, afinal era o motivo da sua permanência por mais uma semana, até que as estradas retornassem às melhores condições.

– Desse ponto de vista o automóvel é uma boa invenção – murmurou ele, observando as estrelas. – A cavalo eu poderia ir embora mais cedo. O animal não atola e não preciso seguir a estrada, posso mudar caminhos. Com o carro, dependo da bendita estrada, tomara que demore a secar e a recompor a ponte. Mas, mais cedo ou mais tarde, terei que ir embora, o que farei? Será precipitado levar Gabriele comigo. Será que os tios consentiriam em um pedido de noivado? Eu casado, é até engraçado, nunca pensei nisso, mas com ela eu quero. Quero viver com ela, ter uma casa minha, ficar longe... Na minha, não, na nossa casa eu quero que as coisas sejam diferentes.

Humberto olhou as estrelas, contemplando-lhes o brilho, mortiço, pois estavam encobertas por nuvens densas trazidas pelos ventos fortes que fizeram a temperatura desabar como se fosse inverno e não primavera.

– Amor à primeira vista? Será que existe? O que é o amor? Será que o que sinto é forte o bastante para durar uma vida inteira? Será que esse querer, a alegria, a paixão que acelera meu coração, continuarão a existir? E se terminar, e se ela não me quiser mais ou se eu não a quiser mais, se ela ficar feia...

– Pensando na vida, Beto? – indagou Ângelo se aproximando, trazendo uma garrafa de vinho que mostrou a Humberto informando: – É de laranja, quer provar? Tá muito bom, especial.

Tomando a garrafa que o amigo lhe estendia, Humberto ingeriu alguns goles do líquido dourado, levemente adocicado.

– É daqui?

– É a d. Eloíse quem faz, ofereceu pro pessoal. Mas o que tu faz aqui olhando as *estrela*?

– Só pensava na vida.

– Tu nunca foi disso, ainda não tinha te visto rejeitar uma cantoria. Aconteceu alguma coisa? Posso lhe sê útil?

– Tu foste casado, Ângelo, me conta como é? – pediu Humberto encarando o amigo e apoiando o cotovelo no moeirão da cerca.

Ângelo ficou sério; encarou o jovem a seu lado, cujo perfil enxergava iluminado pela lua. "O menino se *torno* um moço bonito, mais dia, menos dia era natural que ele pensasse em *tê* família, já *chega* o João que esse não casa mais", pensou o peão escolhendo o que dizer.

– O meu foi muito bom. Não me arrependo, só lamento que Deus acabou com ele, levando a Rosinha, mas... Que se pode fazer, não é mesmo? O Patrão Velho lá de cima abre as porteiras e chama quem Ele gosta e merece tá com Ele, tive que aceitar.

– Como tu soubeste que a Rosinha era a mulher da tua vida?

– Sei lá, sabendo – respondeu Ângelo rindo. – Eu gostava dela de todo o jeito que um homem pode gostar *duma* mulher. Senti isso no primeiro dia em que *vi ela*.

– Como tu soubeste que ela seria tudo pra ti no primeiro dia que a viste?

– Ah, não é assim, no primeiro dia eu gostei dela, não conseguia enxergar mais nada, nem me interessar por outra coisa que não fosse ficar enrabichado nela. Acho que quando a gente se apaixona fica meio cego. É, digo meio porque a gente não enxerga tudo, sabe, só enxerga a metade das coisas que é o que nos interessa; eu enxergava só a metade onde estava a Rosinha. Depois, com o passar do tempo a gente volta a enxergar tudo de novo, mas o lugar onde ela estava sempre era melhor que os outros.

– Tu nunca a achaste feia, Ângelo?

– Não, eu até achava alguma outra mais bonita que ela, mas feia não. A Rosinha era mulher do campo, Humberto, não era senhora de fazenda, era mulher de peão. Ela andava na cocheira, tirava leite, criava galinha, mexia com a terra, gostava de plantar e ainda cuidava da casa; lavava roupa, não tem como *ficá* bonita fazendo essas coisas. Mas eu a achava bonita mesmo assim, e ela me achava bonito tosquiando, castrando, marcando gado, domando boi xucro. No dia-a-dia a aparência perde a importância, vale mais a criatura que vive contigo – a saudade era perceptível na voz do peão ao recordar a esposa falecida.

Humberto apreciou ouvi-lo; notava que o sentimento de Ângelo pela mulher não morrera; vivia num canto qualquer de seu ser, sem sofrimento, resignado.

– Por que tu não te casaste de novo? – insistiu Humberto. – Ainda és um homem novo.

– Não achei outra de quem eu gostasse – respondeu Ângelo com simplicidade.

– Tu achas que só se ama uma vez, que não vais amar outra mulher como amavas a Rosinha?

– Igual não. As pessoas não são iguais, Humberto. Acho que outra mulher não mereceria ser amada como a Rosinha, porque a Rosinha era a Rosinha, e a outra mereceria ser amada como ela é, entende? Eu não seria justo. Acho que o amor que tenho pela Rosinha é dela, foi ela quem despertou. Outra mulher, se houver, terá o amor que fizer nascer em mim, e eu penso que ele vai ser diferente. Se eu pensar em ter um casamento igual ao que tive com a Rosinha, é melhor nem procurar, nunca vou achar uma mulher que faça as coisas como ela fazia, vai ser pra infelicidade dos dois e injustiça minha, afinal eu vivi e sei o que quero. A outra, pobre coitada, que eu colocasse nesse lugar não ia *sabê* nada. Não, Beto, ainda não me casei de novo porque não achei uma mulher de quem eu gostasse, mas se eu achar, caso-me com ela, e vai ser um casamento novo, diferente do que eu tive.

– Então, não se ama uma vez só na vida?

– Acho que não. Acho que se pode amar um montão de vezes e cada uma será diferente, pode ser melhor, pode ser pior, pode ser só diferente – respondeu Ângelo pacientemente. Recordava, sem nada expressar, o dilema que vivera antes de decidir se casar.

– Sabe, Beto, por aqui não se tem muito tempo pra namoro – continuou Ângelo. – Na cidade as coisas são mais *demorada*, mas pra gente tudo tem que *sê* mais rápido. Tu tá pensando em te casar? A Gabriele te encantou tanto assim?

Era a costumeira sinceridade do peão, sem maiores delongas, indo direto ao assunto, o que em algumas circunstâncias desequilibrava a conversa.

Humberto, que julgava não ter uma definição, surpreendeu-se ao responder sem hesitação:

– Estou.

Descobriu que não tinha dúvidas quanto ao que queria. Não importava saber o dia de amanhã; ele se construiria, não havia como prevê-lo nem razão para se torturar com o futuro. Era despropositado testar a intensidade, a durabilidade, ou o que mais fosse com relação ao sentimento que tinha por Gabriele. Era forte; naquele momento, bastava. Entendeu que do amor ninguém tem um conceito geral, há apenas experiências pessoais, únicas, intransferíveis.

Em um minuto, descobriu em si mesmo as respostas que buscava. A experiência alheia nunca pode ser para nós mais do que uma seta apontando uma direção; não mais que uma vivência nos auxiliando a interpretar a nossa; jamais decidindo; apenas servem como espelho.

– Muito bom homem, tá na hora de ter mais vida naquela fazenda – apoiou Ângelo batendo no ombro do amigo como era seu costume. – Já falaste com a moça?

– Ainda não.

– Então vai, fale com ela – recomendou Ângelo paternal. – Se ainda enxergo alguma coisa, a moça tá encantada contigo, apaixonou-se. Vai e sê feliz, menino. Faz tudo direito que *dá* certo.

Um largo sorriso abriu-se no semblante de Humberto; seus olhos castanhos brilharam alegres e com um piscar matreiro perguntou:

– Tu viste se ela está na festa?

– Tá no galpão junto da tia, tava meio jururu, de cabeça baixa, parecia que tava procurando alguém – respondeu Ângelo rindo malicioso.

Novas Relações

...procurai tornar-vos melhores, porquanto é assim que realmente progredireis.

Kardec, Allan.
O Livro dos Médiuns.
Capítulo XXXI, item XVII.

Os candeeiros iluminavam o amplo galpão, os utensílios usados no dia-a-dia foram arredados para as laterais e o centro servia de salão. Em uma das extremidades, uma grande e rústica mesa servida com salada, churrasco, pão, vinho e doce. No centro, dois gaiteiros e um violeiro animavam a festa com a tradicional música do pampa gaúcho[9]. Na rua, ao lado do galpão, vários peões e Victor Flores assavam a carne sobre brasas.

Humberto localizou seu anfitrião e aproximou-se. Tocando-lhe o braço e olhando por sobre seu ombro, disse:

– Linda carne!

– Um espetáculo, rapaz, de primeira. Quer provar?

– Agora não, mais tarde. Eu gostaria de conversar com o senhor, é possível?

– Conversar? – repetiu Victor Flores. – Pelo teu jeito é algo sério. Houve alguma coisa?

– Houve, ou melhor, há. E, sim, é sério, mas acredito que não seja ruim ou preocupante. Mesmo assim tenho urgência em te falar – explicou Humberto.

Victor Flores ergueu as sobrancelhas; embainhou a faca que usava no preparo do churrasco; olhou à volta e ordenou a um de seus trabalhadores:

– Cuida do assado – e voltou-se para Humberto convidando-o: – Vamos até a casa, lá é melhor.

---

9 Pampa Gaúcho – área compreendida pelo sul do Brasil, Uruguai e Argentina, que compartilha hábitos e cultura ligados à atividade agropecuária (NA).

Humberto suspirou aliviado; Victor apressou o passo em direção à sede da fazenda. A noite escondeu o sorriso maroto na face do experiente fazendeiro, enquanto caminhava ao lado de seu jovem hóspede. Intimamente ria, decidindo que deveria fazer uma cara muita séria, falar grosso e intimidar o rapaz. Imaginava que receberia um pedido formal para namorar sua sobrinha. Mas, no fundo, sabia que não conseguiria ficar sisudo, porém não podia facilitar. Conter o riso e mostrar-se preocupado seria tarefa difícil. Desde o primeiro dia ele e Eloíse tinham percebido a afinidade entre Humberto e Gabriele; não era novidade.

Acomodaram-se na sala da fazenda e Victor, muito sério, encarava o rapaz, ao dizer secamente:

– Estou às tuas ordens.

Humberto começou mais de uma vez a explicar-se; fez rodeios; gaguejou; de repente parecia que as palavras tinham desaparecido de sua mente. Irritava-se, pois compusera mentalmente um discurso, breve, claro, convincente. Porém, a atitude de Victor não o ajudava; sentia-se intimidado. E ao ver seu anfitrião remexer-se na cadeira e analisá-lo de alto a baixo, piorou. Sentiu-se um moleque inseguro. Enrubesceu; as mãos tremeram.

Vendo o nervosismo do rapaz, Victor começou a rir; gargalhou de si mesmo. Humberto espantou-se e indagou:

– Por favor, sr. Flores, o assunto é sério. Por que ri?

– De ti – respondeu Victor gargalhando. – Que tristeza ser jovem! Estás apavorado e fazes mil rodeios para pedir para namorar a nossa Gabriele, não é isso que tu queres?

Humberto suspirou, baixou a cabeça e respondeu:

– Se o senhor permitir, é o que desejo. Sei que ela não tem pais vivos, por isso vim falar com o senhor...

– Faço gosto, meu filho – declarou Victor Flores sorridente. – Vai falar com ela, a decisão é dela. A vida me ensinou que não se faz uma mulher feliz à força. Vai procurar Gabriele, depois nos digam, a mim e a Eloíse, o que decidiram.

– Então ela é livre, não tem compromisso com ninguém?

– Gabriele mal saiu da escola; meu cunhado nunca falou de nenhum compromisso; nossa família não crê em imposições. Ela decidirá. Apenas vou te fazer uma pergunta óbvia: tu a amas? É por afeto que fazes esse pedido?

– É claro, sr. Flores, nem me ocorreu qualquer outro motivo.

O olhar de Humberto era cristalino, refletindo a honestidade de sua resposta.

– Muito bem, então vai – ordenou Flores dispensando Humberto.

Quando o rapaz abria a porta para sair, Victor, que enrolava um cigarro, provocou:

– Ei, quando falares com Gabriele vás direto ao assunto, não te mostres tão receoso. Mulheres gostam de homens decididos – e riu recordando o embaraço do jovem, minutos antes.

Compreendendo a atitude de seu anfitrião, Humberto não se irritou. Sentia-se tão feliz com a aprovação de suas intenções que até acompanhou as gargalhadas de Victor, ainda que ciente de que o outro se divertia com seu nervosismo e inexperiência.

– É a primeira vez que faço isso, sr. Flores – justificou-se Humberto descontraído.

– Está bom, rapaz – e Victor chorava de tanto rir do medo que o rapaz sentira dele.

Humberto acenou com a cabeça e, sorrindo, retirou-se caminhando apressado até o galpão em busca de Gabriele.

No centro do galpão alguns casais dançavam, e Humberto não hesitou em estender a mão e convidar Gabriele para ser seu par.

Moviam-se ao ritmo de uma milonga e ela fazia comentários sobre a improvisada festa e o quanto estava apreciando o estilo simples de vida daquele povo.

– Estás gostando mesmo daqui? – inquiriu Humberto olhando-a nos olhos.

– Muito – respondeu ela sorrindo. – As pessoas são muito objetivas e muito francas, gosto disso. No colégio, onde vivi os últimos anos, era horrível porque as freiras nunca diziam claramente o que estavam pensando, aliás, acho que nunca diziam, limitavam-se a repetir comportamentos ditos adequados, mas nunca nenhuma delas foi sincera comigo ou falou de igual para igual. Por aqui parece que isso é lei.

– Algumas pessoas dizem que somos rudes, grosseiros.

– Não penso dessa forma, acho que é rude e grosseiro ser hipócrita e dissimulado. Mas entendo que muitas pessoas possam se sentir desconfortáveis, até mesmo a forma de olhar direta e objetiva para os outros é interessante.

– Fico muito contente que se sinta tão bem entre nós. Sabe, onde moro não é diferente.

– Conheci muito pouco da região quando vim para cá com meu tio. Ficamos alguns dias na capital e depois ficamos em outra cidade, gostei de lá. Não tem a mesma simplicidade do campo; achei muito elegante; não imaginava encontrar tanto luxo numa região fronteiriça e tão distante dos grandes centros do país.

– Gabriele, a música está acabando, eu estou adorando te ter tão perto de mim, e queria muito conversar contigo. É um assunto sério, será que tu me acompanharias até o jardim?

– Sozinha?

– É, por favor.

– Minha tia não vai aprovar, Humberto. Não

podemos conversar em um canto mais tranquilo aqui dentro do galpão?

– Claro – concordou ele, e, lançando um olhar em torno, rapidamente identificou um espaço apropriado e a conduziu até lá.

– Gabriele – recomeçou Humberto. – Conversei agora a pouco com teu tio, portanto ele sabe tudo o que vou te dizer e deixou bastante claro que és tu quem vai decidir.

– Eu!?

Gabriele sentia o coração acelerado, "será que posso ter esperanças, nos conhecemos há tão pouco tempo, dias, e ele logo vai partir", pensava. Os olhos brilhavam antecipando seus desejos e revelando sua resposta.

– Sim. Eu nunca me apaixonei por ninguém antes e não sou muito bom com as palavras. Como tu disseste, nós somos muito diretos. Eu estou apaixonado por ti e pedi tua mão em noivado ao sr. Flores há pouco. Agora estou pedindo para ti. Será que posso ter alguma esperança de viver ao teu lado?

– Noivado? – gaguejou Gabriele.

– Não quero menos do que isso, Gabriele. Não temos tempo a perder e as distâncias são muito grandes. Sei que deveria te namorar primeiro e com o tempo revelar o que sinto, mas não vejo razão. Sei que tu também gostas da minha companhia, noto isso quando estamos juntos e... Bom, talvez não devesse dizer, mas acho que tu gostaste de dançar comigo do mesmo modo como eu estava gostando de te abraçar, não é?

Gabriele enrubesceu e baixou os olhos encabulada, mas não negou. Sentia-se ao lado de Humberto como se estivesse embriagada, alegre, feliz, livre, viva. Lembrou-se de todas as orientações sobre como devia uma moça comportar-se; recordou que sempre questionara como as freiras poderiam ditar aquelas normas se elas eram noivas de Cristo, não de um homem. Expulsou todas de sua mente; levantou o olhar e, encarando Humberto, respondeu séria:

– Eu aceito, pois também estou apaixonada por ti.

Humberto tocou-lhe a face com as duas mãos e beijou-lhe a fronte, numa carícia tão suave que ela sorriu e pediu:

– Por que não me abraça?

– Sua tia – justificou Humberto – pode não aprovar.

– Não antes, mas agora eu sou sua noiva e logo ela vai saber.

Ele riu e a tomou nos braços afundando o rosto entre os loiros cabelos de Gabriele e cobrindo-os de pequenos beijos, repletos de uma ânsia contida.

– Muito obrigado – sussurrou ele nos ouvidos da noiva.

– Por quê?

– Por confiar em mim e me fazer feliz, nunca tive um momento mais feliz que este.

– Eu também não, muito obrigada, Humberto – disse ela rindo radiante.

– Eu gostaria de ficar o resto da vida assim, mas acho que devemos falar com seus tios. Estou vendo o sr. Flores e d. Eloíse nos olhando.

– Vamos contar a eles – concordou ela afastando-se e estendendo a mão a Humberto.

Para o casal enamorado foi um verão encantador. Humberto visitou-a sempre que pôde. A distância era considerável, e seguros do afeto que os unia, decidiram que o noivado seria breve.

Os Vilela foram informados do noivado, mas não foram conhecer a jovem, tampouco ela veio visitá-los. João nem sequer associou os nomes, pois Humberto disse ter pedido em casamento a sobrinha e afilhada de Victor Flores, nunca mencionando o sobrenome Rebuchet. Envolto em sua real paixão – os bens materiais, pelos quais sacrificava a vida e seus prazeres

–, João apenas balançou a cabeça concordando com o parecer paterno que aprovava a união.

Em fins de março casavam-se Humberto e Gabriele em uma grande festa realizada no pátio da estância de Victor Flores. João não compareceu; estava tratando de negócios na capital.

..*

Revendo as memórias de João Vilela e confrontando-as com seu revelador monólogo com Doroti, observei que apresentava uma característica peculiar – insensibilidade aos sentimentos alheios e total desconhecimento dos próprios.

A mente de João parecia não ter possibilidade de ampliação. Era como se funcionasse com uma programação muito limitada: negócios, dinheiro, transações mercantis. Ele não fazia um passeio sem que houvesse algum envolvimento comercial; podia ser: um acerto preliminar ou a conclusão de uma tratativa financeira, a realização de uma compra. Enfim, ele não podia, não conseguia fazer ou pensar qualquer coisa na qual não entrasse lucro.

A sua insensibilidade aos sentimentos alheios era tal que nem sequer percebia quando se tornava inconveniente, quando as pessoas estavam nos limites da tolerância para com ele. Ele não via, constatei. Não tinha consciência da própria conduta; a seu ver era a correta, e errados estavam todos aqueles que não agiam do mesmo modo. Viver era acordar todas as manhãs e cumprir uma rotina de trabalho; as relações com os familiares não passavam de compromissos e obrigações, mais da parte deles para com ele do que o contrário.

O egoísmo produz várias doenças; a principal delas é o caráter infantilizado que se traduz justamente nessa insensibilidade com o outro e que pode degenerar em transtornos doentios.

Diria que vejo o egoísmo, na face do egocentrismo, como um predisponente a uma personalidade esquizoide[10], que sofre, mas causa muito sofrimento, ainda mais quando não é identificada. Um esquizoide com controle sobre vidas alheias é um manancial de tortura física e moral, pelos abusos a que submete os semelhantes.

Tornar-se melhor como pessoa humana é a tarefa primordial de todos os espíritos, para isso e tão só para isso encarnamos e reencarnamos infinitas vezes. Até mesmo as nossas expiações de equívocos passados, em última análise, são oportunidades de nos tornarmos pessoas melhores. Reconhecer o egoísmo – esse amor infantil a si mesmo que faz pensar que se é o centro do mundo – e vencê-lo é o caminho da saúde psíquica que se refletirá no físico e no espiritual.

---

10 Esquizoidia – constituição mental em que se observa tendência à solidão, insociabilidade, introspecção e má adaptação à realidade exterior (Fonte: Dicionário Aurélio – Século XXI, versão eletrônica – NA).

Fazendo Sofrer...

Mas já tendes ganho, vós que me escutais: sois infinitamente melhores do que há cem anos: tendes de tal modo mudado, em vosso proveito, que aceitais, sem contestar, uma multidão de ideias novas sobre a liberdade e a fraternidade, que outrora rejeitastes; ora daqui a cem anos, aceitareis, com a mesma facilidade, aquelas que não puderam ainda entrar em vosso cérebro.

Kardec, Allan.
O Evangelho Segundo o Espiritismo.
Capítulo XI, item 10.

João continuou o monólogo com Doroti. Em certo momento, desatou em um riso quase histérico, desdenhoso, escondendo o sofrimento que, em geral, precede o pranto. Típico dos casos de negação da realidade. Alguns o chamam de riso dos loucos. Pensei no que aquela noite, em declínio, cedendo lugar à madrugada, ainda me reservaria. Por anos eu observara João, reunira material sobre suas vivências. Vezes sem conta o vi perambular pela fazenda agindo como se ainda fosse seu senhor e legítimo possuidor, ainda que ciente da condição de espírito desencarnado. Com paciência tentei desvendar, ler nas suas atitudes, o que lhe ia à mente.

Naquela noite, uma boneca de plástico e olhos de vidro era o instrumento útil para desnudar essa mente e, ouvindo suas palavras, observando seu comportamento, não me restavam dúvidas de que seus conflitos e complexos, seus problemas íntimos iam muito além do apego e da negação. O egoísmo enraizara-se de tal forma que ele caminhava sobre a linha divisória entre a saúde e a doença mental. Aquele riso era um sintoma de que sobre essa linha tênue ele pendia para ambos os lados, e a tendência acentuava-se para o doentio.

Ele ria, ria muito. Eu abandonara o material no qual registrava a confissão e tinha minha atenção fixa nele, mas nem assim ele dava sinais de perceber minha presença. Quanto mais ele ria, mais intensa em mim se tornava a tristeza ante a cena. E não me enganava:

ali haveria pranto e ranger de dentes, era questão de tempo.

Reconhecer a mente doentia implica admitir sentimentos e emoções igualmente doentios. Não há ser humano destituído de sentimentos e emoções; eles existem também nos doentes psíquicos, no entanto, com frequência, estão camuflados, sufocados, soterrados. O doente mostra ao mundo uma face fria que é uma ilusão, se considerada do ponto de vista do ser espiritual.

Pobre ser! João sofria, eu não tinha dúvidas.

Muita raiva, rancor e ódio ele deveria ter despertado nas pessoas com as quais conviveu. Que será que elas sentiriam se o vissem naquela noite? Piedade ou satisfação? Oscilariam, creio eu, pois também quem compartilha as horas com um ser limítrofe, como ele, caminha sobre um tênue equilíbrio emocional, a menos que tenha plena consciência, aceitação e informação de com quem está vivendo a fim de entendê-lo e resguardar a própria sanidade no conhecimento libertador. Outro exemplo de que o conhecimento da verdade liberta.

Em meio ao riso ele dizia frases desconexas, entremeadas de gargalhadas descontroladas que o faziam dobrar-se sobre si mesmo. Curioso como o riso ou o choro intenso produzem sensações semelhantes: cegam, causam dor no centro do ser, olhos vermelhos e fazem correr lágrimas. Na natureza as barreiras são muito sutis, todas as coisas em algum ponto se tocam.

"– Ai, ai Doroti... Ah, que dia aquele!... Foi tão ridículo! Um rematado absurdo" – e ria.

"– Sabe, menina, tu precisavas ver a cara dela... Ah, que dia! E ele, então... Um panaca..., perfeito panaca, sempre foi. Que loucura! Só rindo mesmo... Ele chegou à fazenda todo arrumado, cabelo bem penteado, de camisa branca, gravata e suspensório.

Ele não se vestia daquele jeito, parecia um bonequinho. Faceiro. A gente diz que é um bobo alegre quando alguém tem um sorriso tão grande que vai de orelha a orelha. Ele estava assim. O carro cheio de pacotes e malas. Caixas e caixas de coisas de mulher nova, que eu nunca tinha visto. Aqui, nessa fazenda, a única mulher, por anos a fio, foi minha mãe. Ela não tinha nenhum tipo de vaidade, ainda mais depois do que aconteceu com Ermínio. Tinha dois ou três vestidos para usar em casa, um para ir à igreja e outro para as festas da padroeira, a quermesse de São João e algum casamento ou batizado. As mulheres dos peões não eram diferentes. Adotaram a moda das imigrantes que se casavam de preto e vestidos largos ajustados por uma faixa na cintura. Era a roupa que usavam para festas e enterros, grávidas ou não, servia sempre. Mas Humberto voltou para casa trazendo uma mulher jovem e um carro lotado de coisas femininas.

Eu e o pai avistamos ao longe o automóvel, e dava para ver que a mudança era grande. Meu pai coçou a cabeça e riu.

'– Não servirá para nada', disse-me, e continuou satisfeito: '– Mas está certo, a moça não tinha como saber, não é mesmo? E já era mais do que hora que um de vocês se casasse, afinal, para que tanto trabalho se não haverá herdeiros para continuar o negócio? Tu devias fazer a mesma coisa: arrumar uma mulher nova, casar e ter filhos.'

Não sei, até hoje, por que ele me disse isso; jamais tinha falado no assunto; nem perguntava pela vida pessoal de nenhum dos filhos. Éramos trabalhadores, tanto quanto os peões que viviam no galpão ou na vila. Mas, naquele dia, ele falou e, enquanto observava à distância de muitos metros a chegada de meu irmão, lembrei-me de Gabriele. Eu a tinha esquecido, em meio ao trabalho. E, então respondi a ele:

'– Em breve.'

Muito surpreso, ele me olhou e indagou:

'– Então, há uma moça, quem é? É filha de gente conhecida, ou é outra estranha?'

Não respondi. As palavras dele foram suficientes para que eu percebesse certo desagrado na união de Humberto, embora a satisfação demonstrada.

Quando o carro parou, à nossa frente, constatamos o tamanho da bagagem da moça. Humberto desceu e quase não o reconhecemos. Nunca esqueci aquela cara de felicidade, de contentamento. Cumprimentou-nos sorridente.

A mulher continuava no carro; usava um chapeuzinho, tipo touca – era moda na época – e estava com a cabeça baixa. O sol do fim da tarde batia sobre o vidro, e o reflexo era tão intenso que não permitia ver mais que um vulto feminino. Eu não a reconheci. Foi quando ela entrou em nossa casa de braço com Humberto, e tão feliz quanto ele, que a reconheci."

João suspirou. Enquanto falava, o riso histérico, pouco a pouco, cedeu. Sua voz tornou-se grave e a expressão séria; o choque emocional do passado ainda atuava. Vi o rancor emergir das profundezas daquela alma.

"– Ele me roubou – declarou João a Doroti. – Roubou-me o que eu mais desejava. Fez com que eu me sentisse um verme. Eu o odiei daquele dia em diante. Minha vida tornou-se um suplício."

Emoções fortes sacudiram-no; irritou-se com as lembranças. Olhava a porta principal do velho casarão como se aguardasse a qualquer momento Humberto e Gabriele cruzarem os batentes e invadirem sua morada. Sim, invadirem. João não compartilhava nada; o sentimento de posse e o senso de propriedade faziam com que se visse sempre como o dono de qualquer espaço ou coisa. Na sua forma doentia de ver os fatos, ele tolerava a presença dos outros, mas não lhes reconhecia direitos; afetos não entravam na sua compreensão da vida. Assim viveu longos anos, sofrendo e fazendo sofrer.

Desorientou-se, levantou do sofá e pôs-se a caminhar nervosamente pela sala. O semblante estampava uma batalha emocional intensa. Da mesma forma intempestiva como havia começado aquele monólogo com Doroti, abandonou-o. Com passos rápidos saiu pelo corredor em direção aos fundos da casa e dali ganhou o campo no amanhecer de um dia que prometia ser esplendoroso. Não viu a promessa da natureza, tampouco daria importância. Segundo a sua lógica de raciocínio, tanto fazia o sol ou a chuva, as horas eram as mesmas e o dever era trabalhar; a natureza não lhe servia para mais nada, não lhe trazia exemplos ou questionamentos. Como não podia adonar-se dos fenômenos naturais, aceitava-os e deles não retirava uma única lição.

Acompanhei sua fuga e, por alguns instantes, permaneci nos fundos do casarão. Depois retornei à sala de visitas. A imagem de Doroti sentada no sofá dizia que o ser humano é insubstituível e o quanto são valiosas as interações. Ela fora boa ouvinte, mas como não era um ser vivo apenas uma criação mental – uma amiga imaginária – não fora, cem por cento, útil; porque também é fundamental intervir num momento de crise e, muitas vezes, confrontar alguém. Dar-lhe continência para que reflita; para isso é preciso ter individualidade e segurança. Doroti não as possuía; era um ser frágil e dependente de quem lhe emprestava uma existência fictícia; jamais iria contrariar seu "amigo vivificador".

Não havia mais o que fazer na secular fazenda. João teria um dia rotineiro. Lancei um último olhar à boneca escabelada e saí.

Continuaria meu trabalho em nossa instituição.

Ignorar é Sempre Tortura

Não há nada bom ou mau, mas o pensamento o faz assim.

Shakespeare, William.

A porta da minha sala de trabalho abriu-se de repente. Sobressaltei-me.

– Ah! Até que enfim! Se eu não soubesse que a história e o local que você pesquisa são tão próximos juro que apostaria...

– Numa viagem no tempo e no espaço de maiores proporções – completei recuperando-me do susto. – Eu sei. Mas, embora tudo seja relativamente próximo, em termos físicos, não tenho como precisar as distâncias que se operam na mente, onde tempo e lugar são imprecisos.

– Eu que o diga! São verdadeiros abismos – declarou Georges[11], parando à frente de minha mesa de trabalho. – Mas você tem estado mais distante em razão desse trabalho do que de todos os que tenho acompanhado. De onde colheu o material que o interessa tanto?

– De um pequeno cemitério, no meio de um campo, no sul do Brasil.

– Retorno aos velhos hábitos, meu amigo?

– Sempre busquei histórias nos cemitérios, é fato. Vagava por eles observando nomes e lápides. Questionava-me que histórias os túmulos encerravam. A morte é o fim de uma jornada, de uma experiência, de um romance vivido; eu ansiava por saber o que aquelas almas poderiam me contar; queria saber o que tinham aprendido sentido, realizado. As profundezas do ser humano me fascinam; de qualquer um, há um material riquíssimo em todas as pessoas que deve ser

---

11 Personagem citado nos livros *Dramas da paixão*, *O bispo* e *Na ponta dos pés* (NA).

compartilhado. Sou um abelhudo, defeito não corrigido. Não lhe parece lógico que agora podendo desvendar essas vidas, tão ricas, eu volte a fazê-lo?

– Ao que sei você já fazia isso antes – acusou Georges sorridente.

Era verdade, utilizei-me do magnetismo e de médiuns sonâmbulos e videntes quando encarnado, ainda em época precedente ao advento da Codificação da Doutrina Espírita, em um período de grande efervescência das manifestações medianímicas.

– É, fazia. Mas hoje disponho de melhores meios, maior riqueza de detalhes. Naquela época minha imaginação precisava reconstruir muitas passagens, a maioria. Confesso que obtinha roteiros e grande inspiração para desenvolver temas naqueles trabalhos investigativos. Hoje, eu aprendo, e é o meu aprendizado que transcrevo aos leitores. Há uma sutil diferença.

– Entendo. Sinto o mesmo em relação aos meus conhecimentos e práticas anteriores. Posso dizer que tateava no conhecimento da vida humana, do corpo, da saúde e da doença. O entendimento que tive parece-me nublado diante do presente. Mas posso saber o que descobriu de tão interessante nesse cemitério?

– Se eu precisasse resumir meu achado o faria dizendo que o desconhecimento é torturante, causa um sofrimento intenso.

Georges, incrédulo, balançou a cabeça.

– Não sabia disso, José. Não creio. Explique-me essa ideia ou diga logo que não quer falar.

– Ótimo! Aguarde – respondi ciente de que para meu caro Georges era a pior resposta. Poucas pessoas, do meu conhecimento, são tão curiosas quanto ele. – Então, posso saber o que deseja?

– Vê-lo, em primeiro lugar. Sabe o quanto detesto essa porta aberta – falou apontando para o vão de acesso ao meu estúdio.

Todos, em nossa instituição, sabem que quando

está fechada é porque estou trabalhando; encontrá-la aberta é indicativo de que não estou presente. Georges é o único a desrespeitar essa amistosa convenção.

– Mas entendo que é necessário, disse. Em segundo lugar, vim convidá-lo para um encontro. Receberemos alguns amigos interessados em acompanhar atendimentos feitos sob minha supervisão em nossa instituição. Acredito que vai gostar.

Estendeu-me um breve cronograma com as atividades que seriam desenvolvidas e os participantes.

– Muito interessante. Vem a calhar com o que tenho observado. Conte comigo.

Fingindo surpresa, Georges arregalou seus grandes olhos castanhos e encarou-me, falando sério:

– Não diga que consegui algo mais interessante do que a história descoberta num velho cemitério? No meio do campo, de uma vastidão verde e azul, eu imagino.

– Não, meu caro, mais interessante não. Diria que tanto quanto.

Desfazendo a expressão fingida, olhou-me com o carinho costumeiro, tocou-me o ombro e disse:

– Vai ser muito bom contar com você – e dirigiu-se à porta. Ela se fechava quando ouvi um sussurrado:
– Bom trabalho.

Logo depois registrei o cantarolar alegre de Georges e o som de seus passos firmes em direção à ala onde alojava seus pacientes em estados mais severos, a mesma na qual um dia foram recolhidos Irina e Ricardo, próxima de onde ainda se encontram Maria Helena e o pequeno Gabriel[12]. Esperava que em breve ela abrigasse João Vilela, mas Georges não sabia das minhas intenções.

Debrucei-me sobre minhas anotações. Impressionava-me como João podia ter da realidade, ou melhor,

---

12 Personagens cujas vidas o autor narra em seus romances *Ídolos de barro*, *O bispo*, *Dramas da paixão* e *Na ponta dos pés* (NA).

dos fatos, uma visão tão pessoal. Entendo que ela era e continua sendo um produto da sua personalidade esquizoide, e essa compreensão lança uma luz mais clara sobre expressões como: "dar a cada um o devido tempo para entender" e que, por inúmeras razões, "não vemos as mesmas coisas".

A percepção que João revelara no monólogo com Doroti estava para a efetividade dos acontecimentos como a visão que um daltônico tem do verde: será sempre vermelho; é invertida, não corresponde ao fato.

Ele se declarara roubado pelo irmão. Mas só sentira esse "roubo" ao reconhecer Gabriele. Sentira-se vítima, mais de uma vez, pois é preciso lembrar que ele declarara que o nascimento do irmão fora um tormento; o que ocorreu quando estava em uma idade que permitia plenas condições de entendimento.

Ciúme, vitimização, fantasia em excesso estavam presentes em seu modo de ser. Causas para esses sentimentos eram irreais, mas não para ele, e assim justificaria todos os atos praticados. Entender o quanto noções como o que seja verdade e o que seja realidade são subjetivas é um grande passo na melhoria de nossas relações humanas.

Pelas minhas pesquisas sabia que Humberto e Gabriele nada haviam notado de estranho na conduta arredia de João. Ao recepcioná-los na fazenda fora cortês e educado. Como todas as atenções se voltaram para a jovem esposa do irmão, ele pretextou, de forma lacônica, um trabalho a concluir e se retirou.

Os recém-casados não deram importância àquela atitude; os pais, menos ainda, estavam acostumados ao comportamento frio do filho mais velho.

À noite, quando se encontrava no leito junto ao marido, Gabriele comentou:

– Eu já conhecia teu irmão. Engraçado, quando tu falavas nele, nunca associei as duas pessoas – e encostando-se no corpo do marido completou: – Também, nunca mais me lembrei do pobre.

– Onde vocês se conheceram? – indagou Humberto, acariciando os cabelos da mulher.

– No hotel, na cidade. Foi quando saí do colégio interno e fui passar uns tempos com a madrinha. Meu tio resolveu descansar e paramos alguns dias. Na época minha madrinha estava em Montevidéu. Teu irmão estava hospedado no hotel e fez amizade com meu tio. Falavam tanto em gado e negócios que dei graças a Deus quando fomos embora.

– Ele trabalha demais. Na vida dele não existe nada além dessa fazenda. É triste. A minha também já foi assim, embora um pouco melhor; sempre tive amigos.

– O teu irmão é estranho, esquisito. É mais bicho do mato do que eu, que fui criada em colégio de freira e num cafundó longe de tudo.

– Que bom! Benditos sejam! Vou pagar uma missa de ação de graças – declarou Humberto sorrindo, feliz.

– Ora, por quê?

– Foste escondida de todo mundo e eu te achei na estância dos Flores, bem longe.

– Outro cafundó – respondeu Gabriele rindo com o marido. – Ainda bem que eu gosto.

O tempo provou que ela fora sincera; adaptou-se à vida isolada na fazenda da Marambaia. Uniu-se aos seus habitantes, promovendo outro estilo de relacionamento com maior proximidade entre eles.

Semanas depois da chegada do casal os pais de Humberto decidiram viajar, rever familiares que há muito não visitavam.

– Tua esposa és excelente dona de casa, Humberto. Meus parabéns por tua escolha, não podia ter sido melhor. Viajarei tranquila, sei que Gabriele tomará conta de tudo melhor do que eu; vocês nem vão notar nossa ausência – disse Adelina calando os protestos dos filhos ao anúncio feito pelo sr. Adolfo da partida próxima.

Decidida, encarou a nora, que ficara rubra com os elogios, e completou:

– Amanhã arrumarei as malas, conforme é vontade do pai de vocês. Gabriele, não perca a linha com eles, ou vão se tornar muito mal-educados.

– Que é isso, d. Adelina, assim vou ficar sem jeito – falou Gabriele. – Humberto e João são muito cuidadosos com as coisas da casa.

– Não te iludas – alertou Adelina. – Dá muita liberdade e eles vão sentar para o almoço sem terem se lavado e com chapéu na cabeça. Não deixa! Eles só pensam em trabalhar.

João, alheio ao que dizia a mãe, continuou sua refeição como se falasse de estranhos; o mesmo fez Adolfo. Humberto sorriu matreiro e piscou o olho para a esposa, encantando-se ao ver que ela ficava rubra e sem graça com a continuidade das exortações da sogra.

Como programado, dois dias após, os proprietários da fazenda partiram. Gabriele assumiu a direção da casa e, lentamente, foi inserindo mudanças.

Os presentes de casamento foram, um a um, ganhando espaço na casa. Enfeites e vasos novos com flores alegraram as salas. A cozinha, um espaço que a jovem adorava, foi ganhando suas características, tornando-se mais jovial e repleta de temperos e especiarias.

Os aromas dos pratos simples recendiam pela casa e podiam ser sentidos há alguns metros no pátio.

Fez das atividades de preparação de doces e matanças de animais para consumo dos moradores, dias de festa, reunindo as mulheres que moravam na fazenda.

A sua alegria contagiava o ambiente. O velho

casarão, graças ao jovem casal, recuperava o aspecto de um lar, que há muito tinha perdido.

A relação com o cunhado, no entanto, não avançara um único passo. João permanecia frio e distante; poucas palavras dirigia ao irmão e à esposa, apenas as estritamente necessárias à solução de questões relativas ao trabalho da fazenda. Não se juntava a eles em passeios pela fazenda, nem à noite, quando, após o jantar, ficavam conversando. Recém-casados, em geral, não dão atenção ao comportamento dos outros; há uma tendência ao isolamento, que eles buscam, e os demais incentivam. Por esse motivo julgavam natural o proceder de João.

Mas ele espreitava os passeios do casal a uma boa distância, seguro de não ser notado e, durante as noites, apurava a audição para ouvir o que diziam. Na intimidade de João o ciúme roía como ratazana daninha, rápido e sem piedade. Invejava o irmão e ruminava sua raiva culpando-o por haver-lhe roubado a mulher amada. Desconheciam o que aquela mente doentia enxergava, interpretava e arquitetava diante do que "imaginava" estar vivendo.

Dois meses se passaram até que recebessem notícias dos pais. Uma carta breve informava que estavam bem e continuariam ausentes por tempo indeterminado. Estavam reunidos na sala de estar, após o jantar, pela primeira vez, e Gabriele lia a missiva da sogra em voz alta.

– Que bom que estão bem – falou após concluir a leitura.

– Eles demoraram a sair de casa, agora não querem mais voltar – comentou Humberto brincando.

– Nosso pai deve ter encontrado algum negócio interessante e que está analisando com calma – sentenciou João. – Assim que terminar, eles voltarão.

– Pode ser – concordou Humberto. – Mas, não

sei por que, desconfio que eles foram a procura de Ermínio.

– O irmão de vocês que fugiu? – indagou Gabriele, recordando-se das conversas do tempo de namoro.

– Não, tu enlouqueceste! Eles jamais fariam isso. Ninguém sabe o paradeiro dele, nunca deu notícias – atalhou João, sem dar atenção à cunhada.

– Que história triste! – comentou Gabriele dirigindo-se ao marido e ignorando João. – Para mim, parece natural que teus pais desejem encontrá-lo, afinal é filho deles. Deve ser uma dor enorme não saber o destino de um filho, nem as causas de seu desaparecimento.

– Meu pai sabe, acho que a mãe também sabe alguma coisa – disse Humberto, tomando a mão da esposa entre as suas. – Ela nunca mais foi a mesma depois daquela madrugada. Tem razão, ela sofre e muito por causa dele.

– Não devia, ele não merece – declarou João categórico. – Tinha tudo aqui; se fez bobagem, foi porque quis, além do mais só dava problema: era doente, não gostava de trabalhar, não servia para nada.

Gabriele ficou chocada ao ouvir o cunhado, perscrutou-lhe o semblante e horrorizou-se com a sua frieza. "Será que não tem nenhum sentimento pelo irmão desaparecido? Será que nunca pensa nele?" questionou-se.

A reflexão serviu para que percebesse que também estava distante de seus familiares e tomasse consciência de que mesmo feliz com a vida de casada, sentia saudade deles. Perdida em devaneios sobre seus afetos, não deu atenção à conversa entre os irmãos. Por uma ou outra palavra que escutava deduzia que o assunto dizia respeito aos negócios da fazenda.

"Meu Deus, preciso escrever-lhes, dar notícias minhas; devem estar angustiados, especialmente meu tio. E a carta para ele vai demorar mais a chegar. A madrinha não é tão longe; vou convidar Humberto para irmos visitá-la por poucos dias", deliberou Gabriele, envolta em suas lembranças. Não sabia que aquela decisão era a primeira lenha na fogueira do inferno que em breve se acenderia ao seu redor.

Como era mulher de pensar e agir, na próxima ida do cunhado à cidade vizinha, quando faziam a primeira refeição do dia, interpelou-o solicitando auxílio.

– Ir ao correio, para quê? – indagou João, surpreendido com o pedido, mas ao mesmo tempo lisonjeado, julgando que Gabriele começava a arrepender-se da escolha feita entre os irmãos. Ele era o mais competente, o capaz de satisfazê-la e realizar seus desejos.

– Escrevi cartas para meus familiares, peço-lhe a gentileza de despachá-las na repartição dos correios.

– Mas faz tão pouco tempo que estás morando aqui, já com saudades? – insistiu João.

– Faz meses que nos casamos – lembrou Humberto interferindo na conversa. – É natural que Gabriele queira dar notícia à família, que sinta falta deles.

– É pouco tempo. Nossos pais não visitavam os parentes há mais de dez anos. Nunca recebemos cartas de ninguém – retrucou João disposto a irritar o casal e valorizar seu ato como se fosse maior que um simples e rápido favor. – Acho uma bobagem, tenho muito trabalho a fazer na cidade, mas darei um jeito de despachar as tuas cartas.

– Obrigada! – agradeceu Gabriele sorrindo para o cunhado. – Sei que estás muito ocupado, mas és o único a ir à cidade.

Satisfeito com o entendimento da cunhada, João terminou o café da manhã, levantou-se e saiu da sala. Seus passos apressados ecoaram no corredor e logo ele retornava ao encontro do casal, que, alheio ao que se passava em sua mente, conversava animado trocando ternos olhares e carícias. A cena o desagradou e, com rispidez, exigiu que Gabriele lhe trouxesse as cartas, separando-os. E enfatizou:

– Apura-te, mulher. Tenho muito a fazer, não posso perder tempo com bobagens.

Sentindo-se agredida e humilhada com o "favor" que João lhe prestava, a esposa de Humberto precisou conter o ímpeto de dispensar a "gentileza do cunhado". Somente a lembrança da angústia que imaginava estarem sentindo seus familiares a fez engolir o orgulho e ignorar a agressão gratuita, segundo seu modo de ver. Em silêncio, obedeceu-o.

Humberto, para quem aquele comportamento e modo de falar não eram novidades, pois desde que se conhecia por gente João era de "mau gênio", como dizia Adelina, nada estranhou. Notou espanto e um brilho de raiva no olhar da esposa, porém julgou oportuno não intervir. "Ela aprenderá, por si mesma, a forma de entender João e lidar com ele", pensava.

Na prática o aprendizado mostrou-se difícil. O humor de João oscilava e, com ele, o clima da família. Gabriele nunca soube o que esperar do cunhado. Havia dias em que ele amanhecia calmo e frio e, sem qualquer razão aparente, tornava-se irascível, insuportável.

As causas não aconteciam no plano da realidade fática, por isso sua conduta era incompreensível aos demais. Tudo se passava na mente de João e no modo de interpretar o que via; ali as coisas podiam ser absurdamente diferentes.

Gabriele nem sequer imaginava que o cunhado vivera e vivia um romance com ela.

Passou a incomodá-la sempre que o marido se afastava do casarão; vinha a sua procura com desculpas esfarrapadas como pedir pequenos concertos em suas roupas. De início, ela considerou que ele buscava aproximar-se, conhecê-la, desenvolver uma amizade, mas logo notou que ele não tinha tal sentimento, pois não se estabelecia entre eles qualquer laço afetivo, o que a deixava inquieta em sua companhia.

Parecia assédio, mas não se concretizava, deixando-a em suspenso sem saber qual a melhor atitude a adotar.

Algumas semanas transcorreram até que ela resolvesse comentar as atitudes de João. Estavam a caminho da fazenda dos Flores, para a primeira visita após o casamento.

– Humberto, fale-me sobre o teu irmão – pediu ela. – Ele sempre foi arredio ou é só comigo?

O marido riu da forma como ela se referia ao irmão.

– Arredio é um cavalo xucro que precisa ser domado. João é bem pior que isso, nem nossos pais sentaram arreios nele, e, olha, ele não é mais criança.

– O que quer dizer? Ele sempre foi assim, não é por causa do nosso casamento? Por que sou uma estranha na família?

– Não notei nenhuma diferença nele – respondeu Humberto sucinto.

Gabriele chocou-se com a resposta taxativa; voltou a cabeça em direção à pequena janela apreciando os campos verdes e as atividades pastoris. A tranquilidade da cena conhecida não lhe deu a pacificação esperada. Respirou fundo e voltou a encarar Humberto.

– Não é possível – comentou incrédula. – Mudanças são naturais quando alguém ingressa em uma família. Ainda que seja um filho que nasça, traz alterações, transforma, modifica as pessoas e o ambiente. Existe um re-arranjo, se é que essa palavra existe.

– Concordo, meu amor. Veja: meus pais viajaram e estão fora há meses; as famílias dos peões e até aqueles que vivem sozinhos mudaram os hábitos com a tua chegada, estão mais próximos, mais amigos. No entanto, João continua agindo como sempre agiu. Tu estás estranhando, eu entendo, sei que ele é genioso, cheio de manias e não dá importância à opinião de ninguém. É difícil conviver com ele, mas com o passar do tempo irás acostumar. O melhor a fazer é não dares importância às rabugices dele. Vive para o trabalho e o dinheiro, é muito pobre o meu irmão – explicou Humberto retirando uma mão da direção do veículo e pousando-a na perna da mulher, acariciando-a e lançando-lhe olhares maliciosos que a fizeram rir e esquecer o tumultuado relacionamento com o cunhado.

– Miserável é o que ele é, tenho pena: os anjos não sorriem para ele, nem dormem ao seu lado – insistiu Humberto.

– Quer que eu seja um anjo? – provocou Gabriele. – Pensei que queria uma mulher.

– Uma mulher angelical, pode ser?

O restante da viagem transcorreu alegre; conversaram sobre diferentes assuntos entre carícias normais a um casal apaixonado.

Estavam na fazenda dos tios da jovem, cenário de seu breve namoro e noivado, e todos constatavam a felicidade do casal. Era domingo à tarde e compartilhavam o lanche quando Victor Flores recebeu de seu capataz uma notícia que trouxe preocupação ao seu semblante. Falando rapidamente, em espanhol, deu ordens ao empregado que se retirou.

– Aconteceu alguma coisa, tio? – questionou Gabriele.

– Uma vaca não consegue parir a cria – esclareceu ele e lamentou: – É uma de nossas melhores...

– Se quiser ir ver o animal eu te acompanho – ofereceu Humberto. – Sabe que tenho prática.

– É mesmo! Nem tinha me lembrado, meu filho. Se não se importas, podemos ir agora.

– Prontamente – levantou-se, beijou o alto da cabeça da esposa. – Volto logo.

– Não tenhas pressa, cuides para que o animal não

sofra – pediu Gabriele, enternecida com a dificuldade da vaca.

– Farei o possível – respondeu Humberto, enquanto acenava para a anfitriã que também se despedia do marido.

– Eis o destino das mulheres: ficar sozinhas em casa enquanto os maridos partem em bandos para a lida do campo – sentenciou Eloíse, sorrindo para a afilhada. – Não te sentes solitária em tua nova casa, querida?

– Sinto falta de Humberto, sim. Mas, não posso viver agarrada nele. Fiz amizade com os trabalhadores da fazenda. Logo que cheguei, eles estranharam, porém, os conquistei; agora, são meus amigos e tenho meus dias cheios de atividade.

– Que bom, filha! Rezei muito por ti, sei o quanto é difícil a adaptação ao casamento. E, é ainda pior, quando todos os demais são estranhos para nós, mas familiarizados entre si. Eu me senti a legítima estranha no ninho quando cheguei aqui recém-casada com Victor; foi um tormento – recordou Eloíse e prosseguiu falando suas memórias, desabafando antigos padecimentos.

A confissão da madrinha deu ânimo a Gabriele para relatar as dificuldades com o cunhado e pedir-lhe a opinião.

– Conheço o sr. João apenas de vista; sempre que veio à nossa casa foi para tratar de negócios; nunca se demorou, um segundo sequer, em uma visita de cortesia. O máximo que fiz até hoje foi apertar-lhe a mão e oferecer-lhe uma xícara de café. Acredita, minha querida, que ele nunca conversou comigo? Por tudo isso, estranhamos tanto, Victor e eu, a conduta de Humberto; eles são como água e azeite, não se misturam, nem se comparam. Tem paciência, Gabriele. Trate-o bem, com a educação que nossa família te ensinou, não deixa que ele tenha queixas de ti e, também, não lhe peça mais nada.

– Mas, madrinha, isso é tão frio! Eu vou agir de maneira idêntica a dele; não é o que gostaria de fazer...

– Eu sei – atalhou Eloíse sorrindo complacente. – Tu estás com a cabeça cheia de sonhos. Esqueça-os, para o teu bem. A família de Humberto vive dessa maneira há anos, meu amor. Pensa nisso! Não é a tua chegada que vai mudá-los tão radicalmente. Aceite-os como são, com todas as esquisitices que têm. É o caminho para que te aceitem, com as tuas. Ninguém tem o dever de nos amar e respeitar...

– Mas é o que me ensinaram, tanto em casa quanto no colégio interno – protestou Gabriele, chocada com as ideias da tia.

– Eu sei, menina. Mas a escola e a família muitas vezes ensinam ilusões, e o tempo as desfaz. Não, não fiques tão chocada com o que te digo, são verdades.

Gabriele contemplou a face serena e firme da madrinha; por sua mente desfilaram antigas recordações. Revendo-as, constatou a veracidade das palavras da tia. Balançou a cabeça, depois baixou o olhar, fitando a xícara vazia.

– Mais café? – indagou Eloíse, apanhando o bule para servi-la.

Gabriele reagiu, colocando a mão sobre a xícara e, voltando a olhar à madrinha, respondeu:

– Não, obrigada. Eu estava pensando no que a senhora disse. Verdades chocam. Será que é por que somos educados com ilusões?

– Por certo. Sabe, Gabriele, vivendo neste lugar, distante de tudo e de todos, descobri o quanto de ilusões haviam me ensinado. Foi duro libertar-me delas. Sei que fizeram isso por amor, queriam proteger-me do sofrimento. É sempre esse o anseio que temos em relação àqueles que amamos: que não sofram. Mas é inevitável! Então, o melhor é encarar o mais friamente possível essa verdade. Cientes de que, de alguma forma, todos experimentaremos o sofrimento, ao menos nos libertamos de torná-lo mais acerbo, acrescentando-lhe a frustração, a desilusão e o sentimento de impotência. Aceita meu conselho, Gabriele, por mais chocante que te pareça; é fruto do meu aprendizado. Viver por estas bandas exige certa dureza, e dizem mesmo que somos rudes. Deve ser o resultado da descoberta que afetações, convenções sociais, ilusões, não nos garantem sobreviver a invernos frios nem à solidão e ao silêncio ou à rotina de acompanhar os ciclos do gado; a fazer queijo e doce de leite todos os dias. Falam que isso vai mudar com a instalação dos frigoríficos. Vou esperar e rezar.

Gabriele riu, estendeu a mão sobre a mesa e pressionou com suavidade a mão da madrinha ao dizer:

– Entendi a lição, obrigada. Sinto-me mais leve. Carregava, em meu coração, uma incerteza grande: não sabia se conseguiria modificar a família de Humberto. Tinha medo, muito medo, de fracassar.

– Tira esse peso dos teus ombros, menina. Ninguém muda outra pessoa, quanto mais uma família inteira. Que pretensão! Continua sendo do teu jeito e deixa que eles decidam te amar ou não. E te sintas livre para fazer o mesmo em relação a eles. Não há possibilidade de dar ordens aos sentimentos. Seria ótimo se pudéssemos dizer: vou amar fulana; vou esquecer tais e tais mágoas; vou simpatizar com beltrana... Mas, não é assim. Temos que decidir o que fazer com o que sentimos. Teu cunhado é estranho, esquisito, tu não gostas dele, eis os fatos. O que resta fazer? O que é possível? Aceitar e buscar viver e conviver de tal forma que não te firas nem firas a ele ou aos outros por causa dessa antipatia. A tolerância e o respeito, em geral, resolvem essas questões. No entanto, reconheço que é fácil falar e difícil executar o meu conselho. Saberás o melhor a fazer. Concentra tua atenção no teu casamento; o resto é secundário e assim deve ser tratado. Não pensas, por acaso, que o Humberto casou contigo para que resolvesses os problemas da família dele, não é? Ah, isso não! Eu te garanto que essa ideia não passou pela cabeça dele nem sequer por um segundo.

Aliviada, Gabriele suspirou e sorriu. A madrinha levantou-se e começou a recolher as louças usadas. Dirigindo-se à cozinha, comentou:

– Está quase na hora da ordenha. Vou preparar os tarros para armazenar o leite. Será mesmo que essa rotina vai mudar? Já imaginou, que sonho! Adeus tarros, bacias e tachos!

Os conselhos mostraram-se sábios. Gabriele retornou despreocupada e alegre à fazenda da Marambaia.

A vida, com frequência, proporciona-nos encontros providenciais com ideias que nos auxiliam em momentos decisivos. Elas chegam às vezes, por meio de um livro, de uma música, de uma poesia ou no diálogo inesperado com alguém e vêm na hora exata.

Alguns dias após o regresso do casal, no fim da tarde, um automóvel desconhecido estacionou em frente ao casarão, espantando patos e galinhas que correram grasnando assustados rumo aos celeiros enquanto os cachorros latiam cercando o veículo, impedindo o motorista de descer.

Enxugando as mãos no avental, Gabriele abriu a porta dos fundos e contornou o casarão pelo lado de fora, chegando à frente, ordenou:

– Quietos!

Os cães a obedeceram, mas continuavam a olhar desconfiados para o motorista que receoso deixava a segurança do carro.

– Boa tarde, senhora – cumprimentou.

– Boa tarde.

– Por favor, o sr. João Vilela se encontra? Preciso, com urgência, entregar-lhe o documento que chegou pela manhã – informou o motorista.

– Meu cunhado está no campo, retornará à noite. Sou Gabriele Vilela, pode entregar-me o documento.

– Sendo assim, por gentileza, assines o recebimento – solicitou o homem apanhando um livro no banco do veículo e estendendo-o à Gabriele com uma caneta. – A despesa será lançada na conta da fazenda.

Gabriele concordou, assinou o livro e recebeu o telegrama lacrado. Enquanto o carro se afastava em direção à cidade, ela indagava-se, curiosa, qual seria o teor da mensagem. Olhou o envelope e sentiu um mal-estar. Ficou ansiosa e, sem atinar a razão, lembrou-se dos conselhos da tia. Repreendeu-se resmungando:

– Não tem nada a ver, devo estar ficando maluca... Mas é urgente ou não teriam se abalado até aqui.

Quando os homens retornaram da lida campeira, ela entregou-o a João que o leu em silêncio e, com a frieza que o caracterizava, estendeu a mensagem ao irmão. Era de um parente distante e, dizia:

"Prezado João. Acidente fatal. Corpos de seus pais trasladados para Pelotas pelo vapor. Chegarão em três dias. Sinceros pêsames. Gaudêncio".

Após a leitura, João deixou-se cair sobre uma poltrona. Gabriele viu o marido empalidecer, tremer; seus olhos arregalaram-se conforme entendia o significado das palavras impressas.

– Que horror! – sussurrou Humberto. – Que desgraça! Que tragédia! Como aconteceu... – lágrimas embargaram-lhe a voz. Deparando com o olhar da mulher sentiu-se frágil, sozinho, carente, e puxou-a para seus braços; queria ser abraçado, precisava tocar alguém.

– O que houve, Humberto?

– Um acidente. Nossos pais estão mortos – informou João objetivo, antecipando-se ao irmão.

Gabriele assistiu perplexa ao desenrolar dos fatos desde a leitura do telegrama até o sepultamento dos sogros, no pequeno cemitério da família próximo da lagoa. Nenhuma lágrima, queixa, protesto, inconformação ou surpresa foram demonstrados pelo cunhado.

Analisava-o incrédula. Durante os dias que sucederam a chegada da notícia pouco se modificou na rotina de João. Durante o velório e a missa de corpo presente, celebrada na igreja da vila, o olhar dele era frio, distante, sério e voltava-se à observação avaliativa dos campos e do gado. Seu pensamento seguia atrelado ao trabalho, ao comércio e às finanças. A súbita morte dos genitores aparentemente não tivera significado.

O marido reagira de forma diversa. O abatimento e a tristeza estampavam-se em seu semblante. O olhar espelhava o vazio e a incredulidade que habitavam seu ser naqueles dias tão sombrios.

Horrorizada ouviu, sem querer, durante os funerais, fragmentos de um diálogo entre João Raul e um vizinho em que negociavam a compra e venda de reprodutores bovinos.

"O que é isso? Como é possível? Meu Deus! Minha Nossa Senhora! Tenham piedade da alma da minha sogra, pobre mãe, não mereceu do filho uma lágrima, nem uma prece... Como viveram? Como posso entender esse fim tão infeliz, tão trágico e ... tão... tão frio, insensível dessas vidas? Humberto está sentido, chocado, como é normal à ocasião; mas o irmão preocupa-se em emprenhar as vacas! Conheci pouco os meus sogros. Mas eram boas pessoas, honestas, trabalhadoras". Nesse ponto das reflexões ela se deu conta de que era tudo quanto podia dizer dos mortos.

Discreta, observou a reação dos peões. Homens

rudes, mas emotivos; eram respeitosos, pareciam constritos, segurando seus chapéus; olhos fechados, balbuciavam orações decoradas. Alguns enxugavam, com as mãos calejadas, silenciosas lágrimas; outros conversavam baixinho, trocando informações desencontradas sobre como teria ocorrido o sinistro.

Gabriele não tinha resposta para as perguntas que ouvia, acreditava que ninguém tinha. A carta que acompanhara os corpos era breve, oferecendo educadas condolências à família e ignorando a necessidade de explicações sobre o ocorrido.

Recordou o dia em que os corpos haviam chegado vários dias após o óbito. João e Humberto viram os esquifes abertos. Ela vira o horror e o medo na face do marido quando, após segundos, ele abandonara o local aos gritos:

– Fecha isso, João! É melhor que ninguém mais veja, não é preciso. É horrível!

Abraçara-o, sentindo-lhe o corpo tremer sob o impacto das emoções. Ele soluçara, enquanto o irmão examinava o tétrico espetáculo sem pressa.

– Ele é louco – murmurara Humberto em choque com a atitude de João ante a morte trágica dos pais, e voltou a ordenar: – Fecha de uma vez!

Voltando ao presente, considerou, pela primeira vez, seriamente a possibilidade de o cunhado ser insano. No entanto, faltavam-lhe informações acerca das doenças da mente.

Passado o período de luto, no qual precisava justificar para si mesma as atitudes frias do cunhado, prevaleceram os clichês do tipo: *Só é louco quem rasga dinheiro ou carrega água em balde furado*. Como ele não fazia nada disso, julgava-o em perfeita sanidade mental.

O Nascimento

O mais elevado estágio possível em cultura moral é quando reconhecemos que devemos controlar nossos pensamentos.

Darwin, Charles.
Citação extraída do livro-clipping
A essência do pensamento. Martin Claret.

Gabriele assumiu a condição de dona da fazenda. Respondia pelos trabalhos da casa, auxiliava no cuidado com os trabalhadores, comandava junto com o marido e o cunhado qualquer atividade realizada na propriedade. Diferente de sua sogra, não limitava sua função às lides domésticas. Humberto dera-lhe a liberdade de conhecer e auxiliar onde desejasse; indo com ele para o campo ficavam mais próximos. Com essa rotina ela sepultou o sonho de ter sua própria casa, de construí-la conforme seu desejo, aonde somente ela, o marido e os filhos, quando viessem, morariam.

Por praticidade aceitou o casarão como seu lar e o cunhado como um incômodo. Entendia que era o único familiar de Humberto e, no íntimo, compadecia-se dele, acreditava-o um infeliz. Para o bem de todos, passou a ignorar as suas esquisitices.

As atividades no campo foram benéficas à paz de espírito da jovem senhora. Nos vastos campos, cavalgando ao lado do marido e supervisionando o trabalho, esquecia-se de que havia aquele homem estranho, espreitando-a pelos cantos do casarão, surgindo, de repente, em sua cozinha e puxando conversas descabidas e, a seu ver, impróprias.

Gabriele era inexperiente e ingênua. Desconhecia o que significava ser assediada, porém as atitudes de João, o comportamento dele nunca tiveram características do que se considerava "normal" ou ao menos, comum; por tudo isso, deixara de pensar nele. Decidira tratá-lo como a um dos cães da fazenda: dava-lhe comida, cuidava de suas roupas; que seu quarto fosse limpo com a mesma atenção dispensada ao restante da casa; dirigia-lhe palavras educadas, quando necessário.

Humberto percebera-lhe o comportamento e não interferiu. O irmão não merecia tratamento melhor, pensava. Apoiou Gabriele e tratou de afastá-la o máximo possível da rotina do casarão, onde João trabalhava, na administração da fazenda. No lar, os três compartilhavam as refeições e as discussões que envolviam os negócios da fazenda. Sugerira a contratação de duas mulheres para fazerem os trabalhos domésticos. Assim livrara Gabriele dessas atividades que passou a supervisionar. Envolvia-se nas lides domésticas somente nos dias em que o esposo ficava no casarão.

Humberto era um marido afetuoso, mas na presença do irmão, continha-se de qualquer ato ou palavra carinhosa com a mulher. Tratavam de negócios, trabalho e dinheiro. Mas na liberdade dos campos, na alegria dos galpões e, na intimidade dos aposentos do casal, eram felizes e apaixonados. Todos sabiam, viam e reconheciam o bom relacionamento e o amor que os unia, menos João.

Para ele a realidade era percebida de outra forma, sob lentes muito pessoais.

..*

Acompanhei algumas reuniões preparatórias do encontro patrocinado por Georges. A ideia era promissora, porém meu interesse voltava-se para a fazenda da Marambaia.

Há dias que as observações em torno do presente de João Vilela eram improdutivas. A rotina a que se condicionara não oferecia novidade. Constatei que a personalidade esquizoide é mais frequente do que seria desejado. Uma das muitas pontes que ligam nossas várias vidas; por certo, muitos trilhavam esse caminho em processo de recuperação de perturbações maiores no passado; outros avançavam rumo aos despenhadeiros da desarmonia mental e emocional.

Não era a primeira vez que constatava, ao acompanhar um caso de personalidade doentia, que a gênese de variados males da saúde mental se encontra no desequilíbrio das paixões, em um excesso sentimental/emocional, que acarreta uma visão distorcida da realidade e afasta a mente dos processos racionais. Fantasias e ilusões todos temos.

Qualquer um, sedento e sofrendo insolação, vê miragens de oásis em meio ao deserto. Na vida, diante de perturbações profundas, todos estamos sujeitos a crises emocionais, alucinações, devaneios, negações e justificativas insanas.

Aliás, incentivar o uso da racionalidade, e nesse contexto buscar apoio na filosofia, é medida preventiva que resguarda a sanidade mental. Falar sempre à razão é a rota que conduz ou reconduz ao equilíbrio.

Conhecer os fatos que determinaram uma conduta é parte importante do autoconhecimento, mas é fundamental ter elementos – ideias novas – para que vejamos o presente e o futuro sob novo prisma. E é aí que o pensamento iluminado de mestres ancestrais – espíritos evoluídos, verdadeiros desbravadores missionários da razão na Terra – muito têm a auxiliar.

A psicologia analisa o passado para conhecer e explicar a situação do momento atual de alguém, e a filosofia auxilia a pensar, a desenvolver a razão e a lógica. Aliando esses dois ramos do saber, a doutrina espírita oferta um roteiro para a conquista da desejada harmonia interior, manancial de força para o ser humano, afastando-nos de crendices, superstições, pensamento mágico/milagroso, e conduzindo a uma religiosidade interior, pessoal, livre e forte porque é centrada no uso da razão.

João oferecia-me à apreciação sua desvairada paixão pelo material. Trabalhava para acumular. Entregar-se, na vida física, apenas ao trabalho visando fins financeiros é, a meu ver, declaração incontestável da índole materialista. Ainda que se diga espiritualizado, mesmo que pertença a qualquer credo de orientação espiritualista, ele é materialista; assim diz a sua conduta.

O comportamento é sempre mais confiável do que as palavras. A hipocrisia é a senhora das falas, mas não resiste ao embate do cotidiano. Nele reina soberana a atitude ditada pelo conjunto real de crenças e valores que movem a criatura, ainda que a orientem de forma inconsciente ou subconsciente. As atitudes do dia-a-dia não mentem.

O acúmulo de bens materiais, especialmente dinheiro ocioso, não encontra respaldo em um ser espiritualizado, consciente de que apenas se encontra na condição de usufrutuário dos bens terrenos; nenhum deles, de fato, é sua propriedade; nem mesmo o corpo, ao qual somos tão apegados; a vida nos toma o que lhe pertence, tudo que seja material. O aprendizado é a nossa colheita.

Possuir uma fortuna é o equivalente a ter meios de produção e corresponde ao dever de gerar progresso empregando-o de modo a dar trabalho e conhecimento aos desafortunados. É uma prova, como a grande maioria das situações e condições nas quais nos encontramos na Terra. Sob essa ótica não existe o homem rico, existe o administrador de riquezas.

João dizia-se católico e era considerado um bom fiel, cumpridor dos seus deveres. Comparecia à missa, comungava, confessava-se e contribuía com a paróquia. Nunca negou nada a um padre. Mas não pensava sobre Deus, a vida, a morte e jamais questionou qual o sentido de estar neste mundo. Seu modo de viver denunciava que acreditava apenas no que seus olhos viam e suas mãos tocavam. Era um materialista convicto e ateu praticante, embora dissesse o contrário. Todos os dias de sua existência suas atitudes confirmaram seus valores. Uma alma nos primeiros estágios da evolução; uma criança crescendo. E, se na infância são comuns doenças, ao ser espiritual são comuns doenças mentais e emocionais, geradas por suas crenças, valores e paixões. Moléstias anímicas naturais, diria Georges. Obviamente, não obrigatórias.

Aquela rotina ateia e materialista persistia, no entanto, fui avisado de mudanças inesperadas: João voltava ao convívio de Doroti. Apressado, apanhei meu material e logo estava, outra vez, acomodado num canto da sala de visitas do velho casarão.

Ele estava calmo, perfeitamente controlado. Perambulou pelo corredor, entre a sala de visitas e a cozinha, como era seu costume, parando, de vez em quando, diante da porta de seu antigo dormitório ou, então, do que pertencera a Humberto e Gabriele. Seu olhar não apresentava alteração significativa à vista de um ou do outro aposento. Perguntava-me: o que se passaria em sua mente? Qual o significado daquelas paradas? Rápidas visitas? Intrigava-me que ele não usasse a casa como dono. Por que se limitava a transitar por seus cômodos?

Aparentava ter esquecido Doroti; no entanto, após incontáveis caminhadas da sala à cozinha e retorno, de repente, não mais que isso, fitou-a sentada no sofá.

"– Ainda estás aí? Pobre criatura! Triste destino te aguarda: viverá sempre à espera de tua dona, tal qual eu. E, um dia, ela te trocará por um bebê com vida. Eis aí o teu fim, cara amiga. Não terás chance alguma, asseguro-te. Não me olhes assim, tão espantada, é verdade! Como eu sei? Muito simples: eu vivi e a história se repete. Um dia a pequena Bianca crescerá, vai se tornar moça, vai se casar. Até esse ponto nada tens a temer, deves apenas acostumar-te a ser a cada dia mais esquecida. Alegra-te quando Bianca se lembrar de ti e buscar tua companhia; então, ela cuidará da tua roupa, arrumará teus cabelos e lavar-te-á, é tudo de que necessitas, não é mesmo? Assim será a tua vida: feita de migalhas. Sentirás o ciúme roer teus ossos, e a solidão será a tua companhia no inverno e no verão, e ela é fiel, não vai te abandonar jamais, creia. Uma única coisa vai te dar segurança: o dinheiro. Trabalha, trabalha o quanto puderes e amealha todo o dinheiro que ganhares. São tuas garantias – trabalho e dinheiro –, todo o restante é fugaz, incerto. Somente aquilo que possuis onde pões a tua marca, isso é concreto, real, pertencer-te-á sempre, fiel como a solidão. Mas, maldição! Nunca estamos satisfeitos. Há, em todos nós, um ser irracional, pior do que as vacas e os touros pastando lá fora, que não vive sozinho. A sua existência é a causa da infelicidade humana. Procuro-a desesperadamente, quando a encontrar vou matá-la. E ela morrerá diferente de mim, terá um fim. Ah, se terá!"

Ele se calou, sentando-se ao lado da boneca. Batia os pés no chão, como se pedalasse uma máquina de costura, às vezes batia um joelho contra o outro. Seu olhar vagava pelo aposento com evidente desagrado ante a nova decoração. Por segundos, afastei a mente da observação e dei-me conta de que nada feito por Carolina, a nova senhora da fazenda, agradava-o. Qual seria o motivo daquela aversão? Misoginia?[13] Era uma hipótese. No histórico de João Vilela não havia indícios de que ele apreciasse o sexo feminino. Nenhuma namorada ou amiga especial; pouco afeto pela mãe; visitava de forma eventual a prostituta Desiree. Não era sequer fã de uma artista ou admirador da beleza de uma mulher. Ao longo de muitos anos Bianca e

---

13 Desprezo ou aversão às mulheres. Psiq. Repulsa mórbida do homem ao contato sexual com as mulheres (Fonte: Dicionário Aurélio – Século XXI, versão eletrônica – NA).

Gabriele eram as únicas mulheres a serem referidas em sua vida. Era muito pouco.

Ainda relutamos em aceitar a existência de uma variada gama de doenças afetivas, do comportamento e mentais.

Uma das grandes razões é que elas não aparecem diagnosticadas nos sofisticados aparelhos da ciência médica; permanecem dependentes dos mais velhos aparatos da medicina: o olhar, a observação e o conhecimento do observador.

Qualquer pessoa, com um mínimo de informação acerca da saúde psicológica, sendo observadora, pode perceber sintomas. O maior problema é ser observador, pois exige atenção e presença – virtudes raras. As mentes vagam, com frequência somos apenas corpos dividindo espaços. Há conversações interessantíssimas em que todas as pessoas falam do que as aflige, mas nenhuma escuta, exclusivamente falam, ainda que de maneira educada. Quando uma usa a palavra, a outra se mantém silente, porém o monólogo interno é ininterrupto. Assim nunca escuta, nem dá real atenção.

Depois, vem o preconceito. A cabeça, entenda-se o cérebro e a mente – que são estruturas distintas: uma material, a outra não – é a parte mais valorizada do organismo humano, porém não integralizada. Vive à parte, como uma soberana em seu reino, esquecida que um levante dos populares a destrona. É vergonhoso ter alguma doença nestas partes do organismo. A pecha de louco é pesada. Não se compreende que assim como uma enfermidade respiratória pode variar de um resfriado a uma pneumonia, o mesmo ocorre com as partes invisíveis do nosso organismo nos quais também podem ocorrer episódios isolados de doenças ou ser crônica, ou ainda, começar como algo "banal" e tornar-se um mal persistente.

Essas são as reais doenças do espírito; imateriais,

revelam a existência da parte incorpórea do ser humano encarnado. E o acompanham na vida após a morte, e não restam somente impressões no ser desencarnado que se desvanecem com a consciência; demandam tratamento lento e longo, reencarnações de reajuste íntimo e crescimento espiritual a fim de superar os pontos frágeis da personalidade que desencadeiam as doenças da psique.

João Raul era um exemplo. A sua espiritualidade jazia quase intacta, e os desequilíbrios revelavam-se a um olhar atento.

Ele moveu-se, afastando-se de Doroti. Sem mais nem porque, bufou como alguém prestes a estourar. Outra vez, na sua mente estavam as causas e ocorrências daquela perturbação exacerbada. Na realidade do momento partilhado nada acontecia. Ele julgava-se só, ninguém o agastava. Mas, em seu pensamento, vozes do passado ecoavam, gritavam. Eram frutos do seu distúrbio, divorciados de qualquer ligação com o exterior.

Emoções fortes o sacudiam. Ele irava-se e se deixava consumir pelo ciúme, pela inveja, pelo orgulho exagerado. Todos diletos familiares do apego à matéria. A força das sensações era tanta que ele não conseguia expressar seus pensamentos; levava a mão à garganta como se "algo" o sufocasse, retirando-lhe a capacidade de manifestação.

Apurei minha atenção, fixando o olhar em João, e comecei a ver as imagens abrigadas em sua mente.

Gabriele e Humberto abraçavam-se felizes e riam. Estavam no centro do pátio da fazenda; ela chegara da cidade, em uma breve e rara viagem, em companhia de João; Humberto a aguardava ansioso. Assim que a esposa desceu do veículo, ele correu ao seu encontro. Há poucos metros de distância trocaram um olhar repleto de cumplicidade, que dispensava qualquer palavra; entendiam-se silenciosamente. Gabriele balançou a cabeça em sinal afirmativo e explodiram em risos, abraçando-se apaixonados.

João, sentado ao volante, contemplava-os irritado. Adorara o dia com a cunhada; julgara que ela fora feliz, depois de meses de tortura. Criava a ilusão de que ela se arrependera de haver se casado com Humberto. Em qualquer atenção que ela lhe dispensava enxergava elementos que descortinavam uma paixão, que não poderiam consumar. Ela sofria, tinha certeza. Humberto era um transtorno, mas ele não sabia como livrar-se do irmão.

O afastamento de Gabriele da rotina doméstica do casarão, ele interpretava como uma fuga da sua presença que a perturbava pela atração sexual da qual julgava ser o objeto.

Não acompanhara a cunhada na cidade; sabia que ela faria compras e não se interessou em seus compromissos. Eram "coisas de mulher", não lhe interessavam. Com o passar das horas, esqueceu-se dela, envolvido em seus afazeres comerciais. Por tudo isso, a surpresa com o encontro apaixonado que testemunhava.

Ignorando-os, saiu do carro batendo a porta com força para chamar a atenção. Não obteve êxito. Estava em seu quarto quando ouviu a voz das empregadas da casa indagando:

– Então, d. Gabriele, para quando é a criança?

Não ouviu a resposta, pois a outra dizia ao mesmo tempo:

– Que bênção! Vai ser tão bom ter uma criança por aqui. Deus abençoe a senhora, viu. Vou rezar pra que tenha bastante saúde.

– Agradecemos muito – ouviu Humberto responder. – Preparem salada e pão, hoje vai ter churrasco para toda peonada. Vamos comemorar, não é, meu amor?

– Claro, nosso filho merece uma festa – disse

Gabriele, e a voz era pura alegria. – Falei com o médico hoje à tarde; ele garantiu que está tudo bem.

João encerrou-se no quarto. Acostumados com seu isolamento, Humberto e Gabriele não deram importância ao fato. Era, afinal, um alívio a ausência dele.

Os meses seguintes foram cruéis para Gabriele. O cunhado tornou-se birrento, perseguidor e implicante com ela. Aos olhos dos outros não havia causa para aquele comportamento. E comadres tentaram confortá-la, dizendo que às vezes a gestação causa mudanças de comportamentos nos membros da família; que é comum os maridos enjoarem as mulheres grávidas ou vice-versa. Enfim, que toda incomodação que João lhe causava e ao marido era por causa da criança que estava gerando.

– Que uma grávida enjoe o marido eu até entendo – respondia Gabriele. – Eu enjoei o cheiro das galinhas sendo depenadas, não posso nem ver carne de frango de nenhum jeito: crua, frita, cozida, assada. Nem pensar! Mas João é meu cunhado, não tem nada a ver com o meu filho. Não é ele o "grávido", sou eu. E o pai é o Humberto. Não. Ele é ruim mesmo, egoísta, mal-humorado, orgulhoso, irritante, implicante... Nossa! É uma lista imensa. Parece que piora com o passar do tempo. Oh, Senhor! O que nos reservará o futuro?!

Tudo era motivo de discórdia e reclamação. Ele implicava com as roupas das empregadas da casa. Inventou que elas suavam na beira do fogão à lenha e enxugavam o suor com as mãos ou com os panos de prato que depois usavam nos afazeres. Essa foi a discussão preferida durante as refeições, por semanas. Sempre falava dos pratos enxugados com panos que elas usavam para higiene pessoal. Depois, reclamava da limpeza da casa; que suas roupas não estavam bem passadas; cada gesto de Gabriele tinha o poder de irritá-lo. Por fim, exigiu da cozinheira que preparasse, todos os dias, canja de galinha para ser servida antes do almoço e do jantar.

Quando o ventre começou a crescer passou a referir-se ao seu estado como sendo o de uma mulher prenha e pesada.

Cenas de discussão se sucediam. Ele tinha prazer em destruir a alegria e a paz do casal.

Aos sete meses da gestação, Humberto não suportou mais e agrediu o irmão fisicamente. Aplicou-lhe o que se chama de uma boa surra e o ameaçou de morte se não desse paz à Gabriele. O fato ocorreu em um dos galpões da fazenda, longe das vistas da gestante. Mas ela soube.

Por medo, João cessou sua perseguição. Tornou-se mais arredio e isolado. O clima no casarão era de tensão constante, um barril de pólvora prestes a explodir. Os nervos de todos eram tão tensos como as cordas de afinados violinos.

Ele passou a buscar a companhia de Desiree com assiduidade; na maioria das visitas apenas falava. Aliás, ele raramente a procurava para manter relações sexuais. Astuta, a prostituta logo notou que não havia lógica nas falas de João, e alertou as companheiras:

– Esse homem não está bem – explicava ela, com seu sotaque francês afetado, e ordenava: – Nunca me deixem sozinha com ele. Homens nesse estado fazem horrores. Tenho medo. São capazes de tudo. Não sei qual mais doido: se ele ou o irmão, se é que disse a verdade. Eu não acredito, as histórias dele são muito fantásticas. A única coisa, mais ou menos de juízo, que ele fala é de dinheiro. O resto são loucuras! E isso é perigoso, muito perigoso.

Um mês depois, chegava à fazenda Eloíse. Vinha para ajudar a sobrinha no fim da gravidez e depois no período de recuperação pós-parto. Não tardou para que a visitante notasse o clima hostil que reinava no casarão, ainda que João, numa condescendência à educação, moderasse suas atitudes.

Nas refeições, falava o necessário e se retirava para o quarto – transformado em um improvisado escritório da fazenda, onde ele centralizava os documentos e o controle dos negócios, inclusive das finanças – ou saía sem dar satisfação a ninguém quanto ao seu destino.

Numa tarde fria, o fogo crepitava no fogão a lenha da cozinha. Eloíse e Gabriele, nos últimos dias de gestação, conversavam enquanto passavam a ferro as roupas do enxoval do bebê. A gestante, sentada, escolhia e separava as roupas do bebê da pilha de roupas lavadas e as alcançava à tia.

– Graças a Deus, ele saiu. Que homem difícil de conviver! Como tu aguentas, minha querida? – desabafou Eloíse, observando pela vidraça da janela, o carro de João afastar-se na estrada de chão batido. – Onde será que vai? O inferno é bem longe daqui, creio eu.

– Há dias que não tenho essa certeza, tia. Se alguém me perguntar quem é o demônio e onde mora, eu dou o nome e o endereço. É aqui e ele acabou de dar uma voltinha – comentou Gabriele, com expressão cansada.

– Isso é ruim, muito ruim. Ainda bem que a tua saúde é boa, fostes mais fraca e estarias doente ou teria deixado teu marido.

– Tenho sobrevivido, em grande parte, aos teus conselhos. Lembra? Conversamos na tua casa. Puxa! Aquela conversa teve o dom de me transformar, obrigada. Eu não tinha te agradecido.

– Que é isso, desde quando é preciso agradecer-me? Fico contente que tenha valido e esteja sendo bem aproveitada. Mas não me parece suficiente o conselho que te dei. Agora, vendo como ele é. Por Deus, é horroroso!

– É sim. Minha fonte de energia é o Humberto.

Somos muito felizes, em especial quando o desgraçado está longe. E, a bem da verdade, tia, tenho que reconhecer que as coisas pioraram muito, aqui em casa, depois que engravidei. Não sei a razão, mas seria cega se não visse o fato. Ele se esmera em me torturar. Houve uma época em que ele exigia canja de galinha todos os dias, sabendo que eu não suportava nem ver o bicho. Era para me fazer sofrer, não tinha outra explicação; antes ele nunca desse importância para o que eu fizesse ou mandasse fazer de comida. O Humberto nunca me falou nada, mas eu sei que ele brigou feio com o irmão, por minha causa...

– Compreensível, minha filha. O João tira a paciência de um padre, aliás, de um não, de um convento inteiro. Ele enlouquece até Jesus Cristo, tenho certeza. Imagina o Humberto, que é teu marido, que te ama. Tu achas que ele iria aguentar os desaforos que o outro faz pra ti quieto, sem reação? Ele tem sangue nas veias. Uma pena eu não ter estado aqui nesse dia. Bem que eu teria gostado de baixar o chicote no lombo dele, mereceu.

– Eu entendi. Sabia que aconteceria, mais dia, menos dia, mas não sei se o resultado foi bom. Ele parou de me incomodar, mas ficou um clima muito tenso, principalmente entre eles, e eu tenho medo. Estão rancorosos, podem perder a cabeça de vez.

– Cruz credo, não diz isso, guria! – ralhou Eloíse, largando o ferro e sentando-se numa cadeira ao lado da sobrinha. – Teu filho pode nascer a qualquer hora, não deves ficar alimentando esses pensamentos. É tempo de alegria...

– É mesmo? – indagou Gabriele e lágrimas há muito sufocadas rolaram por sua face. Seus olhos verdes estampavam o sofrimento e a dor que suportava. As mágoas, até as mais insignificantes, eram visíveis.

Eloíse se esqueceu do discurso habitual sobre a alegria da chegada do bebê; ficou sem palavras. Não sabia o que dizer. Tomou as mãos de Gabriele num gesto de solidariedade e foi o suficiente para que ela irrompesse em um pranto sentido, que sacudia seu corpo. Ela queria desabafar a tortura que haviam sido aqueles meses, mas a emoção a vencia e ela só conseguia chorar. A força das emoções contidas cobrou seu preço.

Reconhecendo a gravidade da crise, Eloíse ergueu-se e a abraçou, encostando a cabeça da sobrinha contra seu ventre, murmurando:

– *Me* perdoa ter te deixado sozinha tanto tempo. Eu não sabia... Chora, querida, desabafa tua alma, vai te fazer bem.

Quando a crise serenou, Gabriele estava exausta. E Eloíse a levou para o quarto, determinando que repousasse. Obrigou-a a tomar um chá de erva-cidreira forte e açucarado, dizendo:

– Toma tudo, vais dormir logo. Descansas, eu cuidarei de tudo. Durmas, quando acordares vais te sentir melhor.

Fechou as cortinas, cobriu-a com cobertores de lã, e sentou-se ao lado da cama, saiu quando ela ressonava. Preocupada, procurou por Humberto nos galpões.

– Preciso falar contigo – disse ela assim que o viu. – É muito sério. Estou na cozinha...

– Alguma coisa errada com Gabriele? Ainda não é tempo do nenê...

– Gabriele está dormindo – esclareceu Eloíse interrompendo Humberto. – Está bem, mas é sobre ela que precisamos conversar.

De imediato, Humberto largou o que estava fazendo e a acompanhou.

– Gostei da tua atitude, Humberto – declarou Eloíse quando se sentaram na sala de jantar, servindo-se cada um de uma caneca de café fumegante.

– Minha mulher é a pessoa mais importante da

minha vida. Nada vale mais do que ela, somos uma família.

– É bom ouvir isso. Tu me lembras o Victor.

Humberto tomou um gole do café e permaneceu, em silêncio, encarando Eloíse.

– É sobre o teu irmão e o que ele tem feito à Gabriele que quero te falar.

Sem omitir nenhum detalhe, narrou as ocorrências da tarde em voz baixa e concluiu:

– Tu já pensaste que sendo ele desse jeito e odiando Gabriele, a situação tende a piorar depois do nascimento da criança? Será que não está na hora de pensar em construir uma casa só para vocês e deixar que ele fique neste casarão?

Humberto a olhou espantado; não sentia necessidade de outra casa, mas entendeu a sugestão.

– Não sei por que essa cara, meu filho – comentou Eloíse. – É natural que um casal deseje e necessite ter a própria casa, ter privacidade. Somos cheios de manias, é só olhar e ver. Cada um tem as suas. Às vezes, elas se harmonizam em grupo; outras, não. É claro, ao menos para mim, que Gabriele está no limite das forças da tolerância com o teu irmão; e não lhe tiro a razão. Ele é insuportável. Parece doente, não? Meio louco, entendes?

– Existe alguém meio louco? – indagou Humberto sorrindo das expressões de Eloíse. – Reconheço que João inferniza a nossa vida. Eu saio, vou trabalhar e trato com ele apenas assuntos da fazenda, e ainda assim nos desentendemos por causa do dinheiro.

– Dinheiro? Prejuízo na fazenda?

– Não, mas é João quem controla as finanças, lida com banqueiros, faz pagamentos, e coisas desse tipo, entendes?

Eloíse lançou um olhar ao longe através do vão da porta aberta. "Então é esse o problema? Esse doido tem a chave do cofre. Trágico!", pensou ela.

– Acho que entendo. Vamos ver: o que tu estás me dizendo é que das finanças da fazenda sabes o que consta nos livros, mas não tens acesso ao dinheiro, é isso?

Humberto baixou a cabeça, envergonhado.

– É isso, fico de mãos e pés amarrados. Foi um erro meu. Quando meu pai era vivo nunca me importei; sempre tive tudo de que precisava, acomodei-me. Agora, de uns meses para cá, tenho tido consciência de que está errado. A minha parte dos lucros teria que ficar comigo. Preciso falar com o João, mas, como a senhora mesma viu, ele está... "meio enlouquecido", vamos dizer assim. Tenho medo de que mais uma discussão torne a situação ainda pior e, com Gabriele prestes a dar à luz, não sei, mesmo, se é o momento.

– Eu, praticamente, criei Gabriele. É mais que uma afilhada, tanto para mim como para o Victor. Se vocês precisarem de ajuda financeira, tenho certeza de que poderemos auxiliá-los.

– Obrigado, Eloíse. Eu sei que posso contar com vocês, mas não é falta de dinheiro, ao contrário, a Marambaia é muito lucrativa. Temos dinheiro investido no Banco, somos acionistas e, graças a Deus, nunca tivemos problemas. Os negócios vão bem. João é de temperamento difícil, mas sabe lidar com dinheiro, e muito bem. É só uma questão de tempo. A senhora acha que é muito urgente a mudança? Antes de engravidar Gabriele ia comigo para os campos, quase nem via meu irmão, e não foi tão difícil. Assim que nascer o bebê...

– Não te iludas, Humberto. Quando nascer o bebê Gabriele ficará presa a esta casa durante as 24 horas do dia. Tu não pensas que um bebê é como um potrinho, que nasce e cai de pé ao lado da égua e em poucos dias está correndo, não é? Uma criança exige cuidados, e muitos. Lógico, ela vai se envolver com o filho, talvez nem dê importância ao João, mas pode ser que não. O melhor seria outra casa; mas, por um lado, tu tens razão, talvez o melhor seja esperar mais alguns meses, até depois do período de recuperação do parto. Brigas fazem mal dentro de casa. Mas pensas no que te falei.

Humberto concordou. Permaneceram alguns minutos em silêncio e, depois, retomaram a conversa, sem voltar ao tema do relacionamento conflitado com João.

Três semanas depois, em uma noite fria e ventosa, típica de fim de inverno, nascia, belo e saudável, Dionísio Rebuchet Vilela.

..*

Subitamente João cortou o fio das lembranças e, voltando-se para a boneca, falou:

"– Mulheres são donas cruéis, Doroti. Amam e abandonam com a mesma facilidade. Sorriem e atraiçoam sem piedade. Toma cuidado! Mas para ti também é tarde, não é mesmo? Tua vida depende dela. A minha dependia de Gabriele. Eu a adorava, ela nunca entendeu. Não imaginava minha vida sem ouvir o seu riso alegre ou sem sentir os aromas dos pratos que preparava. Era uma excelente cozinheira! Tudo que tocava ganhava vida, sabor, alegria, colorido. Acho que a descreveria como alguém contagiante, fascinante. Assim eu pensava e penso nela. Uma mulher admirável! Infelizmente, uma mulher e nenhum ser renega a própria natureza. Há como que uma cerca delimitando a nossa propriedade sobre nós mesmos e nos dizendo até onde somos donos e senhores e de onde para a frente são domínios da natureza. É estranho, mas é fato. Não sei quem seria o outro dono; talvez Deus, quem sabe? Desiree dizia que era o nosso passado. Já lhe falei de Desiree? Não. Era minha amiga; morreu alguns anos antes de mim. Faz tempo.

Desiree era uma mulher da vida, sabe o que é isso? Tu és novinha, mas é bom que saibas: são mulheres que vendem seus corpos para satisfação sexual dos homens. É um trabalho, como qualquer outro, sempre pensei assim. Ela me prestava serviço. Acho que era uma das poucas pessoas com quem eu conversava, ou melhor, ela me ouvia. Quando estava velha e não trabalhava mais, ainda assim eu ia visitá-la e pagava seus serviços. Uma vez ela me contou que havia se tornado espírita. Eu não entendi nada, não sabia do que ela falava. Então, explicou-me e mostrou-me vários livros, e ela dizia que o que manda em nós além dessa esfera do nosso domínio é o passado. Pode ser, não é verdade? Não pensei muito no assunto, não me interessou. Mas, depois de algum tempo, quando já havia morrido, certa vez lembrei-me daquele dia e de algumas coisas que ela falou. Constatei que o que julgara loucura da coitada era verdade: a morte não é o fim do homem, é uma passagem. Mas ainda não sei para onde.

Morri e passei para cá – ele olhou à volta e riu como riem os loucos –, nada mudou e eu gosto disso. Bem, não se pode acreditar em tudo que nos contam. Pois é, Gabriele não fugiu à condução de Deus ou ao seu passado, como queiras, para mim não importa. A natureza dela era de mulher e, como tal, traiu-me ao se casar com Humberto. Não esperou por mim; depois me trocou, em definitivo, por uma criança; abandonou-me. Deixaram-me sozinho nesta casa. Eu e mais ninguém. Fazia o que bem entendia; não me incomodava mais com horário para refeições, nem com horário para trabalhar. Criei meu próprio dia. Trabalhava até a madrugada, dormia quando me dava sono. Eu tinha insônia, temia a noite. Odiava quando o sol se punha e, depois do jantar, quando todos iam dormir e o silêncio imperava. Chegava um momento em que me obrigava a deitar. Encostar a cabeça no travesseiro era um tormento. Rolava na cama de um lado para o outro, sem paz nem descanso. Aliás, todo mundo diz que a vida depois da morte é a paz e o descanso, isso é mentira. Sonho de vagabundo. Uma empregada da fazenda limpava a casa, recolhia minha roupa suja, lavava e passava junto com a deles, trazia-me comida – um prato feito, uma porção igual a que se serve para um cachorro acorrentado. Largava sobre a mesa, coberto com um guardanapo branco, imaculado. Lembro-me bem dessa rotina. Eles fizeram outra casa, bem próxima da lagoa. Eu a espreitava com a criança. No verão ela brincava com o menino na água. Ela nunca me viu; escondia-me nos bosques da margem. Os troncos das figueiras são grossos, encobriam-me com perfeição. Ela nunca viu, nem desconfiou. Eu ia embora quando Humberto chegava sempre ao fim da tarde e se juntava a eles. Eu não suportava vê-los, era doloroso. Recordava-me da traição, do abandono, embora deste último o culpado fosse o menino.

Eu estava chegando no limite das minhas forças, nem sei como suportei tanto sem tomar uma atitude."

Perigo! É Preciso Conhecer...

– Segundo isso, a crença nos lugares assombrados não parece absolutamente falsa?

– Dissemos que certos Espíritos podem ser atraídos por coisas materiais; podem sê-lo por certos lugares onde parecem fazer morada, até que cessem as circunstâncias que para ali os trazem...

Kardec, Allan.
O Livro dos Médiuns. Segunda parte.
"Dos Lugares Assombrados". Questão 9.

Alex andava descontraído; carregava orgulhoso a pasta do cursinho pré-vestibular. Pensava nos temas das disciplinas estudadas à tarde. Olhou o relógio; eram 18 horas. Tinha 1 hora e 30 minutos para conversar com Carolina, constatou. Depois precisava encontrar Berenice para irem juntos à reunião de estudos na sociedade espírita.

– É suficiente. Vou tentar ser rápido, estou com fome. Cafezinho com biscoitos não vai dar conta – murmurou Alex, em frente ao edifício onde residiam os antigos empregadores.

Tomou o elevador e, em segundos, estava à porta da arquiteta. Tocou a campainha e esperou.

– Alex, que bom que chegou. Entre – recepcionou-o Carolina com amplo sorriso.

Acomodaram-se no sofá da sala de estar; trocaram as amenidades de praxe, até que Carolina ingressou no assunto que a preocupava.

– Por favor, Alex, pelo que há de mais sagrado, conta-me o que se passa na fazenda? Lá não ocorrem coisas normais, o que eu posso fazer? Tenho medo do que está acontecendo com a Bianca. Ela é só uma menininha inocente, como pode Deus permitir que se envolva com assombrações? Não entendo...

Alex viu ruir o controle de Carolina. Ao abordar o assunto, as comportas que retinham sua ansiedade caíram. Ela falava rápido, como uma metralhadora, e torcia as mãos no colo. Seus olhos estavam fixos no adolescente.

– Calma, d. Carol. A minha mãe diz que para tudo

há solução. Não te assustes – pediu Alex, tentando tranquilizar a ansiosa anfitriã.

– Impossível não me assustar – redarguiu Carolina aflita. – Preciso de uma explicação. Já procurei a psicóloga e o pediatra, eles me dizem que a Bianca está bem, mas eu não acredito. É incrível, mas essas "coisas", como tu viste, só acontecem lá. Aqui ela é uma criança normal; lá ela fala com esse tal "vovô", que está me deixando louca da vida. Essa criatura existe, eu não duvido, não é um produto da imaginação da minha filha. Preciso saber o que ele quer com a Bianca. Eu quero me livrar dele. Podes me ajudar?

– Dona Carol, eu não sei se posso responder a essas perguntas. Com certeza, todas não. Faz muito pouco tempo que estudo essas questões, e confesso: por necessidade. Acho que faço uma ideia do que a senhora está vivendo; acredito que seja parecido com o que eu senti.

– Conta-me, por favor, o que te aconteceu na fazenda? Havia algo estranho, não havia?

– Sim, eu te disse: fatos parecidos. Eu vi várias vezes um homem idoso e... – Alex relutava em descrever o aspecto da cabeça do espírito por dois motivos: era penoso lembrar e temia aumentar a ansiedade de Carolina.

– E? – insistiu a anfitriã nervosa.

– Ele nunca falou muito comigo, aliás, só quando eu o via em sonhos. A preocupação dele era sempre com dinheiro, trabalho, dizia que a fazenda lhe pertencia e não concordava com muitas coisas que estavam sendo feitas na reforma...

– Acho que não entendi, enxergavas essa criatura nos teus sonhos também? Explica-me isso.

– Eu avisei que talvez não soubesse explicar tudo – recordou Alex. – Eu creio que tenho faculdade de vidência...

– Quer dizer que és um vidente? Alguém que vê

os espíritos, pode ver o futuro, esse tipo de coisa, não é?

– Não, não é isso, ao menos não é como o povo pensa. Eu não vejo os espíritos a toda hora, nem quando bem entendo. Também não vejo os espíritos à volta das pessoas, nem estou vendo nada de diferente agora. Eu...

– Não? Pois eu pensava que era assim, exatamente como tu disseste que não é – interrompeu Carolina, e, notando que o rapaz se impacientava com sua ansiedade, pediu envergonhada: – Desculpe-me, mas preciso muito entender o que está acontecendo.

E justificou apressada:

– É com a minha filha, entende? É uma criança indefesa, ingênua. Meu Deus, eu tenho que protegê-la. Meu marido é ateu e materialista convicto, nunca se interessou por nenhuma religião.

– Não posso fazer críticas, eu também não dava importância à espiritualidade, nem à religião – comentou Alex.

– Eu também não – admitiu Carolina. – Mas agora é diferente, eu preciso.

Alex sorriu ante a confissão sincera e falou:

– Eu também precisei e ainda preciso. Apenas melhorei bastante do estado em que estava, mas ainda sei muito pouco, no entanto, sinto-me bem e mais feliz.

– A tua presença me acalma. Estranho, *né*? Já senti essa "onda" de paz no domingo, lá na fazenda.

– Puxa! A senhora não imagina como é bom ouvir isso. Lutei, dei duro mesmo, por meses, até ter um pouquinho dessa harmonia em mim. É o resultado da compreensão de uma forma de ver a vida e o mundo pelas lentes da espiritualidade superior. Faz a gente olhar tudo de um ponto de vista mais alto e distante; fica mais claro o pensamento, e a distância nos resguarda de emoções muito... apaixonadas, digamos.

– Estou surpresa contigo, Alex. Estás muito adulto, muito maduro para a tua idade.

– Que é isso! Não é bem assim, eu gosto de jogos de videogame, de ver desenho animado e sair para paquerar e fazer festa. A diferença é que me interessei por um assunto sério, por necessidade. Mas que eu, hoje, adoro ler e estudar, porque é fascinante, muda a cabeça da gente, de verdade. *Me* acalmou, explicou...

– Então, eu preciso disso urgente – declarou Carolina, mais serena.

Os dois julgavam estar conversando sozinhos. Ignoravam a presença de amigos espirituais protetores do lar da família de Carolina e de Luísa, espírito guardião da pequena Bianca, que inspirava as incipientes faculdades mediúnicas de Alex naquela entrevista.

– O melhor que pode fazer, d. Carol, é ler. Tenho alguns livros, se quiser, posso te emprestar – sugeriu Alex.

– É claro, aceito sim. Quando posso pegar?

– Eu deixo aqui amanhã.

– Mas, independente disso, tu te importarias de me contar o que aconteceu contigo na fazenda? Se foi muito ruim e não quiseres falar, tudo bem, eu entendo. Mas me ajudaria demais – insistiu Carolina.

– Não, não será nenhum incômodo. Mas a senhora entenderá melhor depois que ler sobre o assunto e, se tiver dúvidas que eu não souber responder...

– Não te preocupes, já entendi. No entanto, eu sou ainda mais crua, não sei nada. Por favor – incentivou Carolina, recostando-se no encosto do sofá.

– Bem, desde que fomos para a fazenda aconteceram fatos estranhos. Com todos nós, menos com o Valdo. O ambiente dava "certo" medo, sabe? É difícil de explicar; do nada vinha uma sensação de insegurança, irritação, parecia que a gente incomodava alguém. Fui o primeiro a admitir e falar do problema; não serviu de grande coisa, só o Rodrigo me entendeu; os outros acharam que era frescura. Eu tinha a sensação de que alguém me vigiava. Às vezes, eu via um vulto... Engraçado, agora me dou conta, era sempre próximo do Valdo ou quando estava com ele.

A constatação o fez emudecer alguns segundos, pensativo. Depois, continuou:

– Aí vieram os sonhos, eram horríveis. Todas as noites, no meio da madrugada, eu acordava aos gritos, suando, abria os olhos e via, por instantes, aquele homem furioso com a venda da fazenda. Dizia que aquelas terras eram dele; que pertenciam a sua família há séculos, desde os tempos da colonização pelos açorianos; que tinha os documentos das sesmarias para provar e todas as escrituras; olha, ele não tava nada satisfeito com o que os herdeiros tinham feito. Até me dizia que não eram herdeiros dele; que sabia que do sangue de uma traidora, de uma mulher infiel e incapaz de amar e esperar, não poderia mesmo ter nascido uma descendência honrada. Eu não entendia o que ele falava, e continuo não entendendo, para mim não faz sentido. Mas eu não dava tanta importância ao que ele dizia, afinal era sempre a mesma coisa. Eu tinha era medo dele, muito medo. Ele tem a cabeça deformada, é horrível.

Carolina passou as mãos nos braços; arrepiara-se e, sem perceber, afundara no assento.

– Deformada, como? – indagou encarando o jovem.

– Tem uma parte do lado esquerdo que parece destruída, amassada, mas não é um ferimento. Ela é esquisita. O formato não parece muito definido, não sei te descrever. Mas penses que é como nos desenhos animados, quando eles espicham os personagens, ou os achatam, fazendo-os parecerem molas. É mais ou menos desse jeito que eu via esse homem.

– Um homem – repetiu Carolina, refletindo tudo que ouvira. – Que idade aparentava?

– Idoso, talvez uns setenta anos, por aí. Os cabelos são bem grisalhos. O bigode é branco e as sobrancelhas também. Os traços do rosto são difíceis de dizer porque a visão da cabeça é prejudicada, como te disse. É magro, alto, usa roupas antigas.

– Sabe me dizer de que época?

– As que eu via são iguais àquelas que aparecem nas novelas e filmes dos anos sessenta. E no pescoço ele carregava uma joia, mas eram visões muito rápidas, nem sempre nítidas. Eram mais claras nos sonhos, e depois, na última noite, no meio da tempestade, eu o vi dentro do casarão. Foi horrível, pensei que estava ficando maluco, por isso vim embora. Não conseguia mais lidar com o medo que o lugar despertava; com os sonhos e as visões, sempre da mesma criatura.

– Será que esse é o mesmo homem que Bianca chama de "vovô"? Ela nunca falou em deformidades ou ferimentos, nem parece ter medo dele, ao contrário, confia, e isso me apavora. Ela não tem medo, não foge, até gosta de brincar com o "vovô". Será que é mesmo só um amigo imaginário, então?

– Foi a senhora quem falou com a menina e constatou que o "vovô" sabe demais para ser um amigo imaginário. Ele é alguém com vida própria, não depende da Bianca. Agora, se pode acontecer de ela não ver o ferimento, isso eu não sei te dizer. Ela nunca lhe disse o nome do "vovô"?

– Sim. Por quê?

– Poderíamos verificar as escrituras. O espírito que eu via dizia ser o dono. Se realmente for o mesmo, o nome dele deve constar nos documentos. A senhora tem esses papéis, podemos ler e...

– Ótima ideia! – exultou Carolina, mas logo se refez e questionou: – Mas servirá para quê? Apenas para constatar de que se trata de alguém morto?

– Sim, teremos certeza de que não é o imaginário da Bianca. E eu te sugiro que converse com a

Berenice, se tudo isso for comprovado. Ela trabalha numa sociedade espírita e poderá te ajudar melhor do que eu. Não gostaria que acontecesse com uma filha minha, e aquele espírito precisa de ajuda. Apego sempre traz sofrimento; já aprendi essa lição, ao menos na teoria. Ainda não tenho nada meu para saber como vai ser na prática.

– Tu acreditas que seja mesmo o espírito de um antigo proprietário, não é?

– Acredito. Mas será bom conhecer a história do lugar. Lá é tudo estranho: o ambiente, o comportamento das pessoas se modifica sem explicação, e tinha aquele montão de dinheiro e outras coisas que estavam guardadas no forro da casa.

– O dinheiro não valia nada. Suspeito que seja parte de uma história escandalosa do passado da nossa cidade e do país.

– É mesmo?

Carolina resumiu as informações que recebera da mãe sobre o Banco Pelotense, origem do dinheiro encontrado.

– Que legal! Vou estudar esse assunto. Tenho uma amiga que é professora de história; vou perguntar se ela sabe de alguma coisa. Deve haver uma ligação entre todos esses fatos.

Os minutos haviam escoado rápidos. Surpreso, Alex olhou o relógio e constatou que faltavam dez minutos para o horário do encontro com Berenice. Apressou-se em justificar sua saída; levantou-se e, quando se despediam à porta do apartamento, Carolina pediu:

– Posso te telefonar quando souber o nome do "vovô"? Não gostaria de ler os documentos sozinha. Aqui em casa ninguém vai me apoiar.

– Claro. Vou esperar. Agora tenho que ir, estou atrasadíssimo. Tchau.

– Tchau – respondeu Carolina encostada à porta, olhando o jovem correr até o elevador.

A sensação de bem-estar, apesar do medo e da ansiedade recalcados, persistia. Confrontando com essas emoções, sentia uma inusitada e inexplicável segurança no que fazia.

Da sala, Luísa a observava e sorria; era ela quem inspirava a "estranha segurança" de Carolina. Trocou olhares com os outros espíritos que haviam participado do encontro e, com a simpatia e doçura que a caracterizavam, disse-lhes:

– Graças a Deus! Ela percebeu o caminho; agora poderemos ajudar.

À noite, quando acomodava Bianca na cama, ajeitando os lençóis, vendo a menina bocejar, sorriu e perguntou:

– Muito cansada?

– Ahã, mas eu queria dormir na fazenda.

– Por quê? A cama de lá está melhor?

– Estou com saudade da Doroti, eu a deixei sozinha – virando-se para o lado, emendou conformando-se: – Sozinha não, o "vovô" vai cuidar dela. Eu sei que ele gosta da Doroti, sempre fica olhando um tempão pra ela, porque é loirinha.

– É mesmo? Que interessante! Como é o nome do "vovô"? Tu nunca me disseste como ele se chama – indagou Carolina escondendo a aflição e esforçando-se para dar naturalidade à voz.

– Eu nunca te disse o nome do "vovô"? – revidou a menina voltando a encarar a mãe. – O nome dele é João, mas eu só o chamo de "vovô".

– João? João de quê, ele nunca disse o nome completo?

– Acho que disse, mas eu não me lembro mais.

Carolina suspirou. "É um início, também esqueci", pensou.

– Durma, filhinha. Mais alguns dias e será sábado, então iremos à fazenda e tu poderás trazer a Doroti para casa, está bem?

Bianca balançou a cabeça e deixou-se beijar pela mãe.

Aproveitando que as crianças dormiam e o marido não estava em casa, portanto o silêncio e o sossego imperavam, Carolina foi até o escritório e pôs-se a remexer nos documentos das propriedades do casal. A necessidade de proteger a filha e ter elementos concretos para convencer Pedro Manoel a faziam superar os temores. A seu lado Luísa, serena, observava-a, transmitindo-lhe estímulo e calma para perseverar na busca.

Encontrou a pasta com as escrituras da fazenda da Marambaia. Ordenou-as por datas e começou a ler. A cadeia de sucessão evidenciou-se aos seus olhos. A propriedade fora divida em três frações iguais. Na década de 1965, Dionísio Rebuchet Vilela tornara-se dono das terras; recebera-as por herança de seus pais Humberto e Gabriele Rebuchet Vilela. Em 1974, recebeu parte de outra fração de terras por herança de João Raul Vilela. Um arrepio frio correu desde a nuca até a extremidade da coluna de Carolina.

– Meu Deus! Não pode ser – murmurou incrédula e nervosa, passando a mão no rosto.

Apavorada, leu os documentos, apanhou papel e lápis e desenhou um croqui das confrontações e divisas das terras. Constatou que elas ainda divisavam com terras de Ermínio Vilela, proprietário da outra fração herdada de João Raul Vilela.

– Deve ser parente...

Meditou por alguns instantes. Os documentos estavam esparramados na mesa a sua frente, enquanto tamborilava com o lápis sobre o desenho.

– Fale com eles – sugeriu Luísa, aproximando-se de Carolina. – Procure seus vizinhos, indague. Não é crime. Vá.

Carolina parou de bater o lápis. Em meio à confusão e ao medo que voltara a dominá-la, a ideia de conhecer

Ermínio Vilela, seu vizinho, insinuou-se e ganhou forma, acompanhada de uma sensação de que, enfim, encontrava elementos concretos, palpáveis, em que se apoiar. Os documentos confirmavam as informações prestadas por Alex.

"O garoto nunca lera essas escrituras antigas. Não tinha como saber a história das sucessões na família Vilela", constatava Carolina, em pensamento. Por fim, decidiu que faria uma visita aos seus vizinhos no fim de semana; e na manhã seguinte informaria suas descobertas e planos a Alex. A conversa com ele fora providencial.

..*

Victorio arrumava alguns livros na prateleira. Da sala ao lado vinha o som das vozes de Ermínio Vilela e Francesco Vicenza. O sotaque italiano era carregado, apesar dos muitos anos morando no Brasil. Discutiam acaloradamente, como de hábito. Quem não os conhecesse, julgaria que viviam em pé de guerra; a realidade, no entanto, era que viviam em extrema harmonia e quase nunca brigavam, ao menos não que ele se lembrasse, em seus trinta e cinco anos de vida junto deles. Terminou a tarefa e sentou-se numa poltrona em frente à janela aberta que dava vista à entrada da propriedade.

Contemplava a paisagem calma e bucólica da tarde, de temperatura amena. Adorava as cores do sul; aos seus olhos de artista plástico, tinham uma tonalidade especial, mais clara e definida. O azul do céu o encantava, e o verde das pastagens, cheio de nuances, batido pelo sol, infundia-lhe uma calma profunda; relaxava a mente e o corpo.

Deixou-se ficar ignorando os resmungos dos dois na sala ao lado. Uma sonolência tomava conta do seu ser e entregou-se prazerosamente ao cochilo.

Acordou, pouco depois, sobressaltado com o ruído de um motor de automóvel. Esfregou os olhos e fixou-os na entrada – uma camionete estranha estacionava a poucos metros.

Apurou a audição para verificar se Ermínio ou Francesco comentavam a chegada de estranhos. Mas eles continuavam envolvidos na discussão em torno da partida de xadrez que disputavam havia horas. Quem seriam os visitantes? Domingo à tarde não era dia para vendedores no meio rural.

– Bem, eles não vão sair do lugar – constatou Victorio. – É melhor eu ir atender.

Levantou-se, calçou os chinelos alpargatas e dirigiu-se à rua. Surpreso, constatou que tinha uma visitante. Observou a mulher morena, magra, trajada de jeans e camiseta, o cabelo preso em um rabo de cavalo, por um lenço branco, saltar da camionete. Escondia os olhos atrás de óculos escuros, mas as feições do rosto eram simpáticas e bonitas. Estava acompanhada de um adolescente.

– Boa tarde – cumprimentou a visitante, dirigindo-lhe um sorriso aberto e franco. – Eu sou a nova proprietária da fazenda da Marambaia, somos vizinhos. Eu gostaria de conversar, se possível, com o sr. Ermínio Vilela. Ele ainda é o proprietário destas terras?

– Sim, é – respondeu Victorio estendendo-lhe a mão. – Eu sou Victorio Vicenza, filho do homem que a senhora procura. Meu pai é idoso e sua saúde exige alguns cuidados, tem problema cardíaco, nada muito grave, mas deve evitar algumas coisas. Posso saber o motivo de sua visita?

– Meu Deus! Desculpe-me, não disse meu nome. Perdoe-me, estou um pouco nervosa. Vamos começar de novo?

Victorio divertido ergueu as sobrancelhas com a atrapalhação da mulher. Não tivera a intenção de repreendê-la por falta de educação; nem havia percebido que ela não dissera o nome. Sorriu e concordou com um gesto de cabeça.

– Meu nome é Carolina, e como te disse, sou sua nova vizinha. Por favor, não gosto de cerimônias, chame-me apenas pelo nome, certo?

– Muito prazer, Carolina. Também prefiro que me chamem pelo nome. Os de casa me chamam de Vico.

– E este jovem é um amigo meu, chama-se Alex.

Os dois homens apertaram as mãos.

– Bem, e a razão de sua visita, qual é? – questionou Victorio.

– Pode parecer estranho, mas procuro informações sobre João Raul Vilela, irmão do seu pai.

– Está morto há muitos anos, não sabia?

– Sim, sabemos – respondeu Carolina embaraçada.

Iniciar o diálogo estava sendo mais difícil do que imaginara; faltava-lhe clareza e objetividade, e culpava o assunto, pois era dona de boa desenvoltura social.

"Como vou dizer a ele que o tio morto me atazana a vida?", pensava olhando o rosto do homem moreno a sua frente. "Ele, com certeza, vai pensar que sou uma doida varrida. Não posso tirar-lhe a razão, até alguns dias passados eu acharia o mesmo."

A insegurança e a ansiedade estampavam-se no semblante de Carolina, e o filho de Ermínio Vilela captou as emoções que a dominavam. Compadeceu-se. Já ouvira muitas histórias sobre seu tio; não havia razão para negar-se a ouvir mais uma.

– Vamos entrar e sentar na varanda – convidou Victorio, apontando para um recanto, na lateral da casa, com móveis de *rattan* e almofadas coloridas, cercados de plantas e ninhos para passarinhos em cabaças decoradas com pequenas flores, presas às paredes. – Por favor, sentem-se. Estou com sede, posso lhes oferecer um refrigerante?

– Obrigada, será muito bom.

Minutos depois, Victorio retornava com uma bandeja, onde trazia os refrigerantes e alguns petiscos.

Surpreendeu-se ao regressar e encarar sua visitante sem os óculos. Ela tinha os olhos mais azuis que ele já vira.

– Teus olhos são lindos – disse. – Adoraria pintá-los, são muito expressivos. Estão cheios de apreensão.

– É um assunto estranho e delicado, não sei como abordar. É, no mínimo, inusitado e esquisito.

– Nada na vida é inusitado ou esquisito – discordou Victorio, educadamente. – Nós é que não entendemos, ou melhor, não observamos com a devida atenção os fatos, as coisas, as pessoas, e os julgamos inusitados e esquisitos. Minha vida é repleta de fatos assim – inusitados e esquisitos –, mas analisando-a, eu com facilidade encontro elos e, por incrível que pareça, uma linha lógica de encadeamento dos fatos. Portanto, fique à vontade, estou acostumado.

Carolina sorriu, agradecida ao vizinho que procurava facilitar o diálogo.

– É, pode ser. Mas creio que o motivo da minha visita seja, então, um dos mais inusitados e esquisitos fatos que terá para contar.

– Vamos a ele, estou curioso. O que quer saber sobre meu tio?

– Para começar, poderia falar-me dele, dizer como era?

– Fisicamente?

Ela acenou confirmando.

– Eu não o conheci. Nesse aspecto, não poderei ajudá-la. Sei muitas coisas sobre ele, memórias de meu pai, na verdade. "Causos", como diz o povo, fatos do passado e alguns atuais.

– Atuais? – repetiu Alex intervindo na conversa.

– Histórias de ontem, do ano passado, de 1990, 1980... Por aí vai – informou Victorio calmo. – Parece que meu tio não aceitou bem o "mundo dos mortos".

O povo fala, não faltam histórias sobre o velho casarão e seu sinistro dono.

Carolina e Alex trocavam olhares aturdidos; Victorio sorria.

– É por isso que estão à procura de meu pai, não é? O que houve com vocês? O velho João Raul está infernizando os novos proprietários, é isso, não é?

Carolina meneou a cabeça em sinal afirmativo para Victorio.

– Então, quer dizer que outras pessoas já tiveram experiências parecidas com as nossas? – questionou Alex, encarando o anfitrião.

– Eu não conheço a experiência de vocês, mas sei de várias histórias... Algumas contadas pelo povo da região; são pessoas simples, supersticiosas, a maioria. Veja bem: este lugar encerra um misto de crenças. De um lado temos os fazendeiros, quase todas as famílias descendentes de portugueses, muito católicos. Notaram quantas igrejas existem nestas terras? Mais de quatro, sem falar em capelas; do outro lado, os trabalhadores descendentes de escravos com peões que vinham das bandas do Uruguai e da Argentina. Sofreram uma influência indígena muito forte; resultou em gente muito boa, porém mística por natureza. A lagoa fica a dois passos, e as festas de cultos afro-brasileiros e terreiros de umbanda e quimbanda pululam em toda a margem. Aqui, fenômenos "estranhos e esquisitos" não correm, voam de boca em boca. Eu vim a conhecer esse lugar em 1982, eles – e acenou com a cabeça indicando o interior da casa, sinalizando que se referia aos donos – vieram em 1974. Nessa época, eu estava fora. Estudei artes plásticas na Itália, por isso só vim a conhecer essas terras anos mais tarde. Quando cheguei aqui muitas histórias circulavam. O povo comentava que a fazenda da Marambaia era "assombrada" pelo fantasma de seu antigo dono, meu tio. De início, somente o Ermínio acreditou. Ele já era espírita, aliás, desde muito cedo. Francesco, mesmo compartilhando a crença de Ermínio, demorou a se render às evidências. E eu paguei para ver. Portanto, se o motivo da visita de vocês é falar sobre isso, insisto: fiquem à vontade, para nós é fato conhecido que o espírito de João Raul ainda vive naquela fazenda, infelizmente.

– Nós não sabíamos de nada, ninguém nos falou sobre isso – disse Carolina, sentindo-se melhor para tratar do assunto. – Compramos a propriedade de herdeiros, que residem no Rio de Janeiro, são seus parentes?

– Por afinidade. Sou filho adotivo, mas conheço os filhos e netos de Dionísio Vilela. O pobre homem morreu de câncer, há alguns anos – informou Victorio.

– Pois bem, a fazenda esteve arrendada, mas ninguém parava por lá. Quero dizer, nenhuma família residiu por muito tempo no casarão, acabavam indo embora e usando somente as terras, mas, também desistiam delas. Em função disso, eu acho, colocaram a fazenda à venda, mas várias tentativas restaram frustradas e, por fim, o corretor, nosso conhecido que sabia que procurávamos mais terras, nos fez uma proposta muito boa. Fizemos uma contraproposta, e para nossa surpresa, os herdeiros aceitaram. Compramos a fazenda por uma pechincha e quase...

– Não, não – interveio Victorio. – Quase não, vocês não falaram com ninguém.

– É verdade, mas quem poderia imaginar uma situação como essa? – retrucou Carolina.

Victorio gesticulou condescendente, mas seus olhos expressavam o que lhe ia à mente: "por aqui qualquer um sabia".

– De todos que os precederam ocupando a fazenda da Marambaia eu sei histórias, algumas contadas pelos próprios, outras contadas pelo povo. Não duvido de nenhuma, são muito parecidas. A mais triste é a de um casal – Márcio e Cléia. Eram muito felizes, até morarem no casarão. A vida deles se tornou um horror; ele só queria trabalhar, esqueceu-se da mulher, passou a ter um comportamento "estranho", arredio, distante; afastou-se dos amigos. Ela não aguentou, foi embora. Os pais dele, preocupados e estranhando a conduta do filho, acabaram levando-o para tratamento psiquiátrico. Ouvi dizer que foi tratado como um caso de dupla personalidade. No entanto, bastou que o contrato expirasse e não fosse renovado, o que quer dizer, não viesse mais à fazenda, e ele voltou a ser o cara que era antes. Coincidências não acham? O tratamento só fez efeito nessa época. Mas foi triste, destruiu um casamento feliz.

– A mulher não o perdoou?

– Não, Carolina. Ela foi muito maltratada, foi magoada demais. A hipótese da influência espiritual nem lhe passa pela cabeça e não aceita falar do assunto, é descrente. Damo-nos bem, mas ela não fala do passado.

– Que pena! – lamentou Carolina.

– Como disse: histórias de pessoas que mudam de comportamento adotando atitudes e personalidade muito semelhantes a do meu tio, foram comuns ao longo desses anos.

– Visões e outros fenômenos, o senhor conhece algum caso? – inquiriu Alex.

– Muitos. O povo fala. Dezenas de pessoas contam ver ou ter visto o velho caminhando, rondando o casarão nos arredores do pomar, ou então, nos campos. Volta e meia, os peões relatam encontros com ele. Acendem velas, fazem oferendas, mandam rezar missas, tudo sem resultado. Não sei se sabem, mas corre uma aposta entre os moradores a respeito de vocês.

– Aposta? – repetiu Carolina espantada.

– De quanto tempo ficarão na fazenda? – arriscou Alex. – Quanto tempo levarão para colocá-la outra vez à venda?

Victorio assentiu, servindo-se de outro copo de refrigerante.

– Que horror! Como podem!? – exclamou Carolina.

– Não há lei que os proíba, ao menos que eu saiba – ponderou Victorio. – Além do mais, não se esqueça, eles convivem com esse fenômeno e essa realidade há décadas. Já aceitaram. O espírito de João Vilela e suas histórias fazem parte do lugar; vocês são forasteiros. Não te chamou a atenção que nenhum vizinho tenha ido visitá-los?

– Como sabe que... Não recebemos visitas? – devolveu Carolina.

Victorio deu de ombros, com ar de pouco caso, e respondeu:

– Nós nos falamos, digo: nós aqui de casa e os demais vizinhos. E os peões conversam muito. Todos sabem do "tesouro" que foi encontrado no casarão, também há especulações sobre isso; apostam que tem mais dinheiro e joias enterradas na fazenda, por isso "ele" ronda por lá. Eu não duvido, mas chega de histórias, não quero assustá-los, pelo contrário. Se puder ajudá-los, estou à disposição, não desejo ver se repetir a história de Márcio e Cléia.

– Oh, não! Não é nada parecido. Mas pode... Ser... ainda... – emocionada Carolina sentiu a garganta se fechar; lágrimas queimavam-lhe os olhos; na mente, apenas a imagem da pequena Bianca, ingênua, brincando com as bonecas.

Notando-lhe a forte emoção e entendendo a razão, Alex tomou-lhe a mão, segurando-a com força. Murmurou palavras de conforto e pediu-lhe calma; depois, voltou-se para Victorio e contou-lhe todos os fatos de que tinha conhecimento, envolvendo a fazenda da Marambaia e o espírito de João Raul Vilela. Encerrou explicando o motivo da visita – a preocupação com Bianca.

Carolina acompanhou a narrativa agradecida, pois ao perceber a extensão do problema apavorou-se, e a aflição maternal cobrou-lhe o preço das lágrimas. Temia pela filha; acreditava estar lidando com uma criatura infernal. Muitos filmes de terror haviam lhe enchido a mente de pânico e de ideias falsas sobre o mundo espiritual. Esses medos arquivados no inconsciente fluíram com violenta emoção. Sentia-se aterrorizada, incapaz, frágil, vencida antes da luta.

Victorio ficara sério, compenetrado; ouvira penalizado a história da vizinha. Respirou fundo, fixou o céu azul, sem nuvens, e pediu a Deus inspiração para confortar e orientar aquela mãe assustada. Compreendia a situação e os fenômenos envolvidos, mas não encontrava as palavras certas para explicá-los.

"Que situação!", pensou ao encarar Carolina, agora refeita da forte emoção.

– Precisamos manter a calma. O desespero não ajudará em nada, é só desperdício de energia – disse Victorio. – Olha, percebo que tu conheces pouco sobre fenômenos relacionados ao mundo dos espíritos, não é verdade?

– Para ser franca: eu não conheço nada – respondeu ela. – Eu e meu marido não nos preocupamos com religião. Ele é ateu, e acabei me tornando uma acomodada. Não vou a lugar algum; acredito em Deus, mas não penso sobre isso.

– Não pensava – corrigiu Victorio. – Agora tu estás pensando. Procurar, buscar, indagar é pensar em Deus. Perdoe-me, mas isso nada tem a ver com religião.

– Como não? É quando se fala em morte que pensamos em Deus – retrucou Carolina. – Em todas as outras situações nas quais buscamos a religião é para atender a compromissos sociais: casamento, batizado, primeira comunhão. A preocupação maior nesses eventos são as festas, as fotografias, os convidados, os presentes, a decoração e coisas do gênero. Os bebês não têm noção do que está acontecendo, portanto, faz-se o batismo para os pais. É festa. A aspiração é que o bebê não chore, esteja bonitinho e se possa dizer que foi batizado, mostrar as fotos. Ninguém escuta nada do que é dito, mas também não me recordo de ter assistido alguma homilia sobre a infância ou o papel dos pais; é um ato lá no fim da celebração de rotina, em qualquer credo. Casamento, então, é pior. É festa grande, mil roupas, arranjos, salão de festas, serviço de *buffet*, música, filmagens, viagens, despesas pesadas, nunca falei com noivos preocupados com Deus, ao menos, que eu me recorde. Mas, na hora da morte é só em Deus que se fala para confortar os enlutados. É a palavra que vem fácil na boca de todos, ou se resmunga algo do tipo: "é a vida, precisamos aceitar".

Alex concordava com essa opinião. Victorio ergueu as sobrancelhas e comentou:

– De fato é assim. No entanto, insisto: o que estamos falando nada tem a ver com morte ou religião...

– Eu vejo desse jeito: o teu tio é morto, então, como não falar em morte e religião?

– Dona Carolina, a morte é apenas uma face da vida – interveio Alex. – *Seu* Victorio, talvez, queira dizer que João Vilela vive, mas no mundo espiritual.

– Muito bem, é exatamente onde queria chegar. A sobrevivência do espírito é uma lei natural, todos, indistintamente, sobreviveremos. Independente de rótulos religiosos, não discrimina santos ou pecadores, entende? É a lei da vida, aplica-se a todos, quer queiramos ou não; quer acreditemos ou não. Existem estudos científicos analisando fenômenos relacionados à existência e sobrevivência da alma. Livros, documentários, artigos em revistas sérias são meios utilizados na divulgação desses estudos. Iria te ajudar muito ler alguns. Isso não é religião, é a vida. Há conhecimentos ocultos e não é simples comprovar ou convencer alguém, longe de mim tal propósito, mas te informes; compares com as possibilidades e as provas científicas da não existência dessa realidade imaterial. Aliás, já ouviste falar de alguma?

Alex sorriu encantado com a argumentação de Victorio. Carolina pensava.

– É, tens razão. O argumento é que os defensores da ideia espiritualista não têm provas, mas os que negam também não provam...

– Não é bem assim, d. Carol – interveio Alex. – Como disse *seu* Victorio: existem estudos científicos; fenômenos ocorrem todo dia, toda hora, nós é que ainda não descobrimos a lei natural, por trás dos fatos, para explicá-los. E a discussão acaba sendo baseada em filosofia e em evidências.

Foi a vez de Victorio sorrir e aprovar as colocações do jovem.

– Exatamente – endossou. – Filosoficamente, a ideia da existência e sobrevivência da alma é antiquíssima; a cultura egípcia dá vivas mostras dessa crença; a filosofia grega clássica, a milenar cultura Hindu. E o famoso Livro dos Vedas ou dos Mortos, qual a diferença para dizer Livro dos Espíritos? É claro, são conteúdos distintos, mas têm em comum a afirmação da crença da existência e sobrevivência do espírito, e atualmente diversos estudos admitem a possibilidade, sendo assim, pergunto: De que valeria existir e sobreviver se não pudéssemos nos comunicar? Não seria natural, porque, pense bem, é intrínseco ao ser humano o dom e a necessidade de comunicação. A vida em sociedade é uma lei natural e, para atendê-la, somos criaturas sociáveis, comunicativas. Tudo em nós transmite o olhar, os gestos, os gostos, o tom de voz, a expressão da face, a postura do corpo, as cores que apreciamos, os cheiros, enfim... Tudo que exteriorizamos comunica o que carregamos na alma. E captamos a mensagem do outro. A ciência, hoje, admite a ação da mente do pesquisador nos experimentos materiais que realiza, precisa dizer mais?

– Não, eu creio que entendi – respondeu Carolina. – O que vocês estão me dizendo é que os fatos que ocorrem em minha fazenda são naturais; que o seu tio é um espírito como qualquer outro; e que, digamos, os fatos que me trouxeram aqui seguem a mesma lei de outros fenômenos ditos santos, como as aparições de Fátima, em Portugal, por exemplo. Eu entendi. Procurarei ler sobre o assunto, já estou com alguns livros. Mas meu anseio é coisa de mãe: não quero ver minha filha envolvida com espíritos. Preciso encontrar um meio de libertá-la, é para isso que vim pedir tua ajuda.

Victorio e Alex trocaram olhares de entendimento, como a se dizerem: "entender, aceitar e vencer o medo cultural são etapas distintas".

– Libertar a tua filha dos espíritos pode vir a ser uma tarefa impossível – asseverou Victorio drástico, com o propósito de chocar sua ouvinte para prender-lhe a atenção, evitando que sua mente se entregasse a pensamentos desesperadores.

– Não, *seu* Victorio, há bons trabalhos de desobsessão na cidade, tem muitas casas espíritas – apressou-se Alex em alertar. – Dona Carol pode levar a Bianca em alguma delas e conseguir afastar o espírito da menina e da casa; ele será atendido e seguirá a sua vida. Do jeito que está agora, ele não está evoluindo e deve sofrer bastante. Quem sabe ele ainda nem se deu conta de que não pertence mais à vida material?

– É, pode ser. O que disseste, pode mesmo acontecer ou estar acontecendo. Mas veja o pedido de Carolina: "libertar a sua filha dos espíritos". É impossível. Mesmo porque, a mim, parece claro como o dia, que a menina possui uma faculdade mediúnica, pois conversa e interage com o "fantasma", digamos assim, como se ele fosse igual a qualquer um de nós.

Logo, precisamos avaliar a percepção da criança. Ela capta uma dimensão a mais do que a comum; tem sentidos ampliados, desenvolvidos. Portanto, ainda que se consiga – e espero, sinceramente, que sim – socorrer João Raul, isso não impedirá que Bianca venha a ter contato com outros espíritos.

– Não tinha pensado sob essa perspectiva. Por favor, prossiga – pediu Carolina, atenta, como desejava Victorio.

– Mediunidade é a resposta para o caso de Bianca.

– E o que devo fazer? Tem cura, o que preciso procurar?

– Não, d. Carol. Mediunidade não é doença, não tem nada a fazer, ou melhor, precisa estudar, conhecer como funciona – respondeu Alex, e disparou: – A senhora deve ler *O Livro dos Médiuns*.

Carolina o olhava, pensativa, assustada. "Será que ler resolve mesmo alguma coisa?", duvidava, confabulando com seus botões, antes de insistir:

– E agora, o que devo fazer?

Victorio serviu-se de um petisco e ouviu Francesco chamá-lo no interior da casa. Elevou a voz e respondeu-lhe:

– Espera um pouco, pai. Já vou ajudar o Ermínio. – Voltou-se para Carolina e explicou: – É Franceso, meu pai. Eles são muito idosos, perfeitamente lúcidos; são fisicamente saudáveis, mas estão desgastados, e Ermínio precisa de ajuda para locomover-se, por isso me chamam. Vou ver o que deseja, e volto em seguida. Por favor, aguardem; o assunto interessa-me. Com licença.

– Toda – respondeu Carolina, intrigada, acompanhando com o olhar a saída do anfitrião.

Alex fazia o mesmo e tinha uma expressão curiosa.

– Acho que me enganei – comentou. – *Seu* Victorio

disse que o pai dele se chamava Francesco? Mas ele não disse que era filho do Ermínio Vilela...

– Disse, tenho certeza – respondeu Carolina.

– Pois é, mas agora ele falou que o pai dele é o Francesco, não foi?

– Foi. Estranho, *né*?

Outro Olhar Sobre o Passado

O casamento, ou seja, a união permanente de dois seres é contrária à lei da Natureza?
– É um progresso na marcha da Humanidade.

Kardec, Allan. *O Livro dos Espíritos*. Questão 695. Edicel. Observe que a pergunta contém um conceito: casamento é a união permanente de dois seres. É amplo, seu único requisito é que haja o ânimo de permanência na união do casal. Não há no estudo da lei de reprodução realizado em *O Livro dos Espíritos* qualquer referência a que ela se restringe a uniões heterossexuais. A expressão utilizada é sempre "seres", sem especificação sexual. E a expressão seres, usualmente, abrange todas as criaturas.

Alex transmitiu à Carolina noções resumidas sobre mediunidade.

– Meu Deus, como há assuntos complexos para estudar! Será que vou conseguir? – comentava quando Victorio retornou, após mais de um quarto de hora.

– Desculpem, demorei além da expectativa. Eu os adoro, mas eles exigem tanto quanto cuidar de gêmeos recém-nascidos. E olhem, sei o que digo, já cuidei de gêmeos.

– É mesmo? Eu acho lindo, adoraria ser mãe de gêmeos. São seus filhos?

– São, dois belos meninos, já estão com dez anos. Meus velhos dão mais trabalho, e como fico longe vários meses, quando venho para casa a disputa por atenção é grande. Nem deveria me queixar, vejo pessoas enfrentando tantos problemas com seus familiares idosos que rendo graças a Deus todos os dias, pois meus transtornos e preocupações são pequenos. Ainda assim, veja bem, Ermínio tem mais de noventa anos e Francesco completou oitenta e dois anos esta semana; é natural que precisem de cuidados.

– São idosos mesmo – comentou Carolina. – Que bom que estão lúcidos! É tão triste ver as pessoas perderem a razão. Tu disseste que um deles tem problema de locomoção, o que é?

– Há alguns anos Ermínio caiu e fraturou a bacia. Não andou por meses; achei que não conseguiria. Mas ele tem fibra e força de vontade; é um leão. Devagarzinho recuperou-se; usa bengala, mas caminha. A dificuldade maior é erguer-se e deitar-se, para isso precisa de ajuda. Francesco tem muito medo que ele caia novamente, nem se atreve a ajudar. Creio que a culpa o mataria se Ermínio se machucasse. Então, os dois chamam ajuda. Por isso eu disse que é pior do que cuidar de gêmeos; é preciso cuidar fisicamente de ambos, mas o estado emocional de Francesco é mais frágil. Tivesse sido ele a acidentar-se, não sei se teria dado a volta por cima, como fez o Ermínio. A vida faz as coisas certas. Aparentemente, Francesco, por ser o mais novo, deveria ter melhores condições, mas não é assim. Mas voltemos ao nosso assunto...

– Eu expliquei por alto para d. Carolina – esclareceu Alex. – Tenho mediunidade e estou estudando em uma sociedade espírita. Mas não tinha pensado que uma criança pudesse ser médium.

– Uma criança pode apresentar a faculdade mediúnica, afinal não existe uma idade determinada para surgir na vida de alguém – comentou Victorio. – Em geral, manifesta-se de forma cíclica. Em alguns casos, desde a infância. Como são ciclos, por épocas os fenômenos surgirão e passarão naturalmente; não é preciso fazer mais do que reconhecê-los, manter a calma, a atenção ao comportamento da criança, um clima harmônico no lar e muita prece. Passes e trabalhos de educação moral e espiritual ajudarão muito. Mas nada suprimirá uma faculdade que é dela. E, principalmente, porque é para o bem dela, para sua evolução espiritual; considere como uma ferramenta de trabalho. O trabalho do médium é como um guia para turistas perdidos, se quiser. Quando conheceres com maiores detalhes o que é essa faculdade de intercâmbio entre os dois mundos e tudo de bom que o exercício dela poderá trazer à tua filha vai agradecer o fato que hoje a desespera.

– Como devo tratar esses fatos? Um guia para turistas perdidos, o que quer dizer? Não entendi.

– Uma só palavra encerra um conceito tão importante

e profundo, capaz de resolver a maioria dos problemas de relacionamento humano – naturalidade. Comporte-se com naturalidade diante dos fatos, talvez, inusitados que a tua filha trouxer ao teu conhecimento. Procure não demonstrar medo, pânico, horror. Da tua reação nascerá nela ou a aceitação ou o medo. A tua filha é ainda muito novinha para que se faça qualquer coisa com ela. E quando falo em guia para turistas perdidos é o seguinte: imagina como te sentirias se precisasses viajar para um país bem distante, onde poucas pessoas falassem a tua língua e tu estivesses perdida e, de repente, no meio da multidão, tu encontrasses um guia que te entende, enxerga-te, ouve-te. O que tu farias? Correrias para ficar perto dele, certo? Pedirias ajuda, dirias o que está acontecendo contigo e não arredaria pé enquanto não te sentisses segura de um rumo ou de, por meio dele, encontrar outras pessoas para te recepcionar. Um médium faz um trabalho semelhante, especialmente quando inicia sua tarefa mediúnica. Serve de guia ou de ponte entre o mundo material e o mundo espiritual. Comunica-se com ambos, por isso serve de ponto de informações para muitos recém-desencarnados, como dizemos, que morreram a pouco para que me entendas.

– Quer dizer que não devemos usar essa faculdade de Bianca para estabelecer contato com o espírito que ronda a fazenda? – surpreendeu-se Carolina, que julgava o contrário.

– Absolutamente, não. Bianca precisa crescer, enfrentar a vida, adquirir domínio sobre si e sua existência, para depois se envolver com a prática da mediunidade. Ela é jovem demais, não convém, poderia inclusive ser prejudicial ao seu desenvolvimento e não acredito que, na infância, ela tivesse condições reais, como médium, de deixar manifestar-se o espírito que habita a fazenda da Marambaia.

– Então, existe um critério. Há uma idade na qual ela

poderá fazer uma iniciação ou algo assim? – indagou Carolina, demonstrando a ansiedade que a consumia.

– Não existe um critério rígido – esclareceu Alex. – Exige-se que: tenha o corpo físico plenamente desenvolvido, o que vai ocorrer entre os dezoito e os vinte anos e um mínimo de maturidade emocional e psicológica. Ao menos, assim tem me ensinado a Berenice, e é o que tenho lido. O que o *seu* Victorio comentou de ciclos, e é real, eu nunca tinha pensado desse jeito, mas eu me recordo de que na infância eu via o espírito de uma mulher, mais ou menos a mesma coisa que acontece com a Bianca. Devia ser um ciclo.

Victorio concordou em um tom que informava que ele pretendia encerrar o assunto. Comentou:

– O Espiritismo é um conhecimento amplo e denso; é impossível aprendê-lo ou ensiná-lo em poucas horas. É preciso estudar, e com atenção, fazendo as correlações com diversos campos da ciência, da filosofia, da história e de vários ramos do saber e libertar nossa mente de muitos séculos de conceitos religiosos que não nos conduziram a transformações morais e, sim, apenas a cárceres conceituais, prisões emocionais, jaulas – perdoem as repetições – para almas feridas. Para o bem da tua filha seria bom se tu te dispusesses a conhecer a faculdade que ela apresenta de maneira tão nítida. Facilitará o futuro de vocês. É o melhor que posso te sugerir; será um auxílio eficaz para o presente e o futuro.

– Não é propriamente o que eu queria ouvir – declarou Carolina com honestidade. – Mas confesso que recebi muito mais do que esperava. Eu te procurei para confirmar a realidade dos fatos, para certificar-me de que não são fantasias, ilusões, e coisas do gênero. Obtive êxito. E, ainda, recebi instruções importantes. Como te disse: eu sou uma ignorante nesse assunto; é essa a causa do meu desespero. De uma hora para outra, vejo-me a braços com um problema sobrenatural, com o mundo depois da morte, coisas sobre as quais jamais refleti, até alguns dias passados. Obrigada pela gentileza de nos receber, pelo teu tempo e pela conversa. Foi uma ótima tarde para mim.

E convidou Alex:

– Vamos voltar para casa, é tarde. Pedro deve estar estranhando a nossa demora.

Alex ergueu-se, colocando-se ao lado de Carolina.

– Voltem quando desejarem; será um prazer ajudá-los, no que estiver ao meu alcance – disse Victorio, ao despedir-se dos visitantes. – Ficarei aqui até o fim do mês, mas meus pais residem aqui e garanto-lhes que eles terão prazer em recebê-los.

No retorno à fazenda da Marambaia, Carolina e Alex viajavam em silêncio, mergulhados nos próprios pensamentos, até que falaram juntos:

– Esquisito ele dizer "meus pais".

– Por que será que ele dizia "meus pais"?

Riram e Carolina, mudando a marcha do veículo, pediu:

– Venha daí, compadre. Fala primeiro[14].

– Ei, eu não quero filhos agora, só daqui muitos anos – retrucou Alex. – Eu achei estranho ele dizer "meus pais". Como alguém pode ter mais de um pai vivo?

– Pois é, também não entendi. Gostei muito do nosso vizinho. É um homem culto, elegante, inteligente, afável, simpático, mas como tem dois pais, eu não sei, e fiquei mordendo a língua pra não perguntar.

– Talvez a gente acabe voltando a conversar com *seu* Victorio, e entenda.

– Achas mesmo, Alex? Por quê?

– Não sei se o *seu* Pedro Manoel vai aceitar a ideia de tratar a Bianca em uma casa espírita. E se ele quiser

---

14 Regionalismo. Quando duas pessoas falam ao mesmo tempo há uma crença de que uma delas terá em breve um filho, daí chamar o interlocutor de compadre ou comadre (NA).

ver com os próprios olhos? O único jeito será trazê-lo para conversar com os parentes e antigos donos da fazenda, não é?

Carolina calou-se, concentrada na estrada de chão esburacada a sua frente, porém, logo em seguida, comentou:

– Tens razão. A conversa com Pedro não vai ser fácil. Ele é teimoso, não abre mão de seus pontos de vista. Ainda mais quando o assunto é religião, aí então, é um Deus nos acuda, ele tem horror. Pura teimosia.

– E orgulho – arriscou Alex. – Já notei que o orgulho impede muitas pessoas de pensarem sobre os aspectos imateriais e imortais da vida. Devem sentir medo de confrontar a transitoriedade das coisas às quais são tão apegados.

– Tu estás me saindo um filósofo precoce. Nunca imaginei, viu? Foi uma surpresa descobrir em ti essa veia intelectual e espiritual.

– Derrubar paredes e empilhar tijolos não deixa muito tempo para pensar, mas, às vezes, a vida obriga. Foi o meu caso. Ruim, péssimo, no início, mas agora eu vejo que me fez muito bem. Acho que foi tipo um despertador. Eu estava vivendo assim "meio" adormecido, entende? Toda confusão na reforma do casarão me fez acordar. Estou melhor.

Carolina ouviu o rapaz, observando-lhe, encantada, a face calma, o olhar tranquilo, o corpo relaxado. Constatou que ele encarava o futuro com serenidade e confiança.

– Tens um bem precioso, Alex: a paz. Guarda-a bem!

Ele riu, e comentou:

– Outras pessoas já me disseram isso.

Quando chegaram ao casarão, o sol poente tingia as nuvens de um tom rosa-alaranjado, contrastando com o céu azul. Os pássaros, profusos na região, voavam em bandos à procura dos galhos das árvores onde pernoitariam, e o seu trinado enchia o ar de uma música melodiosa e algo melancólica. As sombras das silhuetas alongadas contribuíam para aquela impressão de fim.

As atividades dos moradores tinham a mesma característica: perdiam impulso, preparando-se para a noite. Ouviam-se as vozes vindas do interior do casarão; a de Marcela se sobressaía dando ordens aos netos, encaminhando-os ao banho.

Carolina sorriu, mas havia tristeza e preocupação em seu olhar.

– Não fique assim, d. Carol – confortou Alex, enquanto fechava a porta da camionete. – Tudo vai melhorar, não há o que temer.

– É? Creio que ainda não me acostumei com a ideia de que "não há o que temer". E, de certa forma, sinto as mãos vazias de soluções práticas, sabe, e a cabeça... cheia de questionamentos. Confusa, é a palavra.

Alex nada respondeu. Sabia que somente o tempo, o estudo e a reflexão teriam o poder de dar a segurança interior que Carolina precisava. Despediram-se, e ela dirigiu-se ao interior do casarão auxiliando a mãe e os filhos a aprontarem-se para retornar à cidade. Ele foi à busca do chalé onde residia o amigo.

Valdo passara a tarde de forma calma e rotineira, na alegria típica da lida campeira. Regressara para casa, fizera sua higiene pessoal, e preparara uma rápida refeição para compartilhar com Alex, antes de ele regressar à cidade. Depois se sentara para assistir ao fim de um programa de auditório na televisão.

Sem mais nem porque, irritou-se com o zunido dos mosquitos. Os insetos não ingressavam na sala onde descansava, pois as aberturas eram protegidas por telas finas. Incomodou-se também com o apresentador do programa:

– Piada idiota! Esse cara é um idiota mesmo, não sei como ganha tanto dinheiro para dizer essas bobagens todo domingo. Tem estrela, só pode ser de outro jeito, não dá para entender. Ele não trabalha de sol a sol, não se preocupa com as responsabilidades de uma propriedade, nem com impostos, pagamentos, recebimentos, preços de safra, com empregados, com nada. Ganha dinheiro fácil... – e por esse rumo seguiam seus pensamentos e os xingamentos que lançava à tela do televisor.

A irritação ganhava espaço e o sufocava. Seu organismo registrava os efeitos: aceleração da circulação, rosto vermelho, sensação de calor; salivava; a adrenalina invadia sua corrente sanguínea e alterava seu comportamento. A sensação se aprofundava; seu estado emocional acentuava-se de forma exagerada e a racionalidade esvaía-se.

Assim o encontrou Alex, e a chegada do rapaz o deixou confuso, pois se preparara para oferecer ao amigo um jantar simples e prazeroso. Pretendia usufruir a companhia dele, e aquela irritação desmotivada, banal, que tinha dificuldade em controlar, impedia-o.

Notou, perplexo, que ela se acentuara à chegada do jovem. Sentira ímpetos de afrontá-lo, de incomodá-lo, de fazer com que sumisse da sua vista. Aquela guerra interior o exauria e não sabia o que fazer. Imaginou que devia ser como se sentiam os animais com "bicheiras" quando agredidos por bandos de moscas; via-os correrem desatinados pelos pastos, fugindo.

A conversa entre os dois foi difícil e, cedendo à irritação profunda que o acometia, ele agrediu verbalmente Alex. Percebeu, num rasgo de lucidez, o que fazia, quando o outro reagiu chamando-o à razão e mostrando-lhe, friamente, que tentava provocar uma discussão por algo insignificante.

Desesperado, Valdo desejou acalmar-se, reaver o controle sobre si e deu-se conta de que reconhecia que Alex estava com a razão e devia desistir, mas apavorou-se ao perceber que tinha vontade de bater no rapaz, enchê-lo de socos e pontapés e chamá-lo de "enxerido"; mandá-lo embora e ordenar que nunca mais voltasse a pôr os pés na fazenda; perguntar-lhe quem pensava que era para afrontá-lo; se pensava que por conhecer meia dúzia de coisas acreditava que era muito forte?

Em pânico com a voz interior e o sentimento dominador que a acompanhava, temendo não sujeitar aquelas forças estranhas, de supetão ergueu-se, a cadeira foi ao chão, e perturbado disse:

– Estou louco! E saiu a passos rápidos pela porta lançando-se na escuridão da noite a andar pelos campos, sem destino.

Alex demorou a reagir. Quando chegou à porta somente divisou um vulto caminhando já distante. O manto da noite, em segundos, encobriu a silhueta de Valdo.

– Valdo, volte! Vamos conversar, homem. Tu precisas de ajuda, isso não é normal – gritou.

Não recebeu resposta. Respirou fundo, entristecido pelo episódio. Pensativo, recolheu as sobras do jantar, colocou a louça usada na pia. Enquanto trabalhava pensava na desavença imotivada havida entre eles e concluiu que houvera um terceiro incomodado com sua presença.

– Deus tem piedade! Ele precisa de ajuda, permita que os bons espíritos o acalmem. Em especial Te peço que afaste esse espírito em sofrimento para um lugar onde ele possa ser atendido, esclarecido, tratado. Que o Valdo reencontre a si mesmo, que tenha paz, tranquilidade e recobre a razão e o domínio de si – pediu ele em sincera prece.

Tranquilizado, e convicto do que havia presenciado, escreveu um rápido bilhete ao amigo expondo sua preocupação com o bem-estar dele e que não guardava mágoas; sugeriu que procurasse rezar. Colocou o bilhete sobre a mesa sob um livro de bolso que carregava em sua mochila. Apanhou seus pertences, fechou a porta e, iluminando o caminho com uma lanterna a pilha, dirigiu-se ao casarão. Era hora de retornar.

– Obrigada por tudo, Alex – agradeceu Carolina quando deixaram o rapaz em sua residência. – Eu te telefono durante a semana, quero conhecer a tua amiga Berenice.

– Claro, vou aguardar. Aliás, eu mesmo preciso procurá-la, por causa do Valdo. Ele não tá legal, fiquei preocupado.

– Alguma coisa a ver com o que conversamos com o Victorio? – indagou Carolina, ignorando o tamborilar nervoso dos dedos do marido sobre o volante e seus resmungos de que estava com pressa.

– Tudo. Depois a gente se fala, vou aguardar a senhora me ligar. Tchau, meninos. Boa noite, d. Carol, boa noite *seu* Pedro Manoel.

– Boa noite – responderam.

Após colocar os filhos para dormir, Carolina relatou ao marido a visita da tarde e as descobertas que fizera. Ele ouviu interessado, curioso, e sentenciou:

– Pode ser verdade, mas acho que estás procurando chifre em cabeça de cavalo. Agora, chega desse assunto, é tarde, vamos dormir. Nossa! Estou exausto.

..*

Ermínio e Francesco compartilhavam o café da manhã e ouviam a um programa de debates transmitido por uma rádio da capital. Mas falavam em igualdade de condições com os debatedores, o que fazia Victorio rir ao observá-los. Era um mau hábito tão antigo que nem ao menos se deu o trabalho de adverti-los, seria inútil. Sabia que bastava eles ouvirem uma questão do debate e o restante fariam por conta. Não adiantaria perguntar qual era a avaliação deles sobre o programa:

não tinham escutado as opiniões expostas. Aquela manhã não fugia à rotina de décadas.

Victorio serviu-se de outra xícara de café e encheu as dos seus "pais".

– Eu não quero mais, Vico – resmungou Francesco. – Duas xícaras são mais que suficientes. Café demais faz mal.

– Besteira! – retrucou Ermínio. – Café faz bem à saúde, é estimulante. Não tomar é que faz mal, dá dor de cabeça.

– Tu és viciado – rebateu Francesco.

– Tudo bem, pai – interveio Victorio. – Não quer tomar, não toma, não precisam discutir por isso. A Hortência põe fora e pronto.

– Detesto desperdício de alimento. Eu vivi o pós-guerra na Itália; foram anos muito duros; aprendi a não pôr comida fora. Sentir fome é horrível; sinto um peso na consciência jogando alimentos no lixo – discursou Francesco, bebericando o café.

– É verdade – concordou Ermínio. – Tu não sabes o que é enfrentar dificuldades, não ter o que comer, eu sei. Quando fui embora da casa dos meus pais era bem jovem, passei dificuldades. Não levei dinheiro, saí fugido no meio da noite, só com a roupa do corpo, uma trouxa e alguns trocados. Tudo que ganhei nessa vida foi com esforço e passei necessidades. Até hoje não sei como não me alimentei com comida estragada. Foi sorte. Eu e o Francesco sabemos valorizar o alimento, não se joga fora com tanta facilidade como tu disseste.

Victorio balançou a cabeça; era preciso rir para não perder a paciência com a inversão da situação.

Os dois discursavam para ele sobre o desperdício e os tempos difíceis vividos na juventude. Fatos que conhecia de cor e salteado.

– Quem era a mulher que veio aqui ontem? – perguntou Ermínio, mudando o assunto.

– O quê? – indagou Victorio pego de surpresa por não prestar atenção na alteração do diálogo.

– Sempre com a cabeça no mundo da lua – ralhou Ermínio e repetiu: – Perguntei quem era a mulher que veio aqui ontem à tarde.

– Ficou muito tempo – comentou Francesco. – O que ela queria? É uma amiga nova? Nunca a tinha visto.

– Se tu nunca a tinhas visto, só pode ser nova, não é Francesco – ironizou Ermínio. – Deixa o menino responder.

Victorio ria, ao esclarecer:

– É a nova proprietária da fazenda da Marambaia...

– Ai, meu Deus! – exclamou Francesco. – O que houve desta vez?

– Pobre coitada! Então os herdeiros do Dionísio enfim acharam um desavisado. É, sempre tem um para pagar o pato. Se veio aqui é porque o meu irmão não deu sossego. O que queria? Vender as terras e nos dar o direito de preferência?

– Não falou nada nesse sentido – respondeu Victorio.

– Então foi o "outro" que anda aprontando. Santo Cristo! Quando será que ele vai cair em si e abandonar esse apego? Bem, vou retomar minhas preces por esse ser. Não o conheci em vida, como dizem, enquanto encarnado, mas depois de morto, já deu o que fazer e o que falar – criticou Francesco.

– Deixa o Vico contar – exigiu Ermínio. – Diz, meu filho, o que ela queria?

– Ajuda. A filha tem visto o espírito do João Raul, com quem conversa frequentemente e chama de vovô. Carolina, a nossa vizinha, ficou muito assustada. Primeiro pensou que era um caso de amigo imaginário, mas depois se convenceu de que era "alguém" real e apavorou-se. Não conhece nada sobre a vida espiritual...

– E deve saber pouco sobre a vida material – interrompeu Francesco. Vendo o olhar de censura de Ermínio prosseguiu: – É uma consequência lógica. O pensamento filosófico da humanidade avança pensando na morte e na vida após a morte, seja para negá-la, seja para estudar a viabilidade de sua continuidade, isso desde a antiguidade. Logo, nossa vizinha não pensa na vida, apenas em partes da vida, que são as horas do seu cotidiano...

– Não se apresse, Francesco. A mulher pode não conhecer a espiritualidade, não pensar na vida depois da morte, nem em Deus, mas nem por isso deixa de merecer nossa atenção. Tu falaste, Victorio, em amigo imaginário; então, a filha dessa senhora é ainda criança, certo?

– Exatamente. Tem entre cinco e seis anos, se não me engano.

– Pelo que entendi a menina vê, ouve e conversa com o João Raul, enfim, ela convive com ele – constatou Ermínio. – Deve estar com muito medo, pobre criança. Precisamos ajudá-la.

– Aí é que está o fato interessante – disse Victorio. – Ela não tem medo e são amigos. Entendi que o João Raul brinca de chá de bonecas com a pequena.

– Não pode ser verdade! – espantou-se Ermínio. – Nos anos em que vivemos sob o mesmo teto, eu nunca vi meu irmão dar atenção a uma criança. A vida é mesmo fantástica, nunca se diga: isso é impossível. Eu jurava que morreria sem ouvir tal notícia. Fala, Vico, conta o que sabe, em minúcias, está bem?

Victorio narrou detalhadamente a visita de Carolina e Alex e o que haviam relatado quanto à convivência com o espírito de João Raul.

– Nesses meus muitos anos de vida – comentou Ermínio – eu, várias vezes, relembro minha família:

meus pais, meus irmãos, a vida e a estranha convivência que tínhamos. Não era saudável. Hoje, entendo minha mãe como uma criatura depressiva, com baixa autoestima, infeliz. Ela me amava, apesar de não ter coragem de tomar uma atitude; sei que vontade não lhe faltava. Ela serviu-me de reflexão. Vi quantas pessoas guardam no peito um anseio enorme, desejam com todas as forças da alma, mas são incapazes de exteriorizar esse sentimento e transformá-lo em ação. Que dilema! Como sofrem! Por causa da minha mãe, aprendi a identificar essa luta no íntimo das pessoas e a questionar quais eram as barreiras que enxergavam tão maiores que o seu querer.

– Culturais, com toda a certeza, Ermínio – interveio Francesco. – A pressão que a "cultura" exerce, a forma de viver e pensar imposta por algumas instituições ditadoras de comportamentos a uma sociedade, é terrível. Elas desenvolvem valores, crenças, impõem condutas, enchem a cabeça das pessoas com noções de certo e errado, bonito e feio, bem e mal, e por aí vai, e até na aparência de seus membros se julgam no direito de interferir. É algo muito forte, mesmo nós, que procuramos ter consciência dessa influência em nossa vida, não estamos isentos de sofrer a sua ação e de também reagir de forma essencialmente cultural diante de certas situações e assim endossar os mais variados preconceitos. A tua mãe, como tantas mulheres, não conseguiu encontrar forças para se opor a essa conjuntura. Imagina a família dela e os valores que lhe passou. Cada família tem uma cultura própria como grupo e sempre tem os membros que acreditam ter o direito de impor um padrão aos outros. É tão forte que algumas pessoas nunca chegam a se conhecer ou sequer a se descobrir, a se experimentar enquanto indivíduos, tu sabes bem. Quando, por alguma razão, respiram fora do raio de ação desses padrões culturais, sociais e familiares, fascinam-se consigo mesmos e encontram caminhos para a cura de estados depressivos. Descobrem que têm valores, qualidades e possibilidades que nunca tinham imaginado, sonhado existir. A tua mãe talvez tenha descoberto isso muito tarde...

– Nunca entendi como ela conseguiu fazer meu pai ir à minha procura. Tomei um susto tão grande no dia em que eles pararam a minha frente depois de quase uma década afastados... – Ermínio fez uma pausa; seus olhos cercados de rugas umedeceram-se com lágrimas que não rolaram. Aquela emoção contida Victorio conhecia desde criança, e Francesco o ensinara a respeitar como marcas da vida impressas na alma daquele ser amoroso e admirável.

Os lábios tremeram, Ermínio olhou ao longe, em direção às terras da fazenda da Marambaia e há muitos anos passados...

Velhas Lembranças

Qual é a marca da liberdade realizada? Não envergonhar-se mais de si próprio.

Nietzsche, Friedrich.
A gaia ciência. Livro Terceiro, nº 275, Martin Claret,
tradução de Jean Melville.

– Eu deixei esse lugar e a casa de meus pais em uma noite dolorosa; por anos a fio eu a revivi em sonhos; pesadelos, na verdade, e banhava minhas mágoas e dores em suor e lágrimas. Somos criaturas apressadas, meu filho. Acreditamos nos recuperar de um episódio determinante de dor moral com a mesma rapidez com que nosso corpo cicatriza os cortes da pele. Ledo engano! Pura negação! Os tecidos da alma são diferentes dos do corpo, ensinou-me a experiência. Uma mágoa mata áreas do nosso ser, cria uma zona de proteção, cicatrizes; de tão sensível aquela região parece-nos estranhamente insensível. Mas em uma medida de proteção ao que foi atingido em nosso íntimo nós, inconscientemente, a afastamos, a barramos, a suprimimos também na realidade exterior. Qualquer lembrança fere. Por muitos anos eu evitava caminhar à noite. Mal escurecia e já estava recluso em meu lar. Andar à noite trazia-me de volta a infinita dor sentida quando fugi de minha casa; devolvia-me as apreensões, o sentimento de vergonha, de culpa e fracasso, além da dor da separação operada por uma morte brusca e violenta. Deus, que noite horrível aquela!

– Pai, não precisa relembrar esses fatos – interveio Victorio, preocupado por sentir muito presente as notas de dor de uma forma aguda na voz de Ermínio. – Tudo isso já acabou faz tanto tempo, melhor esquecer.

– Não, meu filho, o que carregamos na memória e os sentimentos guardados, ainda que não se expressem, mas se estão latentes, são imortais porque compõem o nosso estado atual. E tanto faz que estejamos na matéria ou na espiritualidade. Veja o exemplo de meu infeliz irmão: desencarnado há quase trinta anos é ainda o proprietário de suas terras, vive seus complexos sentimentos e sua doentia personalidade de forma imortal. Só morre aquilo que transformamos em aprendizado, porque extraímos a essência e jogamos os fatos fora. "Quem pensa muito, e pensa objetivamente, esquece com facilidade as próprias vivências, mas não os pensamentos por elas suscitados"[15], aprendi com Nietzsche. Aliás, esse profundo conhecedor do desespero humano confortou-me muito. Posso até dizer que a estranha e irônica espiritualidade de suas obras aliviaram muitos dos meus padecimentos. Seus livros foram meus companheiros; identificava-me com a dor neles descrita. Esquecia-me de que eu era um leitor; vezes sem conta dialogava em pensamento com as ideias dos livros como se seu autor estivesse junto de mim. Meus professores de filosofia assustaram-se com meu interesse por ele; preveniram-me que era melancólico, e algumas de suas ideias podiam instigar ao suicídio. Talvez tivessem razão, afinal, essa opinião mantém-se, mas para mim ele foi um amigo incomparável. Provavelmente, ao escrever suas obras, Nietzsche jamais pensou que pelos idos de 1930 – quando na Europa elas inspiravam, por terem sido "levemente" adulteradas por sua irmã, os regimes nazistas e fascistas e uma política de discriminação racial – aqui, no distante Brasil, elas confortariam as dores de um jovem homossexual em choque com a cultura e os homens de seu tempo. Que ensinariam força moral e liberdade de pensar. Pobre filósofo, teve um fim tão triste! Como deve ter sofrido enquanto espírito amante do saber e do pensar, preso, em seus últimos anos, a um corpo cujo cérebro insano sofria a ação da sífilis.

---

15 Nietzsche, Friederich. *Humano, demasiado humano*. Pág. 244, Companhia de Bolso, tradução de Paulo César de Souza (NA).

– É. Eu que nessa época estava na Europa, posso te dizer, Ermínio, que essa interpretação não interessava por lá. Essa característica de pensador do desespero humano não era sequer comentada. E depois, até que viessem à tona os fatos referentes à adulteração, ninguém mais queria saber dele. Eu mesmo tive muita dificuldade em ler Nietzsche com o enfoque que tu vias. A mente ficava embotada com aquela carga passada pela ideia errada e libertar-me dela não foi fácil – comentou Francesco.

– Pois é, mas alguns pensamentos dele marcaram-me muito forte. E esse que eu citei é um deles. Ensinou-me o valor de pensar objetivamente, coisa que nem sempre fazemos. Em geral, ficamos remoendo fatos e buscando justificativas, e sofremos mais. A filosofia de Nietzsche levou-me a buscar entendimento, não justificativas. Esse pensar obriga-nos a uma aceitação dura, simples e direta, sem enfeites, da nossa realidade de seres humanos cheios de defeitos. É assim e ponto. Um olhar frio, analítico sobre os fatos, para extrair o entendimento. Nada de culpas, remorsos, acusações, fantasias, falsas esperanças, apenas a pura constatação e aceitação da realidade. Ler condutas e não palavras. Bocas mentem, tanto para dizer lindas palavras e elogios quanto para denegrir e caluniar; condutas são coerentes, ainda mais se observadas a longo prazo. Elas dão o entendimento sobre quem é aquele ser humano ou aquele fato que nos feriu. Quando obtive a compreensão, os fatos perderam a importância; não os esqueci, mas deixei de pensar neles. As partes de meu ser que haviam morrido naquela noite começaram devagarzinho a vascularizarem-se outra vez, e acabaram por voltar à vida. E eu pude caminhar à noite sem que o desespero tomasse conta de mim. O suor e as lágrimas secaram e com eles os pesadelos. Restou daqueles dias apenas a nostalgia e é dessa forma que voltaram a aparecer em meus sonhos. Questionei meus sentimentos de culpa, de vergonha, de fracasso e compreendi que não eram meus de fato, pertenciam à sociedade, eram meu legado cultural e, como tal, eu podia aceitá-los ou recusá-los. E eu os recusei. Não me levaria a lugar algum além do sofrimento. O que eu podia aprender com eles eu havia aprendido: questionar, discutir e incomodar tanto quanto eles me incomodavam.

– Uma pena que tu não foste paciente de Freud, terias sido um prato cheio, pai – brincou Victorio.

– Usei a filosofia para tratar-me e foi uma escolha feliz, embora os resultados pudessem ter sido os mesmos na psicanálise: o entendimento, o autoconhecimento libertador – rindo Ermínio provocou Francesco: – Foi mais eficiente, veja os benefícios extras: deu-me erudição, pois nem tudo o que li e estudei dizia respeito a minha vivência; não precisei procurar por um terapeuta que primeiro não quisesse simplesmente receber o aluguel sobre a minha mente e, segundo, que fosse isento de preconceitos sexuais e assim conseguisse enxergar em mim mais do que a dimensão sexual.

– Hum, sei. Vai debochar de mim a vida toda porque eu passei por isso. Tudo bem, sabichão, estou acostumado. Também pudera! Estamos completando bodas de ouro, meu querido. Se ainda fosse estranhar... nossa união teria terminado há muito tempo – respondeu Francesco. – Eu fiz, sim, várias terapias e todas tiveram um aspecto positivo, embora a libertação eu tenha encontrado no amor e na aceitação e na felicidade real em aprender a ser livre assumindo com honestidade a minha natureza e não me forçando a comportamentos esperados e aceitáveis pelos outros. Entendi o que era possível para mim. Não foi fácil. Eu era casado com uma mulher, pobrezinha! Como sofria! Sofia será que ainda vive? Nunca mais soube dela... Minha família, além de abastada, era descendente da nobreza; os títulos não tinham mais valor legal, mas socialmente... representavam um peso morto, duro de arrastar. Ouvi tanta hipocrisia, coisas como: "homens como tu sempre existiram, faz como eles, existem caminhos para se manter uma relação desse tipo sem ser pública"; eu cansei de ouvir e somente tive coragem de revelar meus sentimentos e inclinações após a morte dos meus pais. E agi assim por dois motivos: autoproteção e piedade. Eu me protegi de muitos choques e, no fundo, tinha piedade deles. Sofreriam demais, decepção, frustração, sentiriam-se fracassados. Não quis que eles soubessem, porque sabia que não aceitariam.

– Sempre te disse, Francesco, que esse discurso é bonito, mas não me convence. Tu tinhas vergonha de ti mesmo diante dos teus pais, e essa é a razão dura, nua e crua das tuas atitudes. Estás velho e agora sabes que a morte é apenas uma transição para a outra vida, portanto teus argumentos caem por terra. Hoje, aqueles que foram teus pais devem saber o que aconteceu na tua vida, após a morte deles. É bom que te prepares para um reencontro sem meias-verdades – contrapôs Ermínio. – Muitos filhos envergonham-se das suas atitudes, sentimentos e vontades, diante dos pais, e acabam sendo sempre dependentes, não se libertam. Temem frustrarem as expectativas familiares. Dentro da minha psicologia barata vejo condutas desse gênero como respostas a complicadas projeções dos pais sobre os filhos e a excesso de mimo.

– Arre! – exclamou Francesco fazendo uma careta e fingindo examinar a xícara do companheiro. – Tem certeza de que não tomaste vinagre em vez de café, ou o leite estava azedo? E tu por que não "encontras" com teu irmão e resolve as tuas velhas mágoas?

– Pois é exatamente o que cogito fazer. Para tudo há uma hora certa e é quando estamos maduros, por isso pode levar 50 anos ou mais – respondeu Ermínio, voltando a fixar a região da localidade da fazenda da Marambaia. – É estranho, mas é o que sinto. Na verdade é um desejo que venho adiando faz anos, e confesso que é por covardia de enfrentar a mim mesmo, não a uma criatura que reconheço ser doentia e infeliz. Quisera ter entendido esse fato desde minha juventude! Teria sofrido bem menos.

– Não entendi – disse Victorio. – Pai, o que estás pensando fazer?

– Ajudar essa menina, ao João Raul e a mim mesmo – explicou Ermínio. – Evadi-me dessa responsabilidade por tempo demasiado; agora quero enfrentá-la.

Victorio refletiu, rememorou os conhecimentos espíritas do pai, sua longa experiência em lidar com fenômenos mediúnicos e problemas psicológicos apresentados em comunicações de desencarnados.

– Pai, muitos dos amigos do grupo que trabalhava contigo estão desencarnados ou doentes. Acho que talvez uns dois ou três estejam bem, mas será que ainda trabalham como médiuns? – objetou Victorio. – Não será arriscado fazer uma reunião depois de tanto tempo e nessas circunstâncias? O rapaz que acompanhava Carolina disse estar frequentando uma sociedade espírita e propôs pedir ajuda lá para o João Raul. Não será melhor aguardar?

– Depois que os descobri em minha vida nunca me separei dos meus mentores espirituais. Paramos as reuniões de atendimento após o acidente, mas meus contatos pessoais não obedecem a essa regra, filho. Eles são os mais preciosos amigos que tenho. Estou lúcido, não preciso de força física para falar com João Raul, preciso de força moral. E, com toda humildade, dessa estou no auge. Envelhecer tem suas dores e inconvenientes físicos, mas se estamos cientes da realidade espiritual e cuidamos da nossa vida interior – que é a espiritual, no fim das contas – chegamos à plenitude e ao ocaso ao mesmo tempo. Desculpa teu velho pai, meu filho, mas nessa situação não vou ouvir tuas ponderações. Se "eles" desaconselharem a realização do que quero, bem... então, não farei.

Ermínio falava com firmeza. Observando o espanto e o temor na face do filho e do companheiro, sorriu e brincou:

– Quanto aos meus companheiros de trabalho estarem desencarnados, não vejo problema. Aliás, espero e desejo que eles estejam trabalhando na espiritualidade, nem que seja servindo de candango, mas em atividade e buscando crescer. Agora, chega de conversa. O dia está passando e temos muito a fazer. Quando as coisas estiverem claras na minha mente falarei para vocês, prometo.

Victorio e Francesco trocaram olhares e, em silêncio, acolheram a decisão de Ermínio. Dando forma à orientação paterna, Victorio falou das questões da fazenda que precisavam ser resolvidas.

..*

Carolina, desmotivada pela resistência do marido e suas objeções sistemáticas às explicações que encontrara para os fatos que envolviam Bianca e o "vovô", arrumava-se para ir ao encontro de Alex, na sociedade espírita onde trabalhava Berenice. Mirou seu reflexo no espelho de corpo inteiro, que emoldurava uma das portas do armário do closet.

– Coragem, mulher – disse para si mesma. – É preciso agir. É a tua filha, a tua cria que está em dificuldades. Vai, mulher! Para isso te tornaste mãe, não foi? Então, estás te queixando do quê? Vai, mulher! Não escolhemos o tipo de problema que nasce na nossa lavoura, conforma-te, podia ter sido pior: um câncer, uma deficiência, uma doença degenerativa. É só uma assombração, tá? Nada de ficar arrepiada, nervosa; controla-te, põe na tua cabeça que tem solução e dá graças a Deus. E daí que não conhece nada do sobrenatural? Também não conheço nada de uma infinidade de outras coisas; vai aprender, ora. E quanto àquele negócio da Bianca ter como condição da natureza dela essa capacidade de ver espíritos... bom, que seja! Não vou me afligir. Só posso resolver um problema de cada vez, é o que farei. Preciso tirar "esse vovô" da nossa vida; amanhã é outro dia. Agora é essa minha prioridade.

Com esses pensamentos terminou de aprontar-se e saiu, julgando-se sozinha e isenta de qualquer influência, fatores que, aliás, desconhecia. Porém, Luísa e eu a acompanhávamos de perto.

– Primeira batalha vencida – comemorou Luísa, olhando-me decidida, quando Carolina parou o carro em frente à sociedade espírita indicada por Alex.

– Não cogitas a possibilidade da ideia de Ermínio dar certo? – indaguei.

– É o que mais quero. Aqui Carolina vai aprender sobre espiritualidade e comunicação entre os planos da vida e isso facilitará o futuro de Bianca. Mas para a solução do caso "vovô", por certo, não temos melhor auxiliar do que Ermínio Vilela. Sabe, José, se há algo definido?

– Tenho acompanhado a solicitação. Eu a encaminhei para o nosso Orientador na instituição à qual nos vinculamos. Por meses a fio, venho observando João Raul e acredito podermos ajudá-lo, desde que ele próprio se conscientize e aceite nossa intervenção. Confio na possibilidade de recuperação dele, em um tempo relativamente curto.

– Eu não faço previsões, meu amigo. Elas sempre são falhas e, por natureza, imprecisas quando se trata do ser humano. Lembro-me sempre da vontade como agente geratriz de todas as coisas que nos cercam: saúde, doença, paz ou incêndio de paixões; o restante nascerá daí. Mesmo nosso raio de atuação é limitado;

enquanto espíritos em trabalho incessante para o bem de nossos tutelados dependemos do apoio dos demais.

– Eu sou otimista, Luísa – insisti.

– É preciso, quando a nossa proposta de trabalho é ser um observador do comportamento humano, não é mesmo? São inúmeros os artistas, que por possuírem esse olhar clínico sobre a sociedade e o elemento humano, acabam nas malhas da depressão.

– Entendo, já experimentei muitas crises ao longo da vida, por conta dessa sensibilidade artística. A arte é o mais antigo meio de expressão da alma humana e continua sendo sua primeira grande forma de manifestação e autorecuperação. Boa parte das doenças psíquicas e emocionais tem origem em ideias, pensamentos, vontades e sentimentos não manifestos. A arte nos liberta de muitas amarras, por isso é uma ferramenta terapêutica. Sujeita à lei da evolução ela toma características mais definidas em alguns de nós. Mas não são só as dores que amadurecem nossa capacidade. Hoje, alio, ao senso de observação crítica e expressão, uma grande dose de compreensão. Olhar as pessoas à certa distância dá melhor noção do caminho que percorreram e permite vislumbrar possibilidades para o futuro – nessa estrada infinita a frente de todos nós. Por tudo isso, continuo crente em uma melhora rápida de João Raul. Note o que eu disse: melhora; não falei em total reabilitação.

Luísa riu da ressalva e, durante nossa conversa, Carolina entrara na sociedade espírita. Apresentou-se a uma jovem que recepcionava os visitantes, e tinha em mãos uma ficha para atendimento. Sentada na plateia, ela observava o ambiente e rezava, ao mesmo tempo. Estranhava a simplicidade absoluta do local. Não lhe lembrava um ambiente religioso.

Uma mulher de meia-idade discursava, de pé, atrás de uma mesa. Estava tão preocupada com seu problema que a mente não registrava uma única palavra pronunciada pela oradora. Entendeu quando ela convidou a todos para uma prece e, de imediato, fez o sinal da cruz e olhou onde ajoelhar-se; não tinha. Espantou-se ao ver que os presentes apenas tinham tomado uma atitude de maior introspecção; alguns tinham os olhos fechados e a cabeça baixa. Uma senhora o seu lado sorriu da surpresa estampada em sua face.

– É a primeira vez, não é?

– É sim – concordou Carolina encabulada. – Não sei direito os procedimentos.

– Simples, sejas espontânea e natural. Entres para dentro de si mesma, busques as razões que te trouxeram aqui, e fales sobre isso a Deus, com as tuas palavras. Berenice fará um momento de silêncio para esse fim, depois dirá uma prece em voz alta, em nome de todos os trabalhadores da casa.

– Não preciso ajoelhar...

– Não, a postura é interior, não exterior, querida. Aproveita a música, relaxa e desabafa com Deus. Ele vai te ajudar.

Tranquilizada, Carolina sussurrou um agradecimento à estranha e procurou entregar-se ao exercício como lhe fora recomendado. Ao cabo de alguns instantes, observei-a enlevada pela prece. Suaves irradiações partiam de seu ser; eram súplicas maternas pedindo amparo e proteção à filha. Captei singelas palavras repassadas de sentimento e pureza. Luísa irmanava-se a ela na súplica por Bianca.

O desvelo dos corações tocados pelo amor materno não conhece limites; não há barreiras que ele não suplante. À sua força caem os preconceitos, o orgulho, a vaidade, as tolas convenções, fazendo de uma degenerada uma heroína, de uma covarde, uma leoa feroz.

Carolina, naquele gesto aparentemente simples

de buscar uma sociedade espírita, vencia barreiras pessoais e afrontava o meio social em que vivia. Era um esforço representativo, em especial porque se empenhava em manter a paz da filha que, apenas, vislumbrava ameaçada. A maioria das pessoas espera os problemas ocorrerem para então buscar auxílio, o que às vezes pode acontecer quando é tarde demais e danos sérios à saúde física, mental, emocional ou espiritual já se consolidaram.

Luísa sorria satisfeita; sua tarefa ao lado de Bianca secundada por Carolina tornava-se mais fácil.

A mãe de Bianca entregou-se à prece e sobressaltou-se ao sentir que alguém lhe tocava a mão.

– Chamaram o seu número – informou a solícita vizinha e apontou um corredor. – É por ali, pode ir, apresente a ficha para a senhora que está na entrada.

Carolina agradeceu, e, apressada, dirigiu-se ao local indicado. Surpreendeu-se ao ver Alex parado ao lado da entrada do corredor.

– Achei melhor te esperar aqui. Cheguei atrasado e não localizei a senhora, d. Carol – justificou-se o jovem beijando-lhe a face à guisa de saudação. – Quer que eu vá junto?

– Quero, por favor. Estou me sentindo perdida.

– Vamos, não vai doer nadinha, prometo.

Tomou-lhe a ficha e apresentou-a à senhora a quem cumprimentou com intimidade. Trocaram breves palavras e logo a conduziu a uma pequena sala, mobiliada de maneira simples. Outra mesa dominava o ambiente e, atrás dela, sentava-se Berenice. Carolina analisava o ambiente e pensou que devia ser por esse motivo que chamavam "centros de mesa", pois em todas as salas que vira tinha uma. Não pude deixar de rir.

Após uma longa conversa, Carolina saiu do local aliviada, enfim, sentia-se realizando algo de concreto para restabelecer o bem-estar de sua filha. As explicações seguras e amistosas de Berenice sobre o que poderiam fazer e sua forma cautelosa, nada afirmando *a priori*, inspiraram-lhe confiança.

Eu e Luísa a acompanhamos no retorno ao lar. Seguindo a orientação de Berenice, ela decidiu não insistir com o marido. Informaria o que estava fazendo, e o deixaria livre para crer ou não, aceitar ou recusar as evidências e provas que tinha bem abaixo do seu nariz.

– Agora precisamos aguardar a melhor oportunidade e a presença dos seus amigos – comentou Luísa ao nos despedirmos.

– Não deve demorar, Georges estava interessado nesse trabalho. Apenas não sabia que levarei trabalho para ele, mais uma vez – respondi recordando o intenso intercâmbio entre minhas histórias e o trabalho de assistência dirigido por meu dileto amigo.

Acenei e retornei à nossa instituição. Organizava meu material, espalhado sobre a mesa do estúdio onde trabalho; a porta estava aberta. Não demorou e registrei a aproximação de Georges e do nosso Orientador[16].

– Olá, José, é um prazer revê-lo, é preciso dizer.

O Orientador sorria ao dirigir-se a mim, mas as palavras continham um tom de suave reprimenda. Eu havia abusado no meu "desaparecimento", como ele chama meu isolamento em razão do trabalho.

– Nós sabemos o quanto tu amas as letras e a escrita, mas poderias deixar alguns dias a mais para teus pobres amigos – prosseguiu ele. – Mas, diga-nos o que podemos fazer para te ajudar nesse novo caso.

– Não deveríamos, mas... – ralhou Georges fingindo-se magoado.

– Está bem, está bem, peço desculpas se me ausentei

---

16 Personagem que surge no livro *Dramas da paixão* e *O bispo* (NA).

tanto assim. Eu não notei. Mas as minhas funções não sofreram solução de continuidade, garanto-lhes.

– Você tem uma excelente equipe – elogiou o Orientador. – Trabalham muito bem com e sem você.

– Eu apenas sou insubstituível no que faço diretamente, ou seja, dar forma às histórias que escolho para transmitir o pensamento de nossa instituição, portanto...

– É, somos obrigados a concordar contigo – apartou Georges. – Vamos ao assunto, o que há? Tem a ver com seu novo romance, com aquela história saída diretamente dos confins verdes dos pampas? Que segredos as sepulturas do velho cemitério te contaram?

– Um caso complexo – respondi convidando-os com gestos a sentarem num sofá próximo da parede envidraçada que dá vistas ao jardim interno da instituição. – Será interessante para o encontro programado para breve. Vou resumir.

Após um relato tão breve quanto possível para não omitir fatos importantes, encarei meus visitantes.

– Uma mente esquizoide, total inconsciência da vida, nenhum interesse pela espiritualidade, cem por cento de dominação material – o Orientador repetiu algumas palavras que eu havia usado. – Inegavelmente, um problema sério e mais comum do que se supõe. É um estado enfermiço e, como tal, a situação assemelha-se a uma maçã podre em meio a um cesto com frutas sãs; acabará por contaminar as demais. João Raul precisa de tratamento. Além da simples convivência com ele, nesse estado, ser fator de desequilíbrio para quem está ao seu redor desconhecendo essa realidade, ainda tem uma intensa atuação sobre outras pessoas. Ele é, digamos, um obsessor temporário: o motivo de sua ação é o apego aos bens terrenos dos quais se julga proprietário, mas atua de forma inteligente e pertinaz sobre as pessoas que se aproximam do local, a qualquer título. Basta afastarem-se do local e ele não tem mais nenhum interesse em prosseguir sua ação.

– Exato. Afora a relação com a menina, que me parece destituída de outras intenções – comentei.

– O amor opera todos os "milagres" da natureza, José – lembrou o Orientador. – Esse é o único afeto que podemos explorar numa aproximação com ele?

– Dentro dos limites de minhas pesquisas, sim. – Respondi e alertei: – E é muito recente.

– Mas pode ser firme – interveio Georges. – Lembrem-se que mesmo o aspecto doentio e desfigurado de João Raul se modifica ao contato com a menina. Vejo nesse fato um claro indício de que ao lado da criança o estado mental e emocional dele sofre grande e benéfica influência.

– Concordo – falou o Orientador. – É um bom indicativo, pois é um mecanismo natural, diria automático, de reação de seu corpo semimaterial ao estado do espírito, da mente. O ser espiritual toma a aparência que deseja, quando tem consciência de sua condição e das leis que regem essa relação mais sutil com a matéria quintessenciada que nos reveste e dá forma humana, mas na condição em que vive João Raul essa lei vige de forma autônoma. É o seu estado mental/emocional que governa sua aparência exterior, sem que ele se aperceba.

– É bem possível que não preste nenhuma atenção à sua aparência – comentou Georges. – Dos casos que conheço, e como disse o Orientador, infelizmente são mais frequentes do que se supõe, esse desleixo com o aspecto exterior ou pouca importância é um indicativo seguro de uma mente com problemas. Criaturas como João Raul estão em uma espécie de limiar: a um passo da insanidade completa e a mesma distância de um estado saudável. O problema está em reconhecer essa zona e reconduzir a criatura aos caminhos da sanidade.

O mais frequente é somar-se a esse estado mental agravantes de ordem emocional, e o desequilíbrio se acentua, conduzindo ao agravamento da saúde mental. Eu vejo, na história de João Raul, a presença da paixão de forma acentuada: o apego aos bens materiais e conflitos sexuais.

– Temos todos os indicativos para uma intervenção nesse caso. A mãe, atual proprietária do lugar, pediu socorro, identificou o problema e se dispõe a resolvê-lo – é o primeiro passo; depois temos o apoio de médiuns seguros para secundarem nosso trabalho; sem dúvida, será útil e necessário, tanto para as pessoas envolvidas, como para todas as que tomarem conhecimento do caso por meio do romance de José. Poderíamos fazer algumas observações no local e deliberar com os protetores do sr. Ermínio o melhor dia para esse reencontro dos irmãos.

Eu e Georges concordamos com a manifestação do nosso Orientador, e partimos com destino à fazenda da Marambaia.

A Assistência

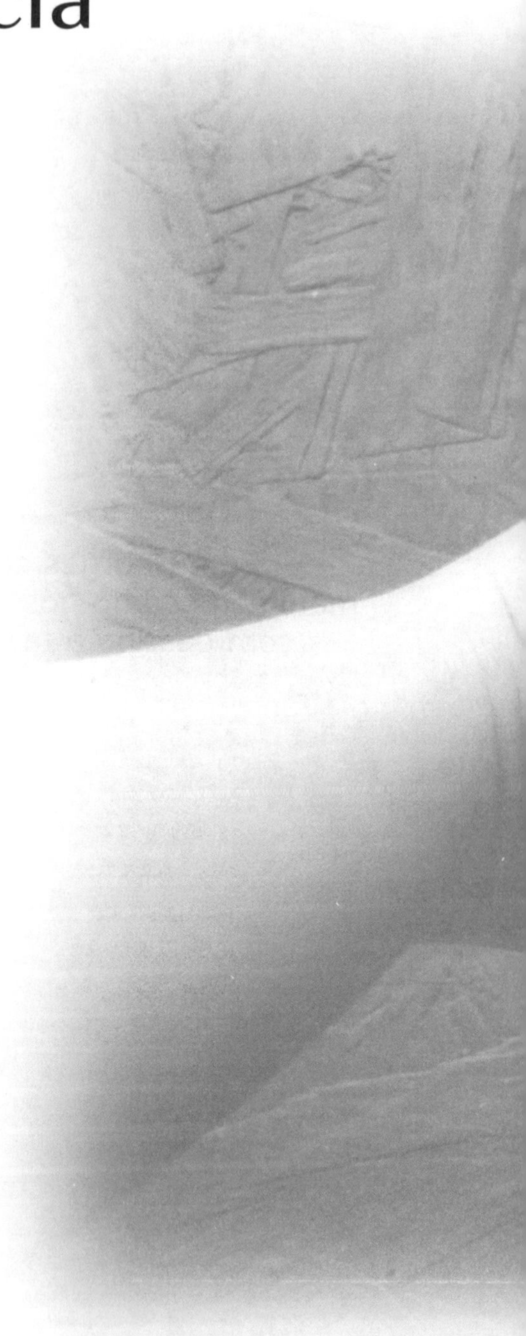

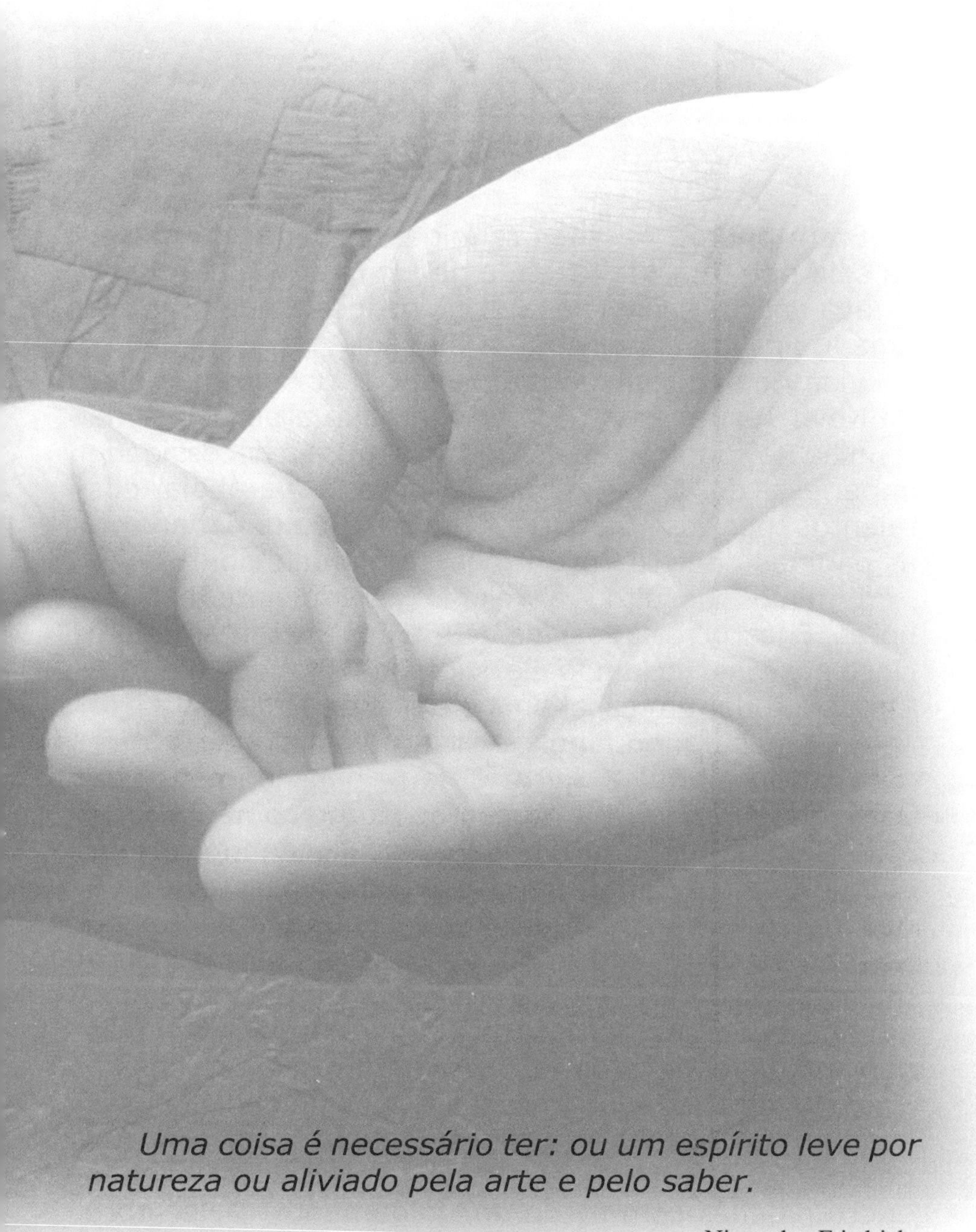

Uma coisa é necessário ter: ou um espírito leve por natureza ou aliviado pela arte e pelo saber.

Nietzsche, Friedrich.
Humano, demasiado humano.
Companhia de Bolso, tradução de Paulo César de Souza.

Eram poucas pessoas reunidas ao redor da mesa, na sala de jantar da fazenda de Ermínio Vilela. A casa estava escura e silenciosa; o único local onde brilhava uma luz pálida e indireta era na sala.

Victorio tinha em mãos um velho e surrado exemplar do Novo Testamento. Ao ser chamado a participar da reunião na condição de dirigente, sentira a necessidade imperiosa de ler e meditar sobre a parábola dos talentos, por esse motivo a fita vermelha que marcava as páginas do livro encontrava-se naquele ponto.

Ermínio consultou o relógio; eram vinte e duas horas. Encarou calado cada de um dos presentes; eram cinco pessoas, incluindo ele, Victorio e Francesco e José Carlos e Ieda, um casal amigo deles de longa data.

– Comece, meu filho – solicitou Ermínio.

Victorio abriu o livro e leu, pausadamente, a parábola. Ao concluí-la, teceu oportuno comentário.

– Sei que tenho um modo particular de interpretar essa passagem, mas peço que reflitam comigo: eu não vejo três servos diferentes recebendo talentos do Senhor. Eu vejo sempre uma só pessoa, ou melhor: a mesma pessoa. Esse servo representa cada um de nós, em diferentes momentos, recebendo do Senhor novas oportunidades de trabalho, crescimento e compreensão. E como em cada uma dessas oportunidades nossa conduta é marcada, em profundidade, com a noção pessoal que temos de Deus, enterramos muitas oportunidades com medo do "julgamento" Dele sobre nosso proceder; outras nos achamos no direito de usufruir o que pertence a Ele como se fosse nosso e comerciamos, sem vergonha, com Ele. Em verdade, não fizemos nada além do nosso dever mínimo, mas, como nos julgamos em tudo iguais ao Senhor, queremos pretensiosamente que Ele se dê por satisfeito com a nossa atitude. É como se lhe jogássemos no rosto que fizemos algo correto. Nesse ponto a soberba faz com que nossos talentos se percam. Eu creio que este seja o momento dos que vivem sob domínio de pensamentos materialistas. Por fim, como as oportunidades de aprendizado são sempre renovadas, chega o dia em que somos bons servidores da vida, entendemos o dever de multiplicar e desenvolver os talentos que o Senhor nos confiou. Ou seja, extrair de cada oportunidade um aprendizado capaz de fazer germinar as sementes de espiritualidade, de humanidade plena, que temos no íntimo. Nesse estágio, a visão que temos do Senhor é de um grande amigo, de alguém que amamos e para Quem trabalhamos com amor e por prazer de ver o progresso se realizar. Como disse: eu não vejo três servidores distintos, mas apenas um – cada um de nós – em diferentes momentos de compreensão, que podem acontecer em uma mesma existência ou em reencarnações sucessivas. Isso dependerá da forma como determinamos a velocidade do nosso crescimento.

Os quatro o ouviram com atenção, demonstrando que procuravam desenvolver com zelo o talento da humildade. Afinal, na reunião, o mais jovem após Victorio era septuagenário. Portanto, ouvirem com atenção e interesse a opinião de alguém que tinha a metade ou menos dos anos de experiência provava a busca dessa virtude.

Trocaram rápidas opiniões acerca do entendimento da parábola, sem que em qualquer momento o clima de paz e concórdia fosse ferido.

Victorio largou o livro sobre a mesa. Como nenhum dos participantes manifestasse o desejo de externar outras ideias, convidou-os à prece e ao recolhimento interior, com vistas ao propósito de intercâmbio mediúnico.

Luísa e a alma da pequena Bianca, emancipada pelo sono natural, acompanhavam-nos. Alheia ao que presenciava, mas confiante na presença amorosa da guardiã espiritual, a menina perambulava, curiosa, pela sala.

Observando que Ermínio entregava-se confiante ao exercício de concentração e prece, pedindo com fervor à espiritualidade que o coadjuvasse a tentativa de contato com o irmão desencarnado, nosso Orientador aproximou-se dele e, aplicando-lhe passes magnéticos, fê-lo ingressar no estado sonambúlico.

..*

A emoção de Ermínio ao rever o velho casarão, banhado pelo luar, local de sua infância e juventude, palco de alegrias e dores marcantes, exteriorizava-se em tranquilas e grossas lágrimas que, silenciosas, escorriam por sua face enrugada.

Corajoso, não se deteve em contemplações. Sabia a importância do tempo presente e da hora em curso. Olhou-nos aguardando instruções.

– Seja honesto e espontâneo – recomendou-lhe nosso Orientador. – Ao longo de tua existência tem te preparado para esse momento. Lutaste por autoconhecimento e aceitação, superaste a vergonha e o sentimento de inferioridade, buscaste a liberdade. E até agora tem obtido bons resultados; meditaste sobre o perdão e tem aprendido a perdoar-se e perdoar, amigo. Continua. Se não tivesses conquistado as qualidades necessárias a essa tarefa e ela não te fosse necessária, acredites, tu não estarias aqui. Portanto, vai! Fé é autoconfiança e confiança em Deus.

– Algum assunto, em especial, precisa ser abordado? – insistiu Ermínio.

– Todos aqueles que estiverem em teu coração e em tua mente – respondeu o Orientador. – Viveste grande parte dessa história, conhece-a melhor do que qualquer um de nós. Desejamos ajudar João Raul e podemos oferecer-lhe o auxílio especializado de que necessita. Viveste, tem vínculos afetivos com ele, portanto siga a tua vontade, expressa os teus sentimentos, fala das tuas razões e experiências; esses são os argumentos e as forças que não possuímos, por tudo isso estás conosco. Não teme.

– Sei que fiz esse trabalho várias vezes, no entanto como é diferente quando estamos diretamente envolvidos. É mais difícil – justificou-se Ermínio.

– Na mesma proporção te sentirás gratificado, se os resultados forem os que esperamos. Mas lembra-te: a decisão sempre será de João Raul. Jamais cessamos de fazer escolhas; cada atitude é uma eleição da nossa livre vontade. Respeite-a e não te sintas responsável pelos atos dele. Agora vai! Estaremos ao teu lado.

Ermínio baixou a cabeça, pensou alguns segundos, e, quando voltou a nos contemplar, sorria.

– Obrigado! – disse ao Orientador. – As tuas palavras clarearam sentimentos e dúvidas que antes eu não havia enxergado em mim.

Resoluto, avançou em direção à entrada principal; nós o seguimos e logo estávamos na sala de visitas; apenas Luísa permaneceu com Bianca no jardim.

Doroti, com seus azuis olhos de vidro, bem abertos, acomodava-se no sofá. Ermínio correu o olhar pelo ambiente observando as mudanças, enquanto esperava pelo irmão desencarnado. Seguindo as instruções do Orientador, obedecia à própria intuição. E ela lhe dizia para aguardar naquele recinto.

Não demorou a ter confirmado o acerto da ação.

João Raul chegou, angustiado, inquieto. Não notou

nossas presenças. Caminhava nervoso, de um lado a outro, como era seu hábito. Como se lembrasse subitamente de Doroti, voltou o olhar à procura da boneca.

– És fiel, Doroti – disse ele.

Ermínio o observava, mas a um gesto meu parou sua aproximação do irmão.

– Aguarda um pouco. Ouve! – pedi.

Ele aquiesceu e juntos observamos.

– Meu dia foi horroroso, enfrentei muitas dificuldades. Odeio desobediência. Aquele pedreiro bronco julga que pode rebelar-se contra minha vontade, não se enxerga! Expulsou-me, acredita Doroti? Ele, que não sabe nada sobre as lides da fazenda, acha que pode ousar desobedecer a uma ordem minha. Um desaforo! Foi manso e dócil até aqui, eu estava gostando dele. Era cômodo para mim. Mesmo sendo um ignorante ele se ajustava a mim com facilidade. Sentia-me bem ao seu lado, pois respondia a todas as minhas vontades. Veja bem, hoje, sem mais nem porque, rechaçou-me. Negou-se a quase todos os meus desejos. Na verdade, o pouco que consegui foi pela metade, não estou satisfeito. Se continuar assim vou ter que procurar outro, mas tem que ser cego e surdo, como este. Aqueles que veem ou ouvem são mais difíceis; já tive alguns e não gostei. Ainda tentarei alguns dias, para não ser injusto. Se continuar rebelde eu procurarei outro e darei um jeito de correr com ele daqui. Diz que não quer ficar louco cada vez que lhe dou alguma ordem; não vou suportar esses desaforos. Logo, logo, por me desobedecer, causará danos à propriedade. Quando eles julgam que se mandam, que são donos de si, a preocupação com o trabalho, com os compromissos e resultados da fazenda não é o mesmo, sofre baixa. Conheço bem! Daí vai querer futebol, conversa fiada com a peonada nos bolichos[17], televisão, mulherada, só diversão! Meus irmãos ensinaram-me essa lição. Vagabundos! Viviam às minhas custas; em tempo livrei-me deles. Sanguessugas, nunca tinham dinheiro suficiente...

Ermínio fitou-me e, em silêncio, aquiesci à sua iniciativa. Nosso Orientador olhou-me e sorriu; seu olhar me dizia que reconhecia em minha atitude intervencionista o famoso zelo paterno. Baixei o olhar, ele tinha razão; admiti que somente a paternidade da descoberta daquelas vidas e sua transformação em texto pertenciam-me; tudo o mais era a vida deles e a paternidade era divina e outorgava liberdade.

Ermínio deu alguns passos em direção ao irmão, que prosseguia seu monólogo com Doroti. Parou, por iniciativa própria, e ouviu mais um trecho. A piedade tornou-se visível em seu semblante. Ele compreendia o estado mental de João Raul. Ao longo daqueles anos distante do irmão, havia estudado e entendido que ele era uma personalidade doentia. Por vários minutos o ouviu. A cada palavra de João Raul através da mudança nos olhos de Ermínio eu via que perdia forças nele o reconhecimento do outro como irmão consanguíneo, e ganhava espaço a constatação de que se tratava de um espírito necessitado de auxílio.

Voltou a movimentar-se e sentou-se na borda da mesa de centro, em frente de João Raul, fixando nele o olhar.

De repente, João Raul pareceu incomodado, assustado. Sentia-se observado; isso era perceptível na forma instintiva com que varria a sala com o olhar.

Quando sua atenção focou-se a sua frente, divisou a presença de Ermínio.

– Como entraste aqui? – indagou ríspido. – O que queres? Aqui não tem espaço para mais ninguém.

---

17 Bolichos – nome típico dado aos armazéns de secos e molhados na zona rural do Rio Grande do Sul (NA).

Se é pouso que estás procurando, podes ir embora. Também não tenho nenhum "morto" trabalhando para mim; não preciso e não quero. Portanto, não toma meu tempo com conversa inútil e vai andando.

– Pode ficar tranquilo, João, não preciso de pouso nem de trabalho. Desejo apenas conversar contigo – respondeu Ermínio muito sereno.

– Conversa, não tenho tempo para isso. O Brasil seria um lugar bem melhor se as pessoas falassem menos e trabalhassem mais, eu faço a minha parte – retrucou João no mesmo tom, ríspido.

– É, tens razão, não vou negar. Mas também acho que uma boa conversa pode gerar rendimentos valiosos em diversos níveis para espíritos como nós – argumentou Ermínio.

– Infelizmente, na minha profissão dinheiro depende de ação, de atitude. Com a língua não ganho nada. Aliás, 90% das pessoas pensam e agem como eu. Dinheiro, ganho com a língua, é coisa para poucos, só os doutores e mesmo assim nem todos: psiquiatras, psicólogos, advogados, professores, para todos estes a língua é instrumento de trabalho e renda. Para muitos outros, diria a maioria, quando a língua sai demais para fora da boca, como se diz, quando ficam batendo trela, já sei que a incomodação está vindo a cavalo, chega rapidinho!

– "A incomodação está vindo a cavalo"– a mãe usava essa expressão com frequência; há muitos anos eu não a ouvia – comentou Ermínio, com a voz levemente embargada pela emoção da lembrança materna. – A morte dela é algo que não consigo entender. Eles estavam comigo. Passamos dias felizes em Curitiba. Eu vivia e trabalhava com uma família de imigrantes italianos, eram comerciantes. Aprendi muito, gente boa. Sou-lhes muito grato. Não acreditei quando vi a mãe e o pai entrando no estabelecimento comercial onde eu estava empregado; fiquei estático. Queria correr para abraçá-los, mas tinha medo e vergonha...

– Pederasta dos infernos! – bradou João Raul interrompendo o irmão. – Como foi que entraste aqui? Eu não te reconheci, estás velho, acabado. Quem te mandou voltar à fazenda? O diabo não te quer mais por lá? Ele deve estar cheio de homens como tu; não tem mais vaga, jogou os mais velhos fora, foi isso? Eu não vou pro inferno, tenho onde viver, esta fazenda me pertence. Não vais querer agora reivindicar teus direitos, perdeste todos eles. Nunca trabalhaste um dia sequer para fazer a prosperidade da estância. Agora é tarde! Vai embora, volta pro inferno, diabo! Eu sabia que eles tinham te encontrado. Tu os matou...

Ermínio recebeu as ofensas com a expressão inalterada. Parecia não ouvi-las; as emoções das lembranças que evocara foram mais fortes, e aliadas à compreensão da condição do irmão, atuaram como agentes neutralizantes da agressão desferida por João Raul.

– Tudo que tu me digas não tem o poder de mudar um único segundo do que foi e é a minha vida. Eu não tenho arrependimentos; minha consciência está em paz; nunca magoei alguém, propositalmente, ao menos, em razão da minha vida sexual e afetiva. Lutei muitos anos, mas conquistei a minha liberdade. Eu tive vergonha, sim, no início; tive medo, sim. Não desejava que nossos pais sofressem; eu sabia que eles não aceitariam. Cresci ouvindo-os recriminarem e debocharem de outras pessoas quando eles apenas suspeitavam que fossem homossexuais. Quando queriam agredir alguém ou ofender e humilhar, menosprezar e debochar, apelidavam-no de veado, maricás, mocinha, franguinha, mariposa e de outras expressões que nem convém recordar. Pessoas preconceituosas e rígidas não fazem isso só com os homens, fazem com as mulheres também. Se é para desprestigiar, agridem a vida sexual, como se somente nela a moral devesse imperar, no resto não precisa. Roubar, extorquir, perseguir, usurpar, matar, infernizar a vida alheia com calúnias, difamações e mentiras, desrespeitar, nada disso é tão aviltante aos olhos do povo quanto atacar a conduta sexual do outro. Um absurdo! Somente consigo compreendê-los como forma de manifestação de criaturas inconscientes e inconsequentes. Por tudo isso, há muito perdoei tudo o que ouvi em casa a esse respeito. Mas, sim, fui embora naquela noite horrível, sabia que meu segredo havia sido descoberto e eu não teria mais paz. Além disso, a dor que senti naquela madrugada ninguém consegue avaliar. Eu encontrei meu primeiro amor covardemente assassinado, pelas costas, crivado de bala, no local onde passamos a nossa infância e juventude. Ao lado do corpo um bilhete ameaçando-me de morte, caso insistisse em permanecer aqui. O que tu querias que eu fizesse? Eu obedeci às tuas ordens. Sim, eu sei que foste tu quem mandou matar o Murilo. Disfarçaste a letra, mas naquela época não havia muitos que sabiam escrever por aqui. Além do mais, o Murilo sabia. Ele viu e te reconheceu como a pessoa que o vinha seguindo e vigiando. Ele me falou; eu não acreditei, fui ingênuo. Mas eu vi o homem que matou o Murilo; ele fugiu quando me aproximei, mas deu tempo de saber quem era. Um dos teus capangas, o Gaudêncio, eu sei. Que crime covarde! Foi o dia em que eu mais chorei em toda minha vida. Foi horrível encontrar, à beira da lagoa, no cair da tarde, o corpo do Murilo crivado de balas, ensanguentado, sem nenhuma chance de vida, nem de socorro. Ele agonizava; em meio a golfadas de sangue, despediu-se de mim. Suas últimas palavras foram: "Mino, vai embora. Ele vai te matar". Mas eu fiquei; velei o corpo dele às margens da lagoa e sob o luar. Chorei como um condenado; não conseguia aceitar, nem acreditar, mesmo tendo o meu corpo sujo com o sangue dele e abraçado ao seu corpo sem vida. O Gaudêncio deixou o bilhete, com a tua mensagem, caído alguns metros adiante. Acho que foi onde ele devia estar montado no cavalo e pronto para fugir, depois que, com toda sua macheza, matou à traição, um jovem inofensivo. Que moral ridícula!

"'Esse é o teu futuro, Ermínio', era o que dizia, sem assinatura. Covardes não assinam suas ações; de alguma forma as mascaram. Demorei muito tempo para superar a dor e os traumas daquela noite. Eu não matei nossos pais; teu capanga andava em Curitiba, seguindo-os. Foste tu, não foi? Do que tinhas medo, que eles soubessem que era tu o assassino? Pois nosso pai sabia. Ele encobriu o crime, deixou pensarem que havia sido eu, mas sempre soube que tu eras o mandante. O pai não aceitava minha vida sexual, mas sabia que eu não era um criminoso. Graças a Deus, hoje eu olho para trás e sinto piedade; entendo que vivi com criaturas incultas, inconscientes da vida. Lamento por elas, sei que têm um largo caminho a percorrer, calçado com pedras pontiagudas e irregulares que as farão tropeçar, cair e se machucar muitas vezes; mas, fazer o quê? Cada um de nós molda a própria vida a seu gosto. Colhe exatamente o que planta dentro de si, nem mais nem menos. Por tudo isso, a vida é justa. Eu fui embora, João, obedeci as tuas ordens. E fui feliz, e tu? Tu foste feliz com esse crime pesando em tua consciência? Eu penso que não. Penso que tu ficas preso aqui, nestas terras, tantos anos depois do teu desencarne, por causa dos teus crimes. É o medo de enfrentá-los que te arrojou no precipício da doença e da fuga; construíste aqui a tua prisão. Será que tu consegues ver isso?"

– Cala-te, infeliz! Fecha essa boca desgraçada! – gritou João Raul, enfurecido. – Se sabes que eu não te queria aqui, por que voltaste? Vai-te embora! Não preciso de ti, de ninguém. Some, desaparece! Vai pro inferno! Vai discursar para os da tua laia. Eu sou feliz sim; eu vivo bem sim; eu tenho minha consciência em paz, sim. Se aqui é ou não a minha prisão, não te interessa. É minha! Só minha, entendeu?

– Não é tua e tu sabes. Nada mais te pertence, nada que seja material. Agora, teu único patrimônio são tuas ações, meu caro. E tu sabes, e é isso que te faz tão aferrado a este lugar. Tu és pobre! Tua vida foi a de um notável egoísta. És doente! Onde estão teus amigos? Onde uma alma ora por ti? Onde está o refrigério de uma recordação amorosa? Em lugar algum, não é mesmo? Tudo a tua volta é silêncio e solidão, aridez. Essa foi a semeadura da tua vida, essas as sementes que tinhas em teu íntimo; bem, eis a colheita. Acorda homem! Que tu tenhas vivido assim por décadas, eu entendo; mas queres, mesmo, viver desse jeito por toda a eternidade? Já sabes que a morte, como extinção total da vida, não existe. Todos nós somos espíritos imortais e, nessa condição, a vida é a constância e a morte um episódio, um portal de saída e entrada. Assim como o nascimento serve para separar nossas existências. Lança teu olhar um pouco além; as luzes da cidade se enxergam, a cada dia, mais próximas. Chegará o tempo em que essas terras serão bairros, vilas, da cidade. Muitas pessoas as habitarão, será impossível comandá-las. Não enxergas? É o progresso, ninguém detém a marcha dele, pois é dono de uma força imensa que empurra e arrasta o que ou quem pretenda impedi-lo. Não à sociedade, apenas para nós mesmos. Podemos ser entrave ao progresso, teimando em condutas irrefletidas ou irracionais, negando-nos a tratamento e/ou aprendizados. Tu podes ficar marcando passo, mas o mundo a tua volta avança, não para. Vai te engolir, arrebentar como a essa tua prisão fajuta; e aí, o que vais fazer? Obsidiar, amedrontar, centenas de pessoas? Será que todas cederão às tuas vontades? Eu não acredito.

– Já te mandei embora – lembrou João Vilela, em tom ameaçador. – Não estou gostando desta conversa.

– Que pena! Porque eu estou gostando e não pretendo ir embora, ao menos não sozinho. Ainda que hoje eu me vá e tu fiques, pode ter certeza de que voltarei.

– Agora vais me ameaçar, era só o que faltava – bufou João.

– Não estou te ameaçando, apenas esclarecendo meu objetivo. Nós temos muito a esclarecer um ao outro. De minha parte pretendo aproveitar a oportunidade. Não tenho intenção de partir dessa existência levando conflitos e querelas na bagagem, ainda mais contigo, com quem há tanto tempo não convivo. Eu me libertei dos ressentimentos, das mágoas, dos rancores. Não é inteligente abrigar sentimentos que deságuam em emoções tão fortes; elas são autodestrutivas. Conheces aquela frase popular: "Guardar mágoa e ódio contra alguém é como beber veneno e desejar que o teu desafeto morra"? Imprudência! Antes que qualquer mal-estar te atingisse pela ação do meu pensamento, eu teria desenvolvido, no mínimo, uma úlcera nervosa. Não, obrigado! Eu amo sentir-me saudável, não mereço, depois de tudo o que vivi, adoecer. Meu bem-estar depende de mim.

– Maravilhoso, irmão! Se estás livre de mágoas e rancores aproveita e vai-te embora. Não tem nenhuma razão para ficar na minha volta.

– Quando eu era criança íamos à missa todos os domingos, lembra-te? Pois é, havia uma frase que com frequência o padre lia, era mais ou menos assim: "Se tens algo contra teu irmão ou teu irmão contra ti, deixa ali tua oferta e vai depressa buscar o teu irmão, enquanto estão a caminho". Eu cumpri as estações do perdão, a minha via sacra. Não foi fácil, mas foi inteligente e saudável. Jesus foi um grande filósofo, o maior rebelde cuja história eu conheço. Estou deixando minha oferta de paz e vindo te buscar. Eu te ofereço um local onde poderás te libertar e viverás longe daqui, entendendo a tua condição – explicou Ermínio, mantendo-se calmo.

– Adeus! – despediu-se João Vilela, saindo da sala.

– Os incomodados se retiram – citou Georges olhando-me sereno. – Voltará?

– É possível. Ele é muito esperto e manipulador – respondi.

– Ele retornará – sentenciou Ermínio, convicto.

– Aguardemos – determinou nosso Orientador e, voltando-se para Ermínio, disse: – Você não poupou as chagas dele, abriu velhas feridas. Ele desenvolveu uma personalidade esquizoide, não resta dúvida; mas, ainda assim, é possível tocar-lhe a essência do ser. Você agiu muito bem, confrontou-o sem agredi-lo. Não emitiu nenhum sentimento menos nobre. Chamou-o à razão. Ele está abalado, vamos esperar e ver como essa dose forte vai se acomodar em João. Vamos manter nosso pensamento nele, acompanhando-o de perto. Você retornará ao corpo físico, não te convém maior desgaste de energia.

Ermínio aquiesceu e acompanhamo-lo de regresso à reunião mediúnica. Com o auxílio de procedimentos magnéticos ele despertou, cansado.

Francesco o olhava emocionado e aflito; Victorio, seguro, eficientemente aplicava passes para o restabelecimento do sonâmbulo. Observando que ele estava consciente, concluiu o atendimento e indagou:

– Como está, pai?

– Estou bem, filho. Obrigado. O desgaste é natural, amanhã estarei recuperado, não te preocupes.

Victorio voltou a sentar-se à cabeceira da mesa, encerrando a reunião com sentida e sincera prece de agradecimento. Depois, abriu o diálogo entre os presentes a fim de analisarem as informações transmitidas por Ermínio, em estado sonambúlico, ao grupo, a respeito do encontro com o irmão desencarnado.

– Que estado lastimável o desse espírito! – comentou José Carlos, um dos assistentes convidados para a reunião. – Sempre me impressiona o apego às coisas materiais que considero como algo irracional, independente de questões ligadas à crença e à religiosidade. Afinal, sabemos que a cada dia, a cada hora, dormindo ou acordados, o tempo passa e com ele a vida física, portanto caminhamos inexoravelmente para a morte.

– E tudo com o que ocupamos o tempo da nossa vida ficará – concluiu Ieda endossando o pensamento do marido. – Pobre criatura! Se contasse, de fato, os anos vividos, por certo ficaria muito longe dos setenta e poucos com que desencarnou.

– Sem dúvida – concordou Francesco. – Odeio quando dizem que rugas e cabelos brancos são sinais de uma vida longa. Não concordo com isso, para mim são sinais inequívocos da passagem do tempo tão-somente. Viver é adquirir maturidade e sabedoria e, para isso, precisamos usar o patrimônio do tempo a nosso favor, cientes de que ele não para. Como disse o amigo: quer estejamos dormindo ou acordados a vida passa. João Vilela não usou muito de seu tempo para si mesmo. Ocupou o tempo, o que é bem diferente. Acumulou bens, mas Ieda tem toda razão: se fôssemos calcular quanto desses anos ele usou para si, para o seu crescimento, para a sua melhora e felicidade, é provável que a vida dele tenha sido muito curta, talvez alguns poucos anos. Rugas e cabelos brancos, *arc*! Servem para nos lembrar que a ampulheta de Deus está transferindo sua areia de lugar, nada mais! É para lembrar que o caminho até a morte está mais curto. Uma espécie de placa de trânsito de mau gosto, não acham?

Victório sorriu, olhando os cabelos bem pintados dos pais. "É, definitivamente, eles têm razão. Aparência é mesmo aparência, não é realidade. Um jovem pode ter mais sabedoria do que um velho. Tudo depende da forma como usamos o tempo", pensou.

– Ele acumulou bens e dissipou a vida – resumiu Ermínio. – Escolha irrefletida que muitos fazem. Cada hora que ele despendeu juntando dinheiro roubou de si mesmo o maior tesouro; e o único que não seria destruído pela morte: o aperfeiçoamento como ser humano. Deixou de viver horas para si mesmo. Ele nunca leu um livro; não me recordo de que tenha ido ao teatro ou ao cinema; sequer foi jantar com amigos apenas para rir e conversar, trocar ideias; desconheço um gesto dele desinteressado por alguém. Viveu sempre em contato com a natureza, mas nunca usou um minuto para observar as lições que estão esparramadas nela. Meditar, nem ao menos sabe o que isso seja. Essas horas de ócio e lazer eram para ele sinônimo de preguiça e perda de tempo, além de prejuízo. E, ao final da vida, concluo que são elas que realmente contam. Nossas vidas acabam valendo pelas horas que consumimos cuidando de nós mesmos, do nosso crescimento interior, da ampliação da nossa inteligência e cultura, do conhecimento que adquirimos sobre nossos sentimentos e do controle das nossas emoções e de todas as coisas que fazemos desinteressadamente pelos outros, apenas porque nos dá prazer. Esse é o resultado. Quem não vive para si não vive para ninguém, desperdiça o tempo e a oportunidade. Troca ouro por ferro; rouba-se. Leva o maior prejuízo que podia ter: uma existência física falida e comprometida.

– Meu antiquíssimo amigo Sêneca[18] já dizia:

---

18 Lúcio Anneo Sêneca: filósofo, dramaturgo, político e escritor, foi um dos expoentes intelectuais romanos no início da Era Cristã. Viveu entre 4 a.C e 65 d.C. Citações do texto *Sobre a brevidade da vida* (NA).

"Acredita, é próprio dos grandes homens e de quem se eleva acima dos erros humanos, não consentir que lhe tirem nada de seu tempo, e assim toda a sua vida é muito longa, porque se dedicou a si mesmo, não importando quanto tenha durado" – falou Francesco.

– Uma verdade milenar. Sempre fico temeroso quando ouço meus colegas de trabalho fazerem planos de como viverão a aposentadoria. Ouço-os dizerem que vão viajar; dedicar-se à leitura; estudar sobre outros assuntos não apenas relacionados às suas profissões. Alguns compram livros hoje para ler no futuro, depois de aposentados. Ficarão nas prateleiras acumulando pó e ácaros, um desperdício. E é aí que eles vão se dedicar à arte que admiram, então aprenderão a pintar, a tocar violão, participarão de um coral, ou ainda, será a época de dedicarem algumas horas do dia, ou um dia na semana, para fazerem algo em prol da própria espiritualidade. Vão fazer a caridade, visitar orfanatos, hospitais etc. E argumentam que nessa época "viverão a vida", pois os filhos estarão criados e eles terão conquistado a estabilidade financeira. Eu me pergunto: como sabem que haverá tempo? Como sabem que não morrerão antes? Qual o motivo para não "viver a vida" hoje, agora, no presente? – comentou Victorio, sério.

– Ouvindo experiências como essa de João Vilela, e analisando as consequências, constato que aprender a viver é valorizar o tempo e as nossas escolhas, e ter a consciência de que Deus deu-me a vida para eu usá-la na construção do meu crescimento. Todas essas coisas materiais, no fim das contas, consomem-nos as horas, causam-nos solidão, e sentimos como diz uma música: "nossos relógios caminharem lentos, é fera, devora e causa descompasso ao coração"[19]. Solidão e doença, iguais às de João Vilela.

– Em geral, falo pelo que tenho visto – interveio

---

19 Referência à música Solidão, de Alceu Valença (NA).

João Carlos –, vivem tudo isso no hospital, ranzinzas, rabugentos, revoltados...

– Justamente, porque não viveram a vida e quando se dão conta já é tarde. Cada volta do ponteiro do relógio é um minuto mais próximo da morte, que eles passam a temer horrivelmente – enfatizou Ieda, intrometendo-se na fala do marido que a encarava paciente.

– É o que eu ia dizer – resignou-se ele. – Por tudo isso, sempre dizem que a vida é curta e passa rápido. A morte é uma devoradora, aos olhos deles, pois ela virá lhes tomar tudo o que construíram: as coisas materiais.

– Vivem a ilusão do apego aos bens da Terra e mergulham no esquecimento da fragilidade humana; creem que viverão para sempre. Mas ninguém sabe a hora da partida. Deveria haver cursos para aprender a "viver a vida" – defendeu Victorio.

– Mas tem, meu filho. Chama-se: filosofia, e, se for espiritualista, melhor. Eu aprendi a viver com a consciência de que temos poderes apenas sobre a nossa existência e que Deus não pede nada além do possível a alguém segundo as suas condições. É tão simples, mas não é fácil. Precisamos renunciar a muitas ilusões e fantasias e encarar que aprender a viver é aprender a morrer.

– "Deve-se aprender a viver por toda a vida e, por mais que te admires durante toda a vida se deve aprender a morrer"...

– Isso é o que ensinava Sêneca – advertiu Francesco a Ieda.

– Eu sei – retrucou. – Adoro Sêneca, principalmente depois que fiz setenta anos, no mês passado.

– Por quê? – indagou Francesco curioso. – Não gostavas dele antes? Mas é tão bom, tão claro, tão objetivo...

– Cruel, às vezes. Arranca nossas máscaras. É bom pensarmos que somos bonzinhos nos ocupando demais dos outros, ou deixar que a nossa vaidade suba às nuvens atendendo a todos que nos pedem atenção, e por aí vai. Ele nos faz ver essas hipocrisias para conosco mesmos, dói. Tu te julgas muito bom, um homem ocupado, requisitado, um vencedor na vida, e vem essa voz das sepulturas romanas dizer que tu és um perdedor, vaidoso e iludido. É forte, convenhamos! – respondeu Ieda. – Os jovens não gostam de pensar sobre esses fatos; mas os velhos obrigam-se, a natureza impõe. E que bom que se faça, ajuda muito, pois as partidas tornam-se mais frequentes. É como se, de repente, descobríssemos que vivemos muitos anos, a vida toda, em uma estação ou aeroporto. Ali encontramos nossos amores e amigos e aguardamos juntos a partida do voo, porém não iremos nos mesmos aviões e a fila avança; a gente olha para os lados e muitos já foram. Sêneca, com sua sabedoria, mantém nossa mente saudável. Diz ele que a velhice aflige os espíritos infantis, que chegaram a ela despreparados e desarmados; não viram nem pensaram que ela se aproximava a cada dia. Nunca quis e não quero ser assim.

– O prazer do corpo engana a muitos espíritos – advertiu Ermínio. – Meu irmão foi um desses que roubou de si mesmo; dilapidou o patrimônio divino que lhe foi confiado. Acabou doente: congestão de egoísmo que resulta numa brutal distorção da realidade.

Victorio ouviu pensativo, recordando que a reunião fora iniciada, por sua escolha, com a leitura da parábola dos talentos. "O tempo pode ser o grande talento que o Senhor da Vida nos concede, alguns recebem maior número de anos, outros menos, mas a aplicação deles, o aproveitamento, o que renderão em maturidade para o espírito é o que interessa", refletiu observando os idosos com quem compartilhava aquela noite. Era uma lição a ser meditada e interiorizada. Assemelhava-se a um balanço de fim de ano.

A conversa prosseguiu, e, tarde da noite, após uma ceia, eles recolheram-se ao leito.

Criança

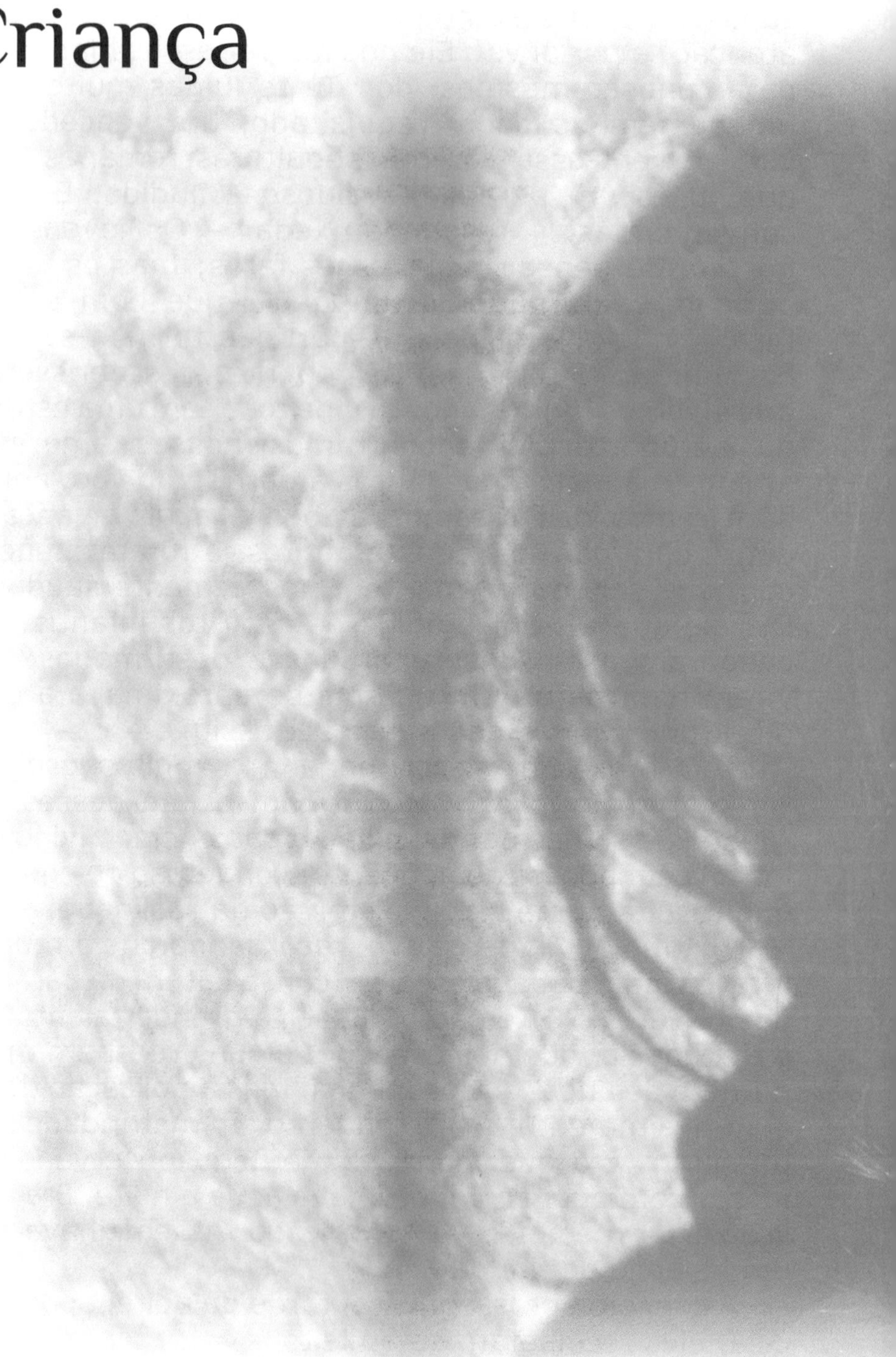

Mas, como o humano é frágil e perecível, teremos sempre de buscar ao redor de nós pessoas que amaremos e por quem seremos amados: privada de afeição e de simpatia, a vida não tem qualquer alegria.

Cícero. *Lélio, ou a Amizade*. L&PM.

Cedo da manhã, Carolina caminhava apressada, mas com cuidado, pelo corredor de sua residência. Parou em frente à porta do quarto de Bianca. Abriu a porta sem fazer ruído; não gostava de acordar os filhos aos sobressaltos. Acreditava que um despertar sereno mantinha as crianças em melhor disposição emocional durante o dia, no que estava com razão. Entretanto, surpreendeu-se ao encontrar a menina desperta e muito séria a enrolar a ponta do edredom.

– Bom dia! Que milagre é esse acordando antes de eu chegar? Não quis esperar meu beijo-despertador? – perguntou à filha e beijou-a na testa.

– Tive um sonho mau e me acordei.

– É mesmo? E o que foi que tu sonhaste, filha?

– Eu sonhei com o vovô.

– Com o vovô Pedro? – indagou Carolina referindo-se ao sogro falecido. – Ele está no céu, os anjos cuidam dele agora.

– Não, eu não sonhei com o vovô Pedro. Foi com o vovô João, aquele que brinca comigo na fazenda – esclareceu Bianca, muito séria. – Ele disse que ia embora. Ele não vai mais brincar comigo. Por quê?

Carolina não sabia o que dizer à filha. Compenetrada, sentou-se na beirada da cama e fitou a menina pedindo inspiração a Deus para vencer o nervosismo que a conversa deflagrava.

– Como foi esse sonho? Conta pra mim – pediu ela.

– Sonhei que eu tava brincando, lá no jardim da fazenda, com a Doroti e as outras. Tinha chá e elas estavam sentadas esperando. Aí o vovô chegou, ele tava triste, eu vi. Olhava-me muito, mas não falava comigo e tinha outro vovô, de barba branca e óculos, junto com ele. Esse ria pra mim e tomou chá com as bonecas. Eles conversavam, que nem tu e o pai, coisa de gente grande que eu e o mano não sabemos. Depois, falaram de mim, mas eu me esqueci. Daí brincaram comigo e quando o outro vovô disse que tinham que ir embora, o vovô João falou que ia viver com esse outro vovô. Ele tava triste! Muito triste.

"Minha Nossa Senhora! O que eu digo pra ela? Ajuda-me! Socorre-me. Será que esse espírito foi mesmo embora da fazenda? Será que a Bianca podia ficar sabendo disso por meio de um sonho? Será que é para eu saber que houve mesmo um atendimento para esse espírito, lá no centro espírita? Ai, Jesus, eu não sei"– mil pensamentos com este teor rodavam na mente de Carolina. Mas Bianca, com a ansiedade tipicamente infantil, queria uma resposta rápida e clara.

– Por que ele foi morar com esse outro vovô? Eu nunca tinha visto ele.

Carolina ouviu a insistente pergunta da filha. Precisava dar-lhe uma resposta e não poderia ser qualquer uma. Tinha consciência suficiente de que não se deve enganar uma criança distorcendo a realidade e fazendo com que ela não confie nas próprias percepções, apenas porque é mais fácil. Não queria dar origem a uma adulta insegura e incapaz de resolver as questões simples e complexas da vida por não confiar em seus próprios julgamentos.

– Querida, foi um sonho. Às vezes nossos sonhos se realizam, às vezes não. É preciso aguardar. Só com o tempo tu vais saber se o "vovô João" realmente foi morar com esse outro "vovô" como tu viste no sonho.

Luísa que acompanhava, discretamente, o despertar da menina e o diálogo com a mãe, registrou satisfeita que Carolina reproduzira com fidelidade a ideia que lhe inspirara.

– E se for verdade? Ele não vai mais brincar comigo? Nunca mais?

– Ele é um vovô, não é? Então, pobrezinho, precisa descansar. Talvez esse outro vovô o tenha levado para morar num lugar legal, onde ele vai ser muito mais feliz que lá na fazenda – respondeu Carolina, comprazendo-se, na intimidade, com a inteligência das respostas que dava à filha naquele problema com o qual se julgara tão incapaz e impotente de lidar. "Instinto materno, intuição de mãe, só pode ser isso. Graças a Deus!", julgava ela.

– É, o outro vovô me disse que na casa dele o vovô João não ia mais viver sozinho. Por isso eu disse para ele que fosse embora. Eu só vou pra fazenda nos domingos, o resto da semana ele ficava sozinho. A última vez eu deixei a Doroti pra brincar com ele. Será que esse vovô novo sabia que eu tinha feito isso e ficou com pena do vovô João?

– Pode ser, minha filha. Mas, agora chega desse assunto, certo? É hora de levantar, tomar banho, comer bastante e ir pra escola, certo?

Bianca olhou a mãe, ainda séria, mas obedeceu. Carolina, vendo a menina dirigir-se ao banheiro, suspirou aliviada. Agradeceu a Deus com uma inconsciente prece muito rápida. Considerava ter sido apenas um pensamento; mas pensar em Deus e falar com Ele é a prece que vem do coração e vale mais que mil recitações.

O restante do dia, em meio a seus afazeres, as dúvidas sobre a experiência da manhã a assaltavam. Seria verdade? Como poderia ter acontecido? Qual era a explicação?

..*

Outra semana transcorreu.

Sábado à noite, Valdo, sentado no degrau da porta de entrada de seu chalé, contemplava o firmamento estrelado e ouvia os sons noturnos. Uma brisa fria soprava, obrigando-o a envolver-se em um velho poncho de lã. A beleza da noite não minorava a solidão, experimentada de forma intensa nos últimos dias.

Os encantos da vida no campo tinham desaparecido. Onde fora parar o entusiasmo que o envolvera quando chegara à fazenda da Marambaia? Não fora uma "paixão" instantânea, fora gradativa e lenta, ele reconhecia, mas acentuara-se com o passar dos dias até julgar-se apaixonado pela vida rural. Depois viera a "fascinação" pelo retrato da "senhora da fazenda", e a enorme confusão de pensamentos. Encontrara paz apenas percorrendo os campos, observando os peões. Acreditou que se apaixonara de tal forma por aquele lugar que sentia como se fosse seu. Como sendo "coisa que estava no sangue", acreditava.

Os peões riam dele, ironizavam, chamando-o de fiscal ou de patrãozinho. Ele se irritava, fazia esforços para calar-se, admitia estar ultrapassando os limites, mas era involuntário, não conseguia dominar. Tinha o ímpeto de responder-lhes, exasperado: "eu sou o patrão". Então, caía em si, percebendo o ridículo de seus pensamentos e desejos, e voltava a pensar que estava adoecendo. No entanto, não sentia nem ao menos vontade de ir à cidade. Esquecera-se de sua casa, de seu trabalho e dos seus amigos. As visitas de Déia e Alex serviram para lembrá-lo, mas, no dia seguinte, a paixão pelo lugar se mostrara ainda mais forte e sobrepujara suas lembranças.

Desde segunda-feira sentia-se estranho. Pela manhã, ouvindo o noticiário transmitido pela rádio, interessou-se pelas informações da cidade, inclusive prestigiou as ocorrências policiais com atenção. Várias vezes conversou com os peões sobre a vida na cidade e o trabalho que fazia. Pegou-se analisando as construções dos banheiros e concertando telhados, e foi feliz, como costumava ser quando, do alto de um prédio, fitava o horizonte e a paisagem a perder de vista.

E naquela noite de sábado, a solidão da fazenda o incomodava. Ficara na casa de um dos peões jogando carta, mas notou que o casal estava cansado de sua presença, que as crianças dormiam e seu amigo deixava o assunto morrer e perdia todas as rodadas do jogo. Foi embora. Enquanto andava, lembrou-se de como se divertia na cidade, com seus amigos, nas noites de sábado. Era a melhor noite da semana; no outro dia dormiam até tarde.

Angustiado, olhou o chalé que chamava de sua casa. Pela primeira vez o comparou à sua residência na cidade, sua real propriedade. Não tinha muito conforto: luz de gerador até as 22 horas; paredes simples de madeira com diversas brechas por onde ingressavam mosquitos no verão e vento frio no inverno; móveis rústicos; rádio de pilha; não tinha água encanada; banhos de banheira com água aquecida em fogão à lenha; uma televisão pequena com programação limitada a dois canais de televisão aberta, mas que só podia assistir até as 22 horas.

Restava-lhe, naquele momento, deitar e dormir, mas estava insone. O frio queimou-lhe a face; sentiu o "assobio" do vento varrendo o campo. A geada queimava-lhe a pele do rosto, obrigando-o a recolher-se ao interior do chalé.

Acendeu o lampião de querosene. Ao colocá-lo sobre um velho criado-mudo, deparou-se com o livro deixado por Alex. Acomodou-se na cama, cobriu-se e apanhou o volume. Não era um leitor, contava-se nos dedos de uma só mão as obras que lera forçado pelos professores, na escola.

Mas era sua única opção. Examinou-o, leu alguns

trechos ao acaso, passou os olhos pelo índice e voltou ao início.

"Religião! A que ponto eu cheguei! Se meus amigos sonham que estou tapado até o nariz e lendo sobre Jesus Cristo, numa noite de sábado, vão dizer que endoidei", pensou rindo-se, mas envolvido por profunda nostalgia.

Seus pensamentos começaram a mudar de rumo e, em um dos parágrafos da introdução, deparou-se com o esclarecimento do autor de seu objetivo para a publicação: *Para os homens em particular, é uma regra de conduta abrangendo todas as circunstâncias da vida, privada ou pública, o princípio das relações sociais fundadas sobre a mais rigorosa justiça; é, enfim, e acima de tudo, o caminho infalível da felicidade esperada, um canto do véu levantado sobre a vida futura. É esta parte o objetivo exclusivo desta obra*[20].

Chamou-lhe a atenção o tom severo e crítico do restante do texto. Enfrentou dificuldades de interpretação; desconhecia o significado de muitas palavras, de outras tinha uma vaga noção. No entanto, as ideias expostas e os convites à reflexão compensavam as falhas de entendimento, pois algumas eram muito claras e expressas de forma inteligível ao vulgo.

Não sabia quem havia sido Sócrates ou seu famoso discípulo Platão, nem ao menos sonhara que as ideias deles, lidas há pouco, cruzavam os milênios guiando as pessoas. Ao ler: *Se a morte fosse a dissolução total do homem, seria um grande lucro para os maus, depois de sua morte, estarem livres, ao mesmo tempo, de seus corpos, de sua alma e dos seus vícios. Aquele que ornou sua alma, não de um enfeite estranho, mas do que lhe é próprio, só este poderá esperar tranquilamente a hora de sua partida para o outro*

20 Kardec, Alan. *O Evangelho Segundo o Espiritismo*. "Introdução" (NA).

mundo[21], pela primeira vez deteve-se a pensar com seriedade sobre a morte e percebeu que não havia como ponderar sobre ela sem considerar a vida.

Interessou-se e prosseguiu. As estrelas da madrugada enfeitavam o firmamento, e o querosene do lampião chegava ao fim. Valdo, com a cabeça cheia de ideias, embora houvesse "pulado" a leitura de muitas páginas, notando que não teria luz para continuar, folheou o fim do livro; precisava saber como terminava.

Os últimos itens tratavam de preces pelos doentes e obsidiados. A noção de que um espírito pudesse impor a sua vontade, a um homem, em diferentes graus - o que ele entendeu como uma espécie de "teimosia em mandar nos outros" -, até levar alguém à loucura, fê-lo pensar nas muitas histórias que ouvira nos *bolichos,* contadas pelos peões.

Recordou a noite do temporal, o medo de Alex, a conversa de Rodrigo, e refletiu sobre suas vivências naquelas terras. "Será que são mesmo mal-assombradas? Se forem, e se esse livro tiver alguma razão, será que aconteceu comigo alguma coisa parecida? Será que o Alex poderá me explicar? Ele voltou aqui e não tinha mais medo, falou que estava estudando essas coisas de espírito, fantasma, assombração..."

Quando a chama do lampião se apagou, Valdo dormia com o livro aberto sobre o peito.

..*

Na noite de domingo, Carolina e Pedro Manoel ouviam música e bebiam o vinho que sobrara do jantar. As crianças dormiam. Cansadas dos folguedos na fazenda, haviam se recolhido mais cedo que de costume.

---

21 Kardec, Alan. *O Evangelho Segundo o Espiritismo*. "Introdução – Resumo da Doutrina de Sócrates e Platão" (NA).

– Estás mais calma hoje – comentou Pedro Manoel olhando a esposa.

– Puxa! Deu pra notar? Eu julgava que conseguia disfarçar meus temores e nervosismos diante das crianças. Pelo visto, enganei-me feio.

– Tu disfarças bem, querida, a diferença é que eu não sou criança – brincou Pedro Manoel, tomando um gole da bebida. – Mal pudemos conversar na fazenda; havia muito trabalho à minha espera. Desculpe, não te dei a devida atenção. Será por esse motivo que estás mais calma? Por que não deu nem tempo de falarmos de Bianca e seu amigo imaginário?

– Que é isso, Pedro?! Falando assim até parece que sou daquelas mulheres dengosas, sempre choramingando para receber a atenção do marido. Detesto isso e tu sabes – ralhou Carolina. – É lógico que entendo e sei que o período de maior trabalho se aproxima. Meu Deus, se ainda não soubesse depois de todos esses anos de casamento, eu seria muito burra! Não, meu querido, está tudo bem. Também estive ocupada o dia inteiro com as crianças e a mãe. E havia algumas ideias que andavam rondando minha cabeça para o projeto de restauração no Centro.

– Conseguiu colocá-las no papel? – indagou o marido.

– Consegui, mas algumas precisam melhorar. Não fiquei satisfeita – respondeu Carolina e, voltando o olhar para encarar Pedro, disse: – Mas quanto à Bianca, tens razão em dizer que estou mais calma, é verdade. Sinto-me aliviada e profundamente grata aos amigos de Alex.

– Os do Centro Espírita onde tu foste? – questionou Pedro sério.

– Exatamente. Foi maravilhoso! Quase, como diz o povo, como se tirasse o mal com a mão. E não me cobraram nada, nenhum centavo. Também não fizeram nenhum tipo de exigência.

– Ainda – respondeu Pedro, cético.

– É bobagem fazer um trabalho e querer receber depois, ainda mais de uma desconhecida com quem tu não tens nem um papel de pão assinado que sirva como confissão de dever favor – retrucou a mulher. – Bianca disse, segunda-feira, que em um sonho havia se despedido do "vovô João". Afirmou que ele tinha ido embora da fazenda para morar com outro velhinho de barbas brancas e óculos. Eu não comentei nada, pois considerei que poderia ser apenas um sonho, algo da imaginação dela, mas hoje Bianca nem ao menos falou no "vovô João". O que é notável se tu lembrar que ela passava os dias na fazenda às voltas com o tal "vovô". Ela brincou com o Yago, pescaram, andaram de pônei, não pararam um minuto e não incomodaram. É fantástico! Ele sumiu, e peço a Deus, e isso é sério, tenho mesmo rezado todos os dias e lido mensagens e o Evangelho, para que ele esteja em paz e encontre a luz na outra vida.

– Tu acreditaste mesmo nisso, Carol? Eu ainda penso que tudo era fantasia da Bianca.

– Eu não. Fui visitar o senhor Ermínio Vilela, nosso vizinho, e irmão do antigo proprietário de uma parte das terras que agora são nossas. Eu te contei a história. Depois, como explicar que a Bianca soubesse o nome desse homem e esse nome fosse o mesmo que constava nas escrituras antigas? Ela não sabe ler e jamais mexeu naqueles documentos. Não, não era coincidência. E todas as coisas que ela nos dizia que o tal "vovô" a ensinava casava perfeitamente com o tempo em que ele viveu. Fora isso, ainda há o Alex. Eu conversei com o garoto, ele também via o espírito. E o Valdo? Não te chama a atenção essa súbita mudança que ocorreu com ele? Eu acho, no mínimo, estranha. Ele mudou de tal maneira que até parece outra pessoa. As evidências são muitas, eu me convenci. Não tenho a pretensão de mudar sua opinião. Mas eu vou procurar conhecer mais sobre esse assunto.

– Se tu achas que isso merece o teu tempo...

– Merece. Vou ler, comprei alguns livros. Se quiser...

– Está bem, se quiser eu te peço. Mas não ponha muita fé nisso, ok? Não tenho vontade de me envolver com religião.

– Aí é que está! A Berenice me disse que, acima de tudo, trata-se de uma filosofia espiritualista, que estuda, com caráter científico, a vida e diversos fenômenos, e, dessa visão de mundo e da vida oferecida pelos espíritos, decorre naturalmente um sentimento de religiosidade nos adeptos. Mas não é uma igreja, uma religião como as outras. Ouvi-a ler um trecho que dizia algo como "se a ciência comprovasse um erro do espiritismo, em seus postulados básicos, os espíritas deveriam abandonar esse princípio e seguir de acordo com a ciência". Era mais ou menos isso. Tu já ouviste alguma religião dizer coisa parecida? Não, eles ficam pregando absurdos, nem ao menos sei se eles próprios acreditam no que pregam. É absurdo, por exemplo, crer na ressurreição dos mortos. Quem morreu a 200 ou 300 anos, já virou pó; salvo, que tenha sido mumificado, como fazem os católicos argentinos.

– Os ricos, é bom lembrar; pobre nenhum vai ressuscitar no dia do juízo final – debochou Pedro Manoel recordando alguns amigos da elite portenha que tinham por hábito embalsamar os cadáveres de seus familiares. – Aquele serviço funerário é muito caro. Mas tem razão, essa ideia não é própria dos meios religiosos. É interessante. Mas, digamos que eu fosse espírita, essa mudança de opinião quanto às minhas crenças, priorizando a ciência e a razão, não é algo tão simples. Pode ser apenas uma frase de efeito. Precisaria, primeiro, que, sendo religioso ou adepto da filosofia, eu a conhecesse em profundidade pra saber separar o que é fundamental do que é acessório; segundo, que me mantivesse a par dos avanços da ciência e das discussões, pois as verdades científicas não se impõem, elas se consolidam após discussões e experimentações concretas; terceiro, que eu, como adepto, não fosse radical nem fundamentalista, mas, ao contrário, flexível à troca de opiniões com pensamentos contrários. Por fim, esse pensamento dá uma supremacia à racionalidade e não à emotividade. Não é uma conduta típica de religiosos... Eles adoram demonstrações emotivas, seja desespero e gritaria, seja euforia dos fanáticos.

– Mas é a conduta daqueles que têm religiosidade, sem rótulos ou dogmas: Einstein, Pasteur. Aliás, não é de Pasteur o pensamento que diz qualquer coisa como: um pequeno conhecimento de ciência nos afasta de Deus, e um grande conhecimento da ciência nos aproxima Dele?

– É, eu já ouvi isso. Quando tu leres algo interessante me mostra, especialmente se se encaixar nisso que estamos falando agora.

Carolina sorriu, sorveu um gole de vinho e pensou que estudaria com mais disposição essa nova área de conhecimento que se abria à sua frente.

..*

Para Valdo, mais uma semana em que os ponteiros do relógio pareciam conspirar contra sua vontade chegava ao fim. Tinha a sensação de que as horas na fazenda tornavam-se maiores; o tempo não passava, arrastava-se.

– Dona Carol – chamou o empregado na porta dos fundos do casarão.

Era tarde de sábado, e tão logo avistou a camionete estacionada em frente à sede da fazenda, decidiu que não esperaria um segundo mais para falar com o patrão.

– Oi, Valdo, tudo bem contigo? – cumprimentou Carolina sob o batente da porta. – Quer entrar?

– Boa tarde! A senhora tá bem? Eu quero falar com *seu* Pedro Manoel. Ele tá em casa?

– Está sim, entre – insistiu Carolina. – Venha comigo, ele está no escritório. Sabe como ele é, mal chega, dá uma olhada em tudo.

– Ele tá certo, afinal é como diz o povo: o olho do dono engorda o boi.

Carolina entrou no escritório do marido e rapidamente o informou do pedido de Valdo. Pedro Manoel fez uma cara de espanto, pois a atitude não era típica do empregado.

– Então, Valdo, tudo bem? – cumprimentou Pedro Manoel estendendo a mão ao funcionário.

– Tudo bem, *seu* Pedro Manoel. Sei que o senhor tá ocupado, tem muita coisa pra fazer, mas meu assunto com o senhor é rápido. Eu quero pedir as minhas contas aqui da fazenda. Decidi voltar pra cidade.

– Minha nossa, que surpresa! Não esperava por isso, tu me faz falta aqui. Aconteceu alguma coisa que te aborreceu? – indagou Pedro, olhando interessado para o funcionário. Em sua mente passavam alguns fragmentos da conversa da semana anterior com a esposa, despertando-lhe a curiosidade. No entanto, a teimosia em manter a opinião lhe sussurrava ao pensamento: "coincidência, não tem nada a ver com o sonho da Bianca e o tal fantasma que foi embora".

– Não sou homem de viver no campo, *seu* Pedro Manoel. É isso. Cansei. Quero voltar pra minha casa, pros meus amigos, eu tenho um trabalho, uma profissão, o senhor sabe; descobri que gosto muito dessas coisas que te falei e tô sentindo falta. Quero voltar pra elas, pra minha vidinha.

– Pois olha, homem, vou ser franco contigo. Quando

tu resolveste ficar aqui, depois de terminada a reforma, eu jurei que não ia durar; tu não ia te adaptar no campo. Daí, pra minha surpresa e satisfação, pra mim era bom ter alguém de confiança, tu estavas muito bem. Aprendeste rápido todo serviço até parecia que tinha vivido a vida inteira em fazenda de gado, nunca tinha sido pedreiro. Agora, tu vens dizer que desejas ir embora...

– Pois é, *seu* Pedro Manoel. Eu acho que tava querendo *mudá* de vida quando me ofereci pra *segui* trabalhando aqui. Foi bom, foi muito bom. Eu tava me sentindo "meio" esquisito, tinha uns pensamentos estranhos, cheguei a pensar que tava enlouquecendo. Fiz umas coisas que agora até me envergonho, mas...

– Tu estás falando sobre o "tesouro" – ironizou Pedro Manoel – que acharam aqui em cima? – e olhou o teto.

– É. O senhor sabe do "tesouro"?

– Eu sei, Valdo. Sei que vocês ficaram com algumas coisas que encontraram. Eu e a Carol, sempre soubemos ou pelo menos desconfiávamos disso. Era questão de lógica que haveria no meio daquelas malas de dinheiro sem valor, alguns objetos como joias ou moedas que valeriam alguma coisa. Coincidentemente, após o término da obra do casarão, os outros fizeram gastos extraordinários de certa importância. Não nos importamos, pode ficar tranquilo. Não era nosso mesmo, e não precisamos de nada daquilo. Ficamos felizes que vocês tenham empregado bem o valor que encontraram. Era justo! Coisa de ninguém, quem encontra é dono, não é verdade?

– O senhor e a d. Carol sabiam e não se importaram? – insistiu Valdo incrédulo, tomado de surpresa e vergonha por ter julgado o patrão de forma mesquinha. Não precisariam ter escondido nada, nem agido como ladrões.

– Não, pode ficar tranquilo. Nada mudou. Mas não é por esse motivo que tu desejas ir embora.

– Não. É pelo que eu te expliquei, quero voltar pra minha casa, meu trabalho, meus amigos na cidade. Lá é o meu lugar. Aqui vou acabar adoecendo, vou entrar na moda e ficar deprimido – brincou Valdo. – Não quero curar meu tédio no balcão do bolicho bebendo cachaça e fumando. Não é vida pra mim.

– Tem a pescaria – provocou Pedro Manoel.

– É, mas eu te peço permissão pra vir pescar aqui na fazenda quando eu sentir vontade. E pesquei tanto nesse ano que é bem possível que só vou voltar a pescar daqui uns cinco ou seis anos.

Valdo riu, lembrando que tinha olhado com horror as linhas de pesca e caniços durante a semana.

– Bem, então não tenho muito a fazer, a não ser mandar a contadora fazer a rescisão...

– *Seu* Pedro – atalhou Valdo – tá tudo certinho aqui na fazenda. O Mano sabe todo meu serviço, eu ensinei a rotina, direitinho, pra ele. Eu gostaria, se o senhor me liberar, de ir embora hoje. Tem ônibus no fim da tarde...

– Mas quanta pressa!

Pedro Manoel observou o empregado apreensivo, ansioso, à sua frente. Era evidente que ele não suportava mais a vida no campo e planejara a saída a ponto de ter preparado um substituto. Outra vez, lembrou-se da conversa com Carolina. E a dúvida se instalou: "E se for verdade a tal história de assombração? São muitas coincidências: primeiro Alex, depois Bianca, Valdo, a investigação de Carolina, os documentos... É, sem dúvida, uma leitura possível. Se for, esse pobre homem não viveu por vontade própria e livre aqui; sendo assim, deve ser horrível o que está sentindo". E, movido por esses pensamentos, falou:

– Está bem, pode ir. Falarei com a contadora e ela entrará em contato contigo para acertar as contas da rescisão. Gosto muito de ti, Valdo, és um ótimo funcionário, vou mandar que te paguem todos os direitos como se fosse uma demissão sem justa causa. Assim vais ter direito ao teu fundo de garantia e ao seguro desemprego. É um dinheirinho que vai te ajudar até conseguires trabalho na cidade.

– Obrigado, *seu* Pedro. Muito obrigado!

Valdo respirava aliviado; tinha o semblante leve e feliz quando se despediu de Carolina. Em breves palavras relatou sua conversa com Pedro Manoel; ela não se surpreendeu com o pedido de demissão. Abraçou-o e desejou-lhe felicidades.

– Devo começar uma obra de restauro daqui uns três meses – comentou Carolina acompanhando-o à saída. – *Te* interessa?

– É na cidade?

– É bem no centro – respondeu Carolina rindo.

– Se eu não estiver com outro trabalho pode contar comigo, d. Carol. Tchau!

– Tchau, Valdo. Vai com Deus!

Entendimento Espiritual

Não se encontra ninguém que queira dividir sua riqueza, mas a vida é distribuída entre muitos! São econômicos na preservação de seu patrimônio, mas desperdiçam o tempo, a única coisa que justificaria a avareza.

Sêneca, Lúcio Anneo.
Sobre a brevidade da vida. Pág. 30, L&PM.

João Vilela estava, agora, mais próximo. Abrigava-se entre os atendidos por nossa instituição; infelizmente, dado seu estado mental, encontrava-se numa ala onde o sofrimento é o porteiro. Transposta a porta, o restante são domínios da dor, da ignorância, das doenças do espírito.

Georges diz que a alegria e o amor são seus melhores auxiliares e não aceita nenhum cooperador em seus trabalhos que não se proponha a desenvolver essas virtudes. Fortifiquei-me com o que há em mim desses sentimentos e fui a sua procura.

Ele, sorridente, contrastava com o ambiente a volta. É muito simples, apenas o essencial em termos de objetos. O grande material ali é o humano: vontade, determinação, alegria e amor. As forças brilham no olhar de cada trabalhador. Os pacientes? Alienados de todo tipo, obsessores, criaturas dobradas nas suas culpas, remorsos, arrependimentos, carentes de perdão e de perdoar-se, seres que desconhecem o amor, outros que se desgovernam nos caminhos da emoção esquecidos da razão. Enfim, necessitados de saúde nas áreas da razão, do sentimento e da emoção. Como são doenças imortais, pois nascem nos corpos imateriais – ainda que estejamos vivendo em um corpo material – acabam originando mazelas físicas. Então, ali ainda vemos resquícios, aparências, de males típicos da organização física. Consequência óbvia de albergarmos enfermos emocionais: temos suicidas.

Andar naquela ala é um passeio pelos porões do humano. Aprende-se muito, especialmente a dar, ouvir, e lidar com nossas expectativas em relação aos outros. Posso afirmar que se aprende a arte do entendimento.

Alguns anseiam por falar, e, às vezes, contam-nos fantasias, devaneios. Compreender que para eles é a mais pura realidade é um confronto; quando superado, faz nascer um espaço de entendimento e compaixão no ouvinte. Existem muitos mundos super, sob e sobrepostos; o real e o imaginário são somente mais um. Quando é um e quando é outro? A imaginação não se torna realidade? E a realidade não sofre distorções do imaginário?

Bem, a cada dia sei que muito tenho a descobrir; minhas certezas precisam ser relativas, jamais absolutas. E o tempo é algo precioso, o talento mais caro que o Criador me ofertou depois da vida. De que vale a vida sem o tempo? De que vale "uma vida" sem aproveitar o tempo?

João Vilela vive, ainda, a tênue linha entre o real e o imaginário. Em sua experiência, vimos a determinação de um mundo sobre o outro e que eles se derramam um no outro, reciprocamente. Sua forma de ver e entender, distorcida, gerou fatos concretos. Ele foi o mandante de assassinatos; perturbou mentes e corações daqueles com quem convivia e que reagiram a atitudes que não entendiam. Não somos iguais; quanto antes assimilarmos essa ideia e a pusermos em prática em nossa vida, mais felizes seremos. Não somos igualmente saudáveis, nem igualmente doentes. Reconhecer e reconhecer-se são caminhos de equilíbrio.

Georges virou-se, depois de se despedir de um atendido com um fraternal abraço, e sorriu para mim. Aproximei-me.

– Vamos – disse-me ele. – João Raul nos aguarda.

Seguimos para o quarto onde ele repousava. Dormira o equivalente há alguns meses.

– Olá – cumprimentou-o Georges, comedido e simpático. – Como está se sentindo?

– Cansado – respondeu João Raul, com voz inexpressiva. – Confuso. Isto é um hospital?

– É um local de repouso; por enquanto pode considerar um hospital – informou Georges.

– E o senhor, quem é?

– Chamo-me Georges de S...

– E ele? – João se referia a mim, porém eu conhecia o procedimento de meu amigo e mantive silêncio.

– É o José Antônio – respondeu Georges, dando mais um passo para abeirar-se dos pés do leito do paciente.

– Estou tão cansado que não consigo lembrar-me como vim parar aqui; isso me incomoda. O senhor tem conhecimento de como isso aconteceu?

– Sim. Um amigo te encontrou muito debilitado e te trouxe. É tudo que sei. Mas não te preocupa, sua memória logo voltará. Está muito enfraquecido e a confusão é natural. Peço-te que tenha paciência. Conforme tuas forças retornarem, o entendimento virá.

Georges terminou a explicação com as mãos pousadas na grade dos pés da cama.

– Estranho!

– O que achas estranho?

– Tudo, inclusive eu mesmo. Desde que acordei tento responder a essas indagações. Esforço-me por lembrar, mas esbarro em um vazio.

– Posso te fazer algumas perguntas? – indagou Georges, sentando-se na beirada do leito próximo dos pés do paciente.

João aquiesceu, e Georges lhe fez perguntas simples, verificando qual era o seu estado mental. A entrevista foi curta, serviu para estabelecer uma relação a ser desenvolvida.

Quando deixamos o aposento onde João voltara a adormecer, indaguei:

– A hipnose surtiu o resultado esperado?

– Acredito que sim. Ele sabe quem é, esqueceu apenas os fatos ligados à fazenda da Marambaia. Os sentimentos relacionados à sua família estão latentes. Deixemo-lo descansar um pouco mais, isso aprofundará os efeitos, pois quanto mais tempo ele permanecer distante de suas ocupações mentais, mais dessas energias doentias perderá e suas emoções vão se asserenar. Espero que isso o leve a um estado favorável de abordagem para propor a sua participação em grupos que o ajudem a se autodescobrir e estabelecer novos valores.

– Depois autoavaliação?

– Sim, mas será um processo lento e longo. Precisarei conhecer o material da tua pesquisa, José.

– Está à disposição. Já concluí meu trabalho, quer ler?

Georges sorriu; colocou o braço sobre meus ombros e começou a assobiar uma velha canção francesa enquanto nos dirigíamos à minha sala. Se não o conhecesse, julgaria suas atitudes "impróprias", mas eu sabia que ele estava pensando em João Raul e não desejava minhas intromissões.

Assim que chegamos, entreguei-lhe, em silêncio, a pasta com o texto e as diversas entrevistas realizadas com os participantes da história de João Raul. Sabia que Georges gostaria de formar seu próprio entendimento sobre o paciente, afinal o olhávamos sob pontos de vista e interesses diferentes.

– Você não vai voltar tão cedo a perambular pelos cemitérios do pampa brasileiro atrás de outra história, eu espero?

– Não sei – respondi com sinceridade e sorrindo completei: – Sabe como é o olhar de artista...

– Tem algo de divino, eu sei. Tu já me disse – e rindo, pois brincávamos, completou: – o olhar do criador.

Colocou o trabalho sobre o qual me debruçara, com afinco, por muito tempo, sob o braço e se foi.

..*

Passado algum tempo, reencontrei João Vilela participando das reuniões dirigidas por nosso Orientador. Do fundo da sala, observei-o; parecia interessado. Mas notei que ainda estava sofrendo certa confusão em suas lembranças. Era outra criatura que estava sob o meu olhar: calmo, sereno, interagindo com os demais.

O grupo se dispersou e fui até nosso Orientador que os observava atentamente. Creio que as mínimas reações eram notadas.

– Como está o João? – perguntei após um diálogo breve.

– Melhorando. Recupera algumas capacidades mentais referentes à socialização. Como você sabe é a base para regenerar sua estrutura mental. Somos criaturas gregárias e sociais, por vontade de Deus. Toda forma de isolamento é contrária à lei natural. João adoeceu ao construir vivências de reclusão em que suas fantasias mentais tomaram grandes dimensões.

– Fala de suas reencarnações anteriores?

– Sim. Voto de silêncio, afastamento social, castidade sexual, violência e muito sangue humano nas mãos o enlouqueceram. Durante a Idade Média viveu em um monastério, no oriente. Exilou-se lá por não suportar um revés financeiro que arruinou sua família. Da dissolução de hábitos e dissipação de patrimônio em que vivia, passou, em uma espécie de autopunição, à reclusão, ao silêncio absoluto e à castidade sexual. Tornou-se, aos olhos dos seus inescrupulosos superiores, o guardião ideal da fortuna do lugar. Tal qual como ocorreu na fazenda da Marambaia, ele permaneceu muitos anos, após o desencarne, gerando lendas sobre o "monge fantasma" que vagava pela região em torno do local onde viveu e morreu zelando por riquezas enterradas – comentou o Orientador.

– Ele negou e reprimiu a lei de sociedade, em sua vivência íntima; gerou a própria desestrutura mental – comentei. – Quando descobri essas origens fiquei surpreso, confesso.

– A barreira de esquecimento produzida pela hipnose é temporária, mas esperamos que o ajude a se reestruturar, a voltar-se à sua essência, buscar a consciência e nela encontrar a necessidade de socialização. Não deveria, mas as repetições ainda nos surpreendem. Sócrates, séculos antes de Cristo, ensinava que, mesmo em diferentes existências, a alma retoma os costumes que foram objeto de sua predileção. Toda mudança é lenta e gradativa. Quando retomamos costumes com menor intensidade é um sinal de evolução.

– Sim, há sinais de evolução – concordei, rememorando o trabalho feito.

– Ele foi algoz da família. Os pais eram comprometidos com ele; haviam sido seus superiores naquele infeliz mosteiro medieval. João Raul e Humberto reencontravam-se em idêntico papel do passado. Humberto fora antigo parceiro de dissolução e dissipação, porém resignou-se à consequência de seus próprios atos. Trabalhou e viveu em posição social inferior até sua morte. Descobriu que fortuna não é sinônimo de felicidade, mas de responsabilidade. Naquela existência encontrou Gabriele,obviamente, sob outra identidade; tiveram um lar harmonioso. Em seu exílio, o monge soube da sorte do irmão, por missiva afetiva que este lhe escreveu desconhecendo o estado de profunda perturbação mental em que o outro mergulhara. O monge enraiveceu-se; a inveja correu a fundo sua alma e, desde então, fantasiava com a mulher do irmão.

– O encontro no antigo Hotel Aliança foi um "plug" – comentei rindo da expressão que eu sabia ele não gostava por comparar seres humanos a artefatos inanimados.

– Uma desculpa, eu diria. Ele não conheceu a esposa do irmão na existência anterior, não se esqueça. O encantamento foi natural do estado doentio, mas serviu de desculpa posteriormente para as emoções e ideias que lhe acudiam a mente, essas, sim, reflexos do passado.

– Algum indício de retorno da afetividade? – indaguei. – Era uma área bastante comprometida nele.

– Rudimentos, diria que é uma pedra bruta a ser lapidada, mas que ainda está coberta de musgos.

– Quando desvendei esse passado, julguei que, em meio a tantas e tão acerbas lutas, Ermínio tinha poucas chances de triunfar. Auxiliar o equilíbrio de um grupo tão comprometido é tarefa árdua.

– Ele precisava renascer a fim de ajustar-se com a própria consciência. Nem sempre logramos conquistar nosso equilíbrio íntimo em contato direto com nossos algozes e devedores do pretérito reencarnatório. Os dele há muito avançaram. Ermínio, compondo tão desajustada família, com a qual não tinha vínculos, reajustava-se consigo mesmo e frente à vida. Por caminhos tortos conseguiu auxiliá-los, dentro do possível.

– Ele era o estranho. Fiquei feliz quando constatei que tinha perdoado de coração ao irmão – disse.

– Perdoou o assassinato de Murilo e dos pais, quando estes restabeleciam com ele, Ermínio, a convivência. E tudo aconteceu em um momento delicado, em razão dos conflitos que enfrentava com a própria sexualidade.

Trocamos ideias acerca de João Vilela e das questões da mente em desalinho. Aguardávamos em salutar expectativa o encontro programado por Georges e outros amigos para estudar o tema; era assunto para boa conversa.

Amigos

Alguns amam mais as riquezas, outros a saúde, outros o poder, outros as honrarias, muitos preferem ainda os prazeres. Essa última escolha é a dos brutos, mas as escolhas precedentes são precárias e incertas, repousam menos sobre nossas resoluções que sobre os caprichos da fortuna. Quanto aos que colocam na virtude o soberano bem, sua escolha é certamente luminosa, já que é essa mesma virtude que faz nascer a amizade e a conserva, pois sem virtude, não há amizade possível!

Cícero, Marco Túlio.
Lélio, ou a Amizade. Pág. 86, L&PM.

– Santo Deus! Já faz mais de um ano que deixamos essas coisas no porão – falou Marcela à filha.

Ambas observavam os pertences encontrados no casarão da fazenda.

– Ia dizer que estão tão sujas quanto antes, mas acho que seria um exagero – comentou Carolina, com expressão desanimada.

– O que vais fazer com isso, filha?

Carolina respirou fundo e encarou decidida as caixas empilhadas com os objetos e as malas com o dinheiro enfeixado. À direita viu recostado na parede o quadro da "senhora da fazenda" e uma sacola com o vestido e o colar com pingente.

Recordou-se das conversas no grupo de estudo espírita que estava frequentando a respeito do apego. "As lições de que o apego à matéria traz sofrimento ao ser humano são tão antigas, remontam a Sócrates, mas, ainda assim, encontramos esses exemplos na rua e, não raro, pego-me em atitudes possessivas e apegadas às coisas", pensou Carolina, séria. "Por que ainda não dei fim em tudo isso? Já é tempo. Quero ajudar a recuperação desse espírito, onde quer que esteja; não ver mais esses objetos com certeza lhe fará bem. Afinal, o que os olhos não veem, o coração não sente; se vale nesse mundo deve valer também no outro", decidiu ela.

– Tocarei fogo nas maletas com os mil réis. Terei prazer em dizer que um dia queimei dinheiro – declarou com firmeza. – Devolverei aos Vilela o quadro e o colar com a fotografia. A mulher deve ser alguma familiar deles, portanto eles que decidam. Mandarei as louças e o vestido como doação ao museu.

Apanhou duas maletas e marchou decidida para a escada que conduzia ao térreo. Marcela entendeu que a filha executava o que dissera, numa atitude muito típica; e a imitou. Logo haviam organizado uma pilha no pátio dos fundos.

– Vou pegar a garrafa de álcool – informou Carolina indo em direção à despensa.

Marcela abriu as maletas e fez um morro com os maços de cédulas de mil réis.

– Que monte! – assustou-se Carolina, mas logo riu e disse: – Merecia uma fotografia!

Ela despejou álcool sobre o dinheiro e maletas e ateou fogo. As chamas crepitavam e as duas mulheres observavam rapidamente as labaredas consumirem o que um dia fora o valor remuneratório de muito tempo da vida de alguém e, anos mais tarde, era papel velho consumido pelo fogo, virando cinzas e pó.

– Tu nunca descobriste como "ele" ajuntou esse dinheiro todo? – indagou Marcela.

– Quando o Valdo me devolveu as coisas que havia levado com ele, disse-me que a Déia tinha pesquisado a história do Banco Pelotense. É uma "sujeirada" política só. A senhora sabe que o Banco era muito rico, o terceiro do país na época da República Velha. Mas os acionistas do Banco negaram apoio a Getúlio Vargas, na sua primeira campanha para Presidente do Brasil. E ele ficou furioso e, quando pôde, revidou. Essa é uma das causas, tem outra bem pior: houve um desfalque em uma das filiais das bandas da fronteira, na região de São Borja, que era a terra da família do Getúlio. Dizem que o pai dele estava envolvido e se suicidou quando os pelotenses descobriram e exigiram a reposição dos valores. Teria, então, o nosso ilustre político gaúcho, dois bons motivos para não gostar da instituição e de seus representantes. Consta, também, segundo essa versão, que o próprio Getúlio, após o suicídio do pai, fez um acordo com o interventor do Banco, a fim de que a família não ficasse na miséria. Assim, quando ele assumiu o poder no país, em meio a uma revolução, muitos acionistas, prevendo represálias, sacaram seus haveres do Banco, o que contribuiu para a crise de insolvência, deixando fundos a descoberto, pois o Banco, por servir ao governo da província, tinha muito capital imobilizado. Por tudo isso, dizem que não se pode falar em falência, pois o Banco tinha bens com que fazer frente aos aplicadores, mas não teve tempo. A decretação da liquidação pelo governo federal foi muito rápida. Um dia éramos uma cidade muito rica, no outro, amanhecemos falidos. Ninguém entendeu e não se entende até hoje, tanto que o processo de liquidação nunca foi concluído. É a tese de conspiração política para a quebra do Banco, que eu, particularmente, acho bem plausível. A outra atribui a responsabilidade à falta de competência dos gestores e à crise econômica mundial de 1929, cujos respingos chegaram aqui um tempo depois. Pode ser, mas parece que não há provas de má gestão. É isso que estamos queimando, d. Marcela. Sobras, restos de um escândalo e, o que agora vejo como pior: são também sobras de uma vida, do tempo de alguém, que não aproveitou a oportunidade que teve. Suas horas agora assumem a feição do que sempre foram: cinzas. Reduziram-se a pó, a nada[22].

Marcela ouviu o relato da filha entristecida; conhecia aquelas explicações de longa data. Recordou-se de quanta dificuldade havia enfrentado por conta daquela história. Deu as costas à fogueira e, apressada, entrou na casa. Minutos depois voltava trazendo alguns documentos nas mãos e os lançou ao fogo.

Carolina abraçou a mãe e juntas viram as ações

---

22 Para saber mais, acesse http://pt.wikipedia.org/wiki/Banco_Pelotense (NA).

do Banco Pelotense, há tantos anos guardadas por Marcela, virarem pó.

Em silêncio, afastaram-se da fogueira. Carolina chamou um táxi, encheu-o com os objetos para doação no museu, pagou antecipadamente ao motorista e sorriu aliviada quando o carro partiu.

– Sobrou o quadro e o colar – lembrou Marcela.

– Vou colocar no carro e levarei para os Vilela. Quer ir comigo?

A mãe aquiesceu. Apanhou a bolsa, lançou um último olhar à fogueira, certificando-se de que se extinguia e acompanhou Carolina.

..*

Um empregado limpava o gramado em frente à casa da fazenda de Ermínio Vilela. Carolina parou o carro e, em breve conversa, foi informada de que Victorio não se encontrava na fazenda, mas que o proprietário poderia recebê-la. Ela e a mãe foram convidadas a esperar na varanda.

– Boa tarde! – cumprimentou Ermínio, bem-disposto ao recepcioná-las minutos depois. – Por favor, entrem. Sintam-se à vontade. É um prazer conhecê-las. Meu filho não se encontra, como lhes disse o Guilherme. Nessa época do ano ele tem muitos compromissos profissionais e, em geral, ele, minha nora e os meninos ficam em Curitiba. Mas se estiver ao meu alcance ajudá-las...

– O prazer é nosso – respondeu Carolina, enquanto acomodavam-se na sala de estar.

Observavam Ermínio se locomover com certa dificuldade. Ele tinha a voz profunda e cansada, típica dos idosos, no entanto o olhar irradiava alegria e vivacidade. Ele sentou-se, ajeitou a bengala ao lado do braço da poltrona, apanhou o controle remoto da televisão e desligou o aparelho.

– Então, em que posso servi-las?

– Na verdade, vim trazer um presente, ou, talvez, o mais correto seja dizer que vim devolver-te alguns objetos da tua família.

Ermínio enrugou a testa surpreso e, em silêncio, aguardou as explicações.

– Como o senhor deve saber, compramos a fazenda que pertencia aos herdeiros do teu sobrinho, Dionísio Vilela.

– Sim, eu sei. Victorio nos contou, a mim e ao Francesco.

– Bem, é uma história fantástica, mas verídica, como posso te provar. Quando reformamos o casarão, os pedreiros encontraram, no teto, várias caixas, maletas e objetos. Não tinham nome, mas são bastante antigos, lá dos idos de 1920, 1930. Deduzi que pertenceram a tua família, por esse motivo tomei a liberdade de trazer alguns, aqueles que julguei mais pessoais; são poucos. Pensei que pudesses gostar de ter esses objetos. Nós, não é mãe? somos muito zelosas com essas coisas de família...

Ermínio continuava surpreso e não escondia o fato, mas simpatizava com a jovem mulher à sua frente, tão simples e espontânea. Percebendo que ela estava encabulada com sua reação, comentou:

– Entendo. Fiquei surpreso, apenas isso. Apreciei seu gesto. Mas são passados tantos anos... Creio que me desliguei afetivamente dessas lembranças.

– Ah! Eu devia ter pensado nisso, é lógico. Desculpe-me, se o senhor quiser eu posso encaminhar ao museu. Como dizia, foram várias coisas encontradas. Algumas eu queimei, outras doei ao museu da cidade. Sobrou apenas um quadro e um colar. Havia um vestido que doei ao mus...

– É o que me trouxeste?

– Sim, mas levarei de volta...

– Calma, d. Carolina. Não disse que não desejava

os objetos que me trouxeste. Posso pedir ao Guilherme que te ajude a descarregar?

– Claro – respondeu Carolina, sentindo-se desconcertada com a firmeza do anfitrião. "Ele é alguém de temperamento difícil, mas gosto do seu jeito", julgou rapidamente. E saiu novamente à rua para orientar o empregado.

– O senhor tem uma bonita casa – elogiou Marcela. – É praticamente igual ao casarão da fazenda de minha filha, salvo pelas varandas. Mas a construção não é tão antiga, é?

– Não. Esta casa é mais recente, aquela foi construída por meus avós e sofreu inúmeras reformas. Esta foi erguida por meu irmão Humberto. Ele e a esposa moraram aqui por vários anos. Quando ele faleceu, ainda jovem, minha cunhada tentou continuar tocando a fazenda, mas não resistiu à solidão e foi embora. Arrendou as terras e foi com o filho, meu sobrinho Dionísio, de volta para o Paraná. A família dela era de lá – explicou Ermínio, e olhando à volta completou: – Eu a conheci lá, por acaso, anos depois, já viúva, obviamente. Na verdade, reconheci meu sobrinho. Era uma miniatura do meu irmão. Nessa época, eu vivia em Curitiba e ficamos amigos. Francesco e eu compramos essas terras há uns vinte anos, quando ela adoeceu e precisou de dinheiro. Resolvi voltar e morar aqui, enfrentar os meus fantasmas antes de morrer. Fizemos algumas reformas; originalmente, ela era uma cópia do casarão.

Carolina retornou à sala seguida pelo empregado que trazia sob o braço o quadro.

– Guilherme, deixe-me ver o quadro – pediu Ermínio.

Prontamente o homem aproximou-se do patrão colocando o quadro a sua frente.

– Gabriele! – exclamou Ermínio com alegria falando para si. – Jovem! Enfim a conheço jovem. Era muito bonita. Pobre mulher! Sofreu muito nas mãos de um desventurado doente, um louco, como diz o povo.

Voltando-se para suas visitantes, sorriu e ofereceu:

– Aceitam um café? Preciso agradecer d. Carolina, minha cunhada é a melhor lembrança da família que poderia me trazer, aliás, a única, depois de meus pais. A vida tem caminhos estranhos... – e sem esperar resposta ordenou ao empregado: – Guilherme, vá à cozinha e mande que nos sirvam café e alguns doces.

– Que bom! – respondeu Carolina, sinceramente. – Também achei o retrato muito bonito e, excepcionalmente, bem conservado. É sua cunhada, então? Valdo, com quem estava o retrato, apaixonou-se à primeira vista por ele e pelos pertences que, creio, também foram dela. Chamava o quadro de "senhora da fazenda".

– Senhora da fazenda? Um bonito nome para o retrato, mas não é verdadeiro. Ao que sei da vida de Gabriele, nessas terras, foi um misto de ventura e dor; uma saga, digna de uma mulher com a fibra dela. De acordo com a história, talvez fosse melhor chamá-lo: "prisioneira da fazenda". Não é nada romântico, não é mesmo? Vou chamá-lo simplesmente de retrato de Gabriele, minha grande amiga. Francesco vai adorar; amavam-se como se irmãos fossem. Espere um minuto, vou chamá-lo.

Marcela e Carolina trocaram olhares e sorrisos que diziam do estranhamento que aquelas revelações lhes causavam, e aguardaram em silêncio. A conversa com Francesco fluiu com facilidade; simpático e falante, relatou minúcias sobre a história da dona do retrato. Carolina, por vezes, teve dúvida se os anfitriões falavam com ela e a mãe ou entre si, esquecidos da presença delas.

– Nosso filho vai adorar ter o retrato da tia! – exclamou Francesco.

Marcela olhou espantada para a filha, como a dizer: "Nosso filho? O que é isso, de que jeito?".

Francesco captou a reação da visitante e logo esclareceu.

– Adotamos Victorio quando ele tinha cinco anos. Quer dizer, deduzimos que tivesse cinco anos. Ele vivia na rua, era vítima de maus-tratos. Uma história bastante comum em nosso Brasil: uma mulher pobre, muitos filhos, um de cada companheiro, miséria, alcoolismo. Nosso Victorio vivia nas ruas de uma cidadezinha no interior do Paraná, quase na tríplice fronteira. Pelo tom de pele é provável que ele tenha sangue indígena-paraguaio. Lembra muito pouco de sua vida com a família. Antes de ir para as ruas viveu numa instituição do governo, que foi onde conseguimos algumas informações e através da qual Ermínio o adotou legalmente. Eu o adotei, por testamento. Ele é um anjo! Adorava Gabriele. Fez um retrato dela, já idosa, é claro. Lembra, Ermínio, o que ela falou deste retrato?

– Meu outro irmão, o que era doente, roubou-o. Quem mandou pintá-lo foi Humberto, marido de Gabriele. Segundo sei, quando Dionísio tinha alguns meses, e eles haviam se mudado para esta casa. O retrato desapareceu misteriosamente no dia do enterro de Humberto, ela dizia. Suspeitava que tivesse sido João Raul o autor do furto, e tinha razão – esclareceu Ermínio apontado o retrato encostado em um móvel da sala –, eis a prova.

– Será que estava escondido todos esses anos no teto do casarão? – questionou Carolina curiosa, afastando o arrepio nervoso que lhe percorreu a espinha ao ouvir o nome de João Raul.

– Há segredos que vão para os túmulos, esse é um deles. Não sei se alguma vez esse quadro foi exposto no casarão – respondeu Ermínio contemplando feliz a lembrança da cunhada.

Voltando a atenção à Carolina, ele comentou:

– Doou o vestido ao museu, fez bem. Terá maior utilidade, aqui somente serviria de alimento às traças.

– O colar tem uma fotografia de Gabriele, em preto e branco – explicou Carolina e retirou da bolsa a joia, abrindo o pingente e mostrando a foto antiga. – Vai ficar com ele?

– Ah, sim – e lançou um olhar a Francesco em busca de aprovação da decisão, que meneou a cabeça confirmando.

Conversaram mais algum tempo e caía a tarde quando Carolina e Marcela foram embora. No carro, no trajeto de retorno, Marcela ia silenciosa e pensativa, até que falou:

– Minha filha, esses dois senhores...

– Sim, mãe – atalhou Carolina antecipando o pensamento materno –, são casados, e há anos. Parecem muito felizes, é uma família interessante, não achou?

– É – concordou Marcela pensativa. – Ia dizer que são coisas destes tempos modernos, mas lembrou-se de que os dois eram bem mais velhos do que ela.

Carolina riu e falou:

– Existem "coisas" de todos os tempos, mãe. Amor, sexo, paixões doentias, casamento de todos os tipos, felizes e infelizes, crianças abandonadas, desentendimentos familiares, alegria e sofrimento, por exemplo. E não dependem de orientação sexual; são, pura e simplesmente, humanas.

..*

Nos últimos dias do verão de 2002 a vida de nossos personagens estava de volta à rotina. Do episódio relatado, restavam lições e experiências transformadoras.

Valdo retornara à sua vida e aos seus amigos; trabalhavam todos, novamente, com Carolina, mas na cidade. A história da fazenda, vez por outra, era contada a terceiros. Mas para Valdo, Alex e Rodrigo ela tivera consequência mais produtiva do que para Roberto e Ernesto. Por força daqueles fatos haviam se interessado em conhecer o Espiritismo, a cujo estudo dedicavam-se.

Carolina os acompanhava. Ocasionais episódios de vidência continuavam a manifestar-se na pequena Bianca, mas a mãe, mais bem orientada, lidava com a situação com a calma e a naturalidade que só a compreensão oferece. Pedro Manuel mantinha-se firme em sua postura materialista, mas, intimamente, admirava a serenidade e a firmeza interior com as quais via a esposa enfrentar os problemas do cotidiano e que antes ela não possuía. Creditava-os à sua nova religiosidade, mas o orgulho o impedia de segui-la.

Sob forte calor, Carolina caminhava de mãos dadas com Yago, pelo calçadão, no centro da cidade, quando avistou um grupo de jovens. Sorriu, eram os novos "bichos", chegando à cidade.

Rapazes e moças, sujos de tinta, água e farinha, pés descalços, com uma latinha na mão esmolando moedas dos transeuntes. Um ritual que se renovava periodicamente. Não demorou e um rapaz imundo veio abordá-la. Trazia no rosto um sorriso aberto e um brilho caloroso no olhar:

– Uma ajuda, d. Carolina!

Ela espantou-se e, cercada pelos jovens, encarou quem a parava.

– Alex!!!

– Sim, senhora – e como os colegas insistissem para vê-lo esmolando, pediu – Dá pra me ajudar? Qualquer moeda serve...

Ela abriu a bolsa, contente. As moedas tilintaram no fundo da lata e, encarando-o, cumprimentou:

– Felicidades, Alex! Tu merece! Aproveita bem teu curso. Manda um beijo à tua mãe, ela deve estar muito feliz.

– Obrigado. Ela tá sim, senhora – e como os colegas o empurrassem para seguir adiante, disse: – Tchau, valeu!

..*

Após anos de tratamento, João Raul conquistou uma conduta mais harmoniosa. Sobre a tênue linha na qual caminhava, pode-se dizer que ele agora pende à sanidade. Permanecem traços fortes de uma personalidade avarenta e egoísta, mas sob a ótica da evolução, e no caso específico, representa uma significativa melhora. Nada dá saltos na natureza. A mesma lei vige para o reequilíbrio íntimo; não se constrói do nada e nem de uma hora para outra. É feito com a história passada em todos os seus aspectos e gradativamente transformada.

Ele foi levado a manifestar-se em um grupo mediúnico, vinculado à nossa instituição, onde, no contato com as energias da médium que o acolheu, reviveu suas memórias e analisou seus sentimentos. Ainda chora suas posses.

Sua história é uma entre tantas outras que nos convidam a aproveitar a vida conscientemente, sabedores de que ela é mais, muito mais, do que algumas décadas entre o berço e o túmulo.

Tempus fugit, Carpe Diem[23].

José Antônio

---

23 O tempo passa, aproveite o dia (NA).

Blog do autor
www.vidaeconsciencia.com.br/anacristinavargas

Sucessos de **ZIBIA GASPARETTO**

Crônicas, romances mediúnicos e livros. Mais de dez milhões de exemplares vendidos. Há mais de dezesseis anos, Zibia Gasparetto vem se mantendo na lista dos mais vendidos, sendo reconhecida como uma das autoras nacionais que mais vendem livros.

Livro: Zibia Gasparetto

- Reflexões Diárias

Crônicas: Silveira Sampaio

- Pare de Sofrer
- O Mundo em que Eu Vivo
- Bate-Papo com o Além
- O Repórter do Outro Mundo

Crônicas: Zibia Gasparetto

- Conversando Contigo!
- Eles Continuam Entre Nós

Autores Diversos

- Pedaços do Cotidiano
- Voltas que a Vida Dá

Romances: Lucius

- O Amor Venceu
- O Amor Venceu (em edição ilustrada)
- O Morro das Ilusões
- Entre o Amor e a Guerra
- O Matuto
- O Fio do Destino
- Laços Eternos
- Espinhos do Tempo
- Esmeralda
- Quando a Vida Escolhe
- Somos Todos Inocentes
- Pelas Portas do Coração
- A Verdade de Cada Um
- Sem Medo de Viver
- O Advogado de Deus
- Quando Chega a Hora
- Ninguém é de Ninguém
- Quando é Preciso Voltar

- Tudo Tem Seu Preço
- Tudo Valeu a Pena
- Um Amor de Verdade
- Nada é Por Acaso
- O Amanhã a Deus Pertence
- Onde Está Teresa?
- Vencendo o Passado
- Se Abrindo pra Vida

Sucesso de **SILVANA GASPARETTO**

Obra de autoconhecimento voltada para o universo infantil.
Textos que ajudam as crianças a aprenderem a identificar seus sentimentos mais profundos tais como: tristeza, raiva, frustração, limitação, decepção, euforia etc., e naturalmente auxiliam no seu processo de autoestima positiva.

- Fada Consciência

Sucessos de **LUIZ ANTONIO GASPARETTO**

Estes livros vão mudar sua vida! Dentro de uma visão espiritualista moderna, estes livros vão ensiná-lo a produzir um padrão de vida superior ao que você tem, atraindo prosperidade, paz interior e aprendendo acima de tudo como é fácil ser feliz.

- Atitude
- Faça Dar Certo
- Se Ligue em Você (adulto)
- Se Ligue em Você – nº 1 (infantil)
- Se Ligue em Você – nº 2 (infantil)
- Se Ligue em Você – nº 3 (infantil)
- A Vaidade da Lolita (infantil)
- Essencial (livro de bolso com frases de autoajuda)
- Gasparetto (biografia mediúnica)
- Prosperidade Profissional
- Conserto Para uma Alma Só (poesias metafísicas)
- Para Viver Sem Sofrer

Série AMPLITUDE
- Você está Onde se Põe
- Você é Seu Carro
- A Vida lhe Trata como Você se Trata
- A Coragem de se Ver

CALUNGA
- "Um Dedinho de Prosa"
- Tudo pelo Melhor
- Fique com a Luz...
- Verdades do Espírito

INFORMAÇÕES E VENDAS:

Rua Agostinho Gomes, 2312
Ipiranga • CEP 04206-001
São Paulo • SP • Brasil
Fone / Fax: (11) 3577-3200 / 3577-3201
E-mail: editora@vidaeconsciencia.com.br
Site: www.vidaeconsciencia.com.br